WIZARD

一芸を極めた
裁量トレーダーの売買譜

ピーター・L・ブラント【著】
長尾慎太郎【監修】　山口雅裕【訳】

Diary of a Professional
Commodity Trader
Lessons from 21 Weeks of Real Trading
by Peter L. Brandt

2009-2010 December-April

日記から読み解く
戦略・心理・トレード管理術

PanRolling

Diary of a Professional Commodity Trader : Lessons from 21 Weeks of Real Trading
Copyright © 2010 by Peter L. Brandt
All rights reserved.
Japanese translation published by arrangement with John Wiley & Sons International Rights, Inc.

監修者まえがき

　本書はピーター・L・ブラントによる"Diary of a Professional Commodity Trader"の邦訳である。ブラントはコモディティーと外国為替（FX）において30年以上の経験があり、自己資金によるトレードだけではなく商品ファンドを通じて顧客資金の運用を行ってきた。また"The Factor"と名づけられたニュースレターも発行している。

　さて、ブラントの運用手法は伝統的なテクニカルパターン認識に基づいた裁量トレードである。彼はこれを「ファクターに基づいたトレード」と呼んでいる。したがって、一般的に考えれば、本書の売りはブラントが自己流にアレンジしたテクニカル手法の詳細と、本書に収録された21週間に及ぶリアルタイムでのトレード日誌ということになるだろう。

　ちなみに、彼が本書で開示してみせた5カ月間のトラックレコードでの総損益は数％である。この数字を単体で見れば、たいしたことのないような印象を持たれるかもしれないが、彼が使用したレバレッジが極めて保守的であることと、同じ時期において多くのCTA（商品投資顧問業者）が利益を上げるのに非常に苦しんだという事実を鑑みれば、ブラントのパフォーマンスは素晴らしいものであると言ってよいと思う。

　しかし、私が思うに本書で見るべきはもっと別のところに存在している。ブラント自身が書いているように、本書で示されたトレード手法が必ずしも最適なものであるというわけではないし、彼のやり方がだれにでも通用するというものでもない。では、どうしてそうした最適でもなければ欠点もあるクラシカルなトレード手法で、著者はコモディティー市場で30年もトレードをし続けて成果を上げ、ほかの運用者が損失を被った時期にも何とか利益を確保することができたのだろ

う？

　実は彼にそれを可能ならしめたのはコモディティー市場の持つ特殊性にある。ほかの株式市場や債券市場といったマーケットとは異なり、グローバルなコモディティー市場は、互いの値動きに相関性のない多くの銘柄で構成され、かつ個々のマーケットはトレンドが発生するとそれが継続しやすいという特徴を持つ。そこでは、何も高度なトレード手法など使わずとも、「レバレッジを適度に抑えて、多くの銘柄をトレードし、引かされた場合は損切りを早く行い、利が乗ったら最後までトレンドに乗り続ける」という単純な原則を守るだけで十分な利益が見込めるのである。

　この何とも素晴らしい特性はコモディティー市場だけが持つものであり、したがって、株式市場でしかトレードをしたことのないトレーダーにとってはにわかには信じがたいことである。だが、それは事実である。コモディティーのトレーダーは長年にわたってこうした優位性をエンジョイしてきたのだ。読者におかれては、本書を読むことで、そうしたある種異次元の世界に対する目を開いていただきたいと思う。

　翻訳に当たっては以下の方々に心から感謝の意を表したい。翻訳者の山口雅裕氏は読みやすい翻訳を実現してくださった。そして阿部達郎氏にはいつもながら丁寧な編集・校正を行っていただいた。また本書が発行される機会を得たのはパンローリング社社長の後藤康徳氏のおかげである。

2011年9月

　　　　　　　　　　　　　　　　　　　　　　　　　長尾慎太郎

本書を妻モナと子供たちにささげる。彼らは私が商品トレーダーであるために、30年以上も人生の浮き沈みに耐えてきた。
また、ファクターファミリーと私が呼ぶ、20人あまりの親愛なる商品トレーダーの仲間たちにささげる。彼らは1980年以降、私がファクター・トレーディング・プランを開発し、技術を磨き上げるうえで相談役となってきてくれた。

監修者まえがき	1
謝辞	11

第1部　トレーディングで成功するための基礎　　13

はじめに　　17
商品トレーダーの誕生	18
本書を書いた理由	24
本書の読者対象	27
本書の構成	34

第1章　典型的なチャート原理についての歴史と理論　　39
チャートの原理についての私の考え方	41
チャートの原理の3つの限界	42
まとめ	43

第2部　うまくいくトレーディングプランの特徴　　45

第2章　トレーディングプランを立てる　　49
トレーダーの性格と気質	49
適切な資金額	55
全体的なリスク管理	57
覚えておくべきポイント	59

第3章　トレード機会の確認とトレーディング用語　　61
トレード機会の確認	63
ファクター・トレーディング・プランで用いる用語	65

覚えておくべきポイント　　　　　　　　　　　　　90

第4章　理想的なチャートパターン　　　　　　93
　銅のヘッド・アンド・ショルダーズ　　　　　　　94
　豪ドル/ドルの反転パターンでの上昇ウエッジ　　 95
　大豆油のウエッジとダブルトップ　　　　　　　　95
　砂糖の反転パターンでのトライアングル　　　　　96
　米ドル/カナダドルの継続パターンと増し玉　　　 97
　銀の天井　　　　　　　　　　　　　　　　　　　99
　ラッセル1000の継続パターンのヘッド・アンド・ショル
　　ダーズ　　　　　　　　　　　　　　　　　　 100
　カンザスシティー小麦のボックス　　　　　　　 102
　原油のボックスとペナント　　　　　　　　　　 102
　ダウ公共株のヘッド・アンド・ショルダーズの継続パターン　104
　ユーロ/ドルでのトライアングルとMトップとフラッグ　104
　ポンド/円のヘッド・アンド・ショルダーズと３つの継続
　　パターン　　　　　　　　　　　　　　　　　 106
　豪ドル/円の対称トライアングルの反転パターン　106
　ポンド/スイスフランの２つの継続パターン　　　109
　砂糖のトライアングルとウエッジ　　　　　　　 109
　アップルコンピュータの逆ヘッド・アンド・ショルダーズ　111
　メジャーパターンの金のヘッド・アンド・ショルダーズと
　　対称トライアングル　　　　　　　　　　　　 111
　銅の一連の強気パターン　　　　　　　　　　　 113
　ドル/カナダドルでの上昇トライアングルの失敗　114
　ダウ輸送株指数での12週間のボックス　　　　　 116
　ブレント原油での珍しいホーン　　　　　　　　 116
　2009年に逆ヘッド・アンド・ショルダーズから上昇を始
　　めたS&P　　　　　　　　　　　　　　　　　 117
　まとめ　　　　　　　　　　　　　　　　　　　118
　覚えておくべきポイント　　　　　　　　　　　119

第5章　ファクター・トレーディング・プランはいかに機能するのか　121
- トレード機会の確認　121
- 仕掛け　135
- リスク管理　136
- 注文の管理　137
- 覚えておくべきポイント　143

第6章　ファクター・トレーディング・プランを使った3つの例の研究　145
- テクニカル面で注目に値するダウ先物のトレード　146
- 1年に及ぶ金のトレード　150
- 1年に及ぶ砂糖のトレーディング　164
- 覚えておくべきポイント　176

第7章　成功するトレーダーの特徴　177
- シグナルについての深い知識　178
- 規律と忍耐　179
- 自分自身とトレーディングプランの分析　180
- ひたすら信じること　184
- 覚えておくべきポイント　186

第3部　5カ月のトレーディング日記──開始　187

第8章　1カ月目──2009年12月　193
- トレーディングの記録　196
- まとめ　214

第9章　2カ月目──2010年1月　219
トレード機会の確認　221
プランを修正する　226
トレーディングの記録　229
まとめ　254

第10章　3カ月目──2010年2月　257
ちゃぶついてもプランに従う　258
トレーディングの記録　260
まとめ　279

第11章　4カ月目──2010年3月　281
トレーディングの記録　282
まとめ　297

第12章　5カ月目──2010年4月　299
典型的なチャートの原理に頼る　301
トレーディングの記録　303
将来の見通し　309
まとめ　314

第4部　総まとめ　317

第13章　運用成績の分析　321
トレーディングプランはどういう成績だったか　326
プランとトレーダーはどう進化したか　333
まとめ──今後の最良の方針　336

第14章　最もきれいな例　　　　　　　　　　　　　　341
　豪ドル/ドルの７カ月間に及ぶダブルボトム　　　　　　　343
　ユーロ/スイスフランの14カ月間に及ぶ対称トライアング
　　ルと９カ月間に及ぶ下降トライアングル　　　　　　　344
　ユーロ/ドルの６カ月間に及ぶウエッジ　　　　　　　　344
　ポンド/ドルの16週間に及ぶホーン　　　　　　　　　　346
　ニュージーランドドル/ドルの４カ月間に及ぶ逆ヘッド・
　　アンド・ショルダーズ　　　　　　　　　　　　　　　348
　ドル/カナダドルでの６カ月間に及ぶ上昇トライアングル
　　の失敗　　　　　　　　　　　　　　　　　　　　　　349
　S&Pの８カ月間に及ぶ逆ヘッド・アンド・ショルダーズ　349
　砂糖の14カ月間に及ぶ対称トライアングル　　　　　　　352
　金の７カ月間に及ぶ対称トライアングル　　　　　　　　353
　銅での一連の継続パターン　　　　　　　　　　　　　　355
　原油の逆ヘッド・アンド・ショルダーズ　　　　　　　　356
　まとめ　　　　　　　　　　　　　　　　　　　　　　　356

あとがき　　　　　　　　　　　　　　　　　　　　　　　359

付録A　ファクター・トレーディング・プランのシグナル　365
付録B　チャートの早見表　　　　　　　　　　　　　　　373
付録C　お勧めの本とホームページ　　　　　　　　　　　385
著者注　　　　　　　　　　　　　　　　　　　　　　　　389

謝辞

　私は友人であり、コロラドスプリングスにあるペトラ・ファイナンシャルのCEO（最高経営責任者）でもあるデイブ・フォーブズに本当に感謝している。彼は私がこの本を準備するためにオフィスとスタッフを使わせてくれた。

　また、ジェネシス・ファイナンシャル・テクノロジーのグレン・ラーソンと彼の最高のチームにも感謝している。彼らは本書のチャートを提供してくれた。私はジェネシス社のデータとチャート用のソフトのトレードナビゲーターをトレーディングで使い、彼とそのチームが本当のパートナーだと分かった。

　本書を書いたらどうかと初めに私に提案したのはチェスラー・アナリティクスの社長ダン・チェスラーだ。彼の会社はテクニカル分析に基づく市場調査をエネルギー関連のトレードを行う企業に提供している。彼と私は数十年来の仲間だ。もし読者の方がこれまでに本を執筆したことがあるなら、本を書くように勧めてくれた彼に私が感謝したほうがよいのか恨んだほうがよいのか分からない、と言うことも理解してもらえると思う。

　最後に、本書を書く間、私に付き合ってくれたジョン・ワイリー・アンド・サンズ社のメグ・フリーボーンとケビン・カミンズにお礼を言いたい。私がこの本を書き始めたのは2009年の前半だった。健康上の理由で、ほぼ9カ月中断せざるを得なかった。2人の大いなる忍耐と導きがあって、この企画は再び軌道に乗ったのだ。

第1部

トレーディングで成功するための基礎

FOUNDATIONS OF SUCCESSFUL TRADING

トレーディングは芸術だろうか、それとも科学だろうか？　あるいは、それら両者の組み合わせだろうか？　この疑問に私は答える自信がない。また、その答えを知る必要があるかどうかも分からない。私はトレーディングを技術と見ている。成功したトレーダーは職人であり、ナックルボールを身につけたピッチャーと同じように、技術を駆使する。あるいは新しい金属の溶接を専門とする溶接工や、複雑な問題を解決して新しいチップ技術を考案するソフトウエアエンジニアのように技術を用いる。

　職人はだれでも見習い期間がある。見習いとは指定された教室か稽古場での決まった期間のことではない。むしろ、技術を用いるための知識や技術につながる、個人的で専門的で独占的な経験の組み合わせだ。

　本書の第1部はトレーダーとしての私の見習い期間について書き、第2部以降の背景知識となるものにしたい。第1部は次の2つに分かれる。

1. トレーダーとしての私の経歴の紹介、この本を書こうと決めた理由、本書の構成と本書で達成したいこと。
2. 典型的なチャートの原理についての簡単な説明、私のトレーディング手法の基礎。

　第1部では私のトレーディングプランを構成する基礎を示す。そのプランは第2部で詳しく述べる。

はじめに

Introduction

　本を買う前にまず私が確認する点のひとつは、第1章よりも前のページ数だ。序文が長いと眠たくなるからだ。読者のほとんども私と同じように、すぐに本題に入ってもらいたいと思うだろう。私は長い序文だけは書きたくなかった。だが、著者の側に立つと、考えが変わった。本に必要な背景や見通しを示すために、序文は役立つと気づいたのだ。それで、私がずっと嫌ってきた罪を犯したことを許してほしい。序文にはそれだけの価値があると思う。
　これは商品とFXトレーダーである私についての本であり、価格チャートを私の仕事でどう使うかについての本だ。私はこれをモザイクとみなしている。優れたモザイクが全体を見て初めて分かるように、この本の各部分も最後まで読んでもらえれば、つながりが見えてくるだろう。ひとつひとつ、あるいは各章だけを見ても、モザイクは意味をなさない。遠くから完全な状態で見たときに、モザイクは明快さと見通しが得られる。モザイクという考え方で、この本がどう展開するか分かると思う。まず、私がどうしてこの仕事を始めたかについて少し述べておきたい。

商品トレーダーの誕生

　1972年に広告の学位を取ってミネソタ大学を卒業するとすぐに、私は全米で最大級の広告代理店で働くためにシカゴへ引っ越した。隣家の主人はCBOT（シカゴ商品取引所）のトレーダーだった。彼と会話をしたり、トレーディングフロアで働く彼を何度か見に行ったりするうちに、私は先物市場に魅了された。商品トレーディングをすれば、良い収入を得られて独立でき、非常に刺激的な分野で困難に立ち向かう機会が得られると思った。要するに、私は先物のとりこになったのだ。

　商品先物取引の世界では、だれでも一番下から働き始める。かなりの高給で雇われるということは、この業界では現実にはなかった。私が広告業界を辞めて商品先物取引の世界に入るつもりなら、別のプランを考える必要があった。それで、私は広告代理店の社長に尋ねた。私は会社を辞めて１年間商品取引の仕事をやってみるが、それが失敗して、また元の仕事に応募したら、30%増しの給料で雇ってもらえないだろうかと。彼はこの取引に応じてくれた。

　1976年に20代で商品先物取引の世界に入ったとき、私は自己勘定でトレーディングを行うという並外れた目標を持っていた。だが、それにはまずコツを学ぶ必要があった。

　私がこの業界に入ったとき、CBOTのトレーダーはCME（シカゴ・マーカンタイル取引所）やCOMEX（ニューヨーク商品取引所）の大部分のトレーダーと同じように、序列の一番下かその近くから働き始めた。今日までそれは変わっていない。「MBA（経営学修士号）修得者のための出世コース」はピットにはまったく存在しなかった。学習曲線は険しく、落後率も高い。

　私はコンチネンタル・グレイン社と、その先物市場でのブローカー業務を行うコンティ社で働いて、仕事を覚えた。当時のコンチネンタル・グレインはカーギルに次いで世界第２位の穀物輸出企業だった。

図1.1　金のスポット価格（1830～2009年）

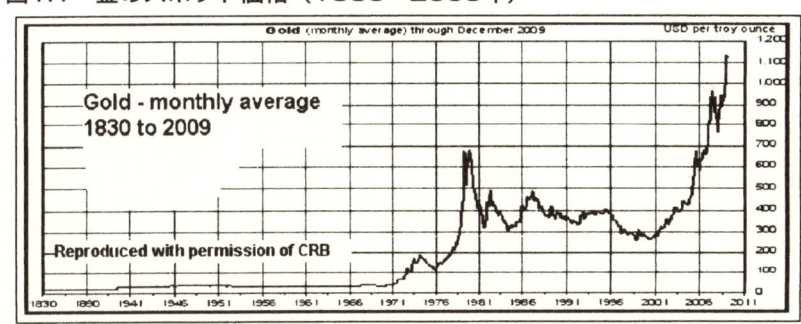

コンチネンタル・グレインは穀物流通事業を1999年にカーギルに売却している。

　広告業界にいたころ、私はマクドナルドとキャンベル・スープを担当していた。両社が農産物の大量消費者だったことは、とても幸運な偶然の一致となった。

　キャンベル・スープのような農産物商品の加工業者は、何十年も続いた供給過剰の状況と安定した商品価格に慣れきっていた。ところが1970年代初期に、世界的な不作などの出来事が何度かあり、農産品とほとんどすべての原料価格は大きく上昇した。数カ月のうちに2倍になる商品もあった。**図1.1**と**図1.2**は原料価格の代わりとして、金と小麦の価格を示したものだ。

　食品会社は価格の高騰に対する準備ができていなかった。これらの会社の経営陣や仕入れ担当の役員は解決策を必死に探していた。ほとんどの食品加工業者は現物市場でも先物市場でも先渡し価格について何の経験も持っていなかった。

　私が広告の世界から商品先物取引の世界に仕事を変えたときは、こういう状況だった。

　コンティに入社するとすぐに、私はキャンベル・スープの社長にあ

図1.2　軟質小麦価格（1860～2009年12月）

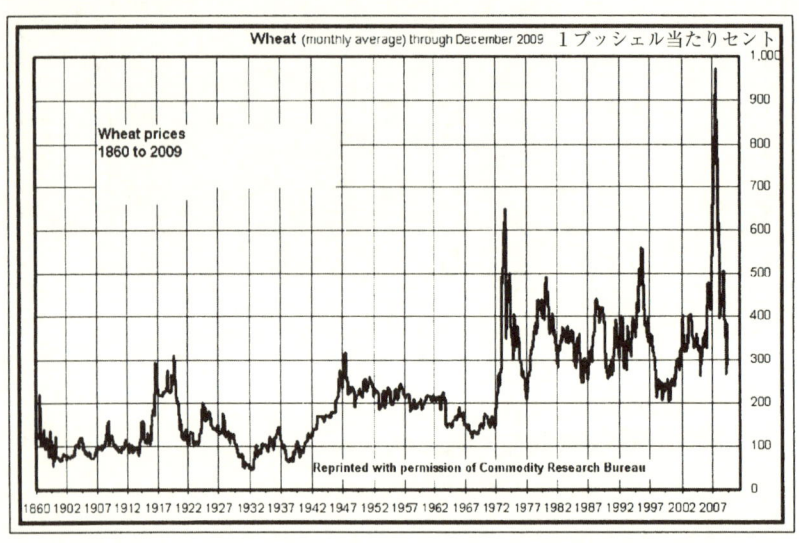

る提案をした。キャンベル・スープが将来のある期日付けで買った商品をヘッジするのに、先物市場がおそらくひとつの方法になり得ると考えたのだ。

　私は、同社が仕入れ担当役員を任命して、しばらくシカゴに転勤させ、商品先物が経営と仕入れで役立つか判断したらどうかと提案した。さらに私は、その指名された仕入れ担当役員と私が正式な提案書を経営陣に提出すると申し出た。そこで先物取引を推薦するかやめるかを提案すると言った。

　結局、私たちは次に挙げる商品の先物取引を戦略的に使うように勧めた。それらはココア（キャンベル・スープは当時ゴディバ・チョコレートを所有していた）、コーンと大豆ミール（さまざまな冷凍製品や缶詰製品用のニワトリを育てるため）、大豆油、冷凍ブロイラー（当時のCBOTで活発に取引されていた）、生牛とライブホッグ（会社で使う切り身肉の価格と生体の価格のどちらが得かによる）、それに米

国の三大小麦取引(キャンベル・スープはトン単位でヌードルを製造するほかに、オロウィートとペパリッジファームという製パンメーカーを所有していた)だった。

キャンベル・スープは商品先物取引を利用するほうが賢明だと判断した。私は同社に対するコンサルティングで仕事の経費と家族のための生活費を賄いながら、先物の仕事を学んだ。私がすぐに一人でトレーディングを始めていたら、あっという間に広告業界か別の世界に戻るしかなくなっていただろう。

2年間でコツを学んだあと、1980年ごろに1万ドル以下の自己勘定口座でトレーディングを始めた。初めのうち、私個人のトレーディングは悲惨ではなかったが、成功してもいなかった。私は見聞きしたことがあるあらゆる手法を試みた。CBOTで働く私の周りのトレーダーたちはお金を稼いでいた。だが、私はうまく機能する分野をどうにも見つけられないでいた。

すると、ジョン・マギーとロバート・エドワーズによって1940年代に書かれた本『マーケットのテクニカル百科 入門編・実践編』(パンローリング)を友人が紹介してくれた。この本は当時でも現在でも典型的なチャートの原理のバイブルとみなされている。私はある週末にそれを読んで完全に頭に入れ、その後一度もその価値を疑ったことはない。

チャートパターンによるトレーディングは、私が実際に試みたか考えたことのあるほかの手法では手に入らない独自の利点があった。それには次のものが含まれる。

●相場方向の示唆
●タイミングを計る技法
●仕掛ける論理的な場所
●リスクを判断する手段

●利食いの現実的な目標値
●リスクとリターンの関係の判断

　私はそのときからずっとチャートパターンによるトレーディングを行っている。もっと具体的に言うと、ヘッド・アンド・ショルダーズ（H&S）、逆ヘッド・アンド・ショルダーズ、ボックス、チャネル、トライアングルなどの典型的なパターンのブレイクアウトでトレーディングを行っている。私は週足と日足による4週間から何カ月にもわたるパターンに焦点を合わせている。もっとも、チャートでは比較的長期に焦点を合わせているが、実際のトレーディングは短期的になりがちだ。トレードは1～2日（損失が出た場合）から、1～2カ月の間で行っている。

　1981年以降、私の主な仕事は自己勘定の資金を運用することだった。ただし1980年代にはときどき、ほかのトレーダーたちにトレーディングレポートの販売もした。1980年代後半から1990年代前半は、後にゴールドマン・サックスに買収されたコモディティーズ・コーポレーションのような2～3の大規模なマネーマネジャーのために、ヘッジファンドの運用を行った。世界で最も優れたヘッジファンドで働くトレーダーたちの何人かはコモディティーズ・コーポレーションで働いたことがある（私がその同類だというつもりはない）。

　市場の停滞に加えて、市場外のことに対する関心があって、私は1990年代初期から、相場に毎日接することから距離を置くようになり、私自身のファンドをほかのトレーダーに任せるようになった。その実験は成功しなかった。1990年代半ばから2006年まで、私は非営利的な興味（社会的大義）を追い求めて、ほとんどまったくトレーディングをしなかった。2007年1月になって、私はまた前のトレーディングプランに携わり始めた。

　1990年には、今は亡き友人のブルース・バブコックと共著で、『ト

図1.3　ファクターLLCの自己勘定トレーディングの記録

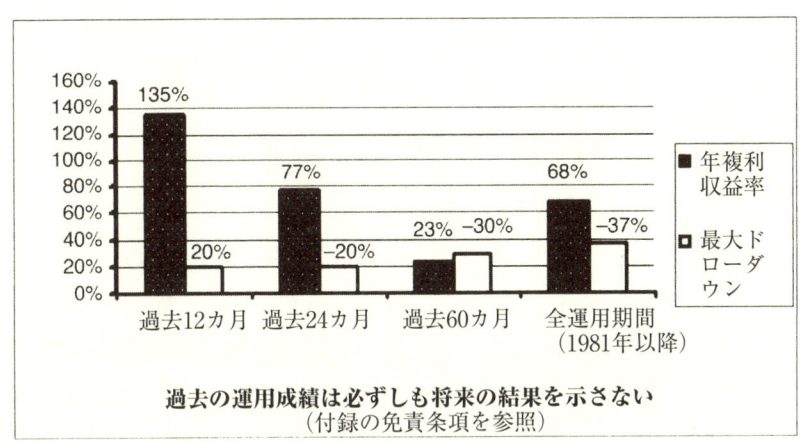

レーディング・コモディティー・フューチャーズ・ウイズ・クラシカル・チャート・パターンズ（Trading Commodity Futures with Classical Chart Patterns)』という本を書いた。そして、非常に一般的な言葉で私のトレーディングの手法を説明した。その本によって、私のトレーディングについて、もっと詳しく説明した本を書きたいという気持ちがわき起こった。この本はそうした気持ちの産物だ。

私の自己勘定トレーディングの記録

　1981～1995年（私が委任状をほかのトレーダーに与えた4年を含む）と、再びトレーディングを始めた2007年以降の活発に取引を行った期間において、自己勘定ファンドで私が出した年間平均利益率は68.1％（VAMI［月次純パフォーマンス指数］法による）だ。自己勘定ファンドで私が唯一のトレーダーだったとき、損失を出した年が一度あった（1988年の－4.7％）。月末時点での年間最大ドローダウンは15.4％だった。私の自己勘定トレーディングでの運用成績の要約は**図1.3**に

示すとおりだ。本書の最後にある著者注にある、私の自己勘定トレーディングについての免責条項と説明を読んでもらいたい。また、過去のパフォーマンスは必ずしも将来の結果を示すわけではない。

本書を書いた理由

商品トレーディングに関する本や投資相談、セミナー、コンピューターによるトレーディングプログラムといったビジネスでは、値打ちのないものが数多く売られている。株や商品投資について書かれた本が毎年、無数に出版される。投資の世界に本当にさらに、もう1冊が必要だろうか？

私がトレーディングや投資に関する本のほとんどを低くしか評価していないことを考えると、その私が本まで書いているとは皮肉だ。具体的には、つもり売買でテクニカルトレーディングを説明する本について、私は一般的に軽蔑の目で見てきた。対照的に、私はジャック・シュワッガーの『マーケットの魔術師』（パンローリング）シリーズが大好きだ。現実のトレーダーの人間的な側面を描いているからだ。彼らは自らの独創性を発揮して、知恵でマーケットを打ち負かして大金を稼ぐ。あなたがこれらの本をまだ読んでいないのなら、投機に対する大いなる洞察を本当に見逃している。また、私はマイケル・ルイスによる『ライアーズ・ポーカー』（パンローリング）と『世紀の空売り』（文藝春秋）も大好きだ。2冊とも賢いトレーダーたちの実生活をリアルに活写した本だ。

私がこの本を書くという挑戦を受け入れたのは、ジョン・ワイリー・アンド・サンズ社と私が本に対して同じ考え方を持てたからだ。それは、私が実際にトレーディングを行ったある期間を日記という形で表現することだ。

本書は、商品トレーディングに関する本のなかで独自だと私が信じ

る7つの特徴を持っている。

1. 私は本物のお金を使い、現実のマーケットで実際にトレーディングを行う本物のトレーダーだ。私は学者ではないし、本を売って住宅ローンの支払いに充てようという人間でもない。私はトレーディングシステムや、アドバイスを提供するホームページでの定期購読を販売しているわけではない。私は相場でお金を儲けようとしているトレーダーにすぎない。
2. この本に載せているのは昨年のチャートに合わせて、最適化されたルールを適当に選んだものではなく、リアルタイムのトレーディングシグナルや努力だ。日々トレードをして考えたり、間違えたり、勝ったり、感情が揺れたりするたびに記録した実際のトレーディングの日記だ。私は今後21週間で利益を出すのはわけないと信じながら一歩を踏み出す。だが、トレーダーにリスクは付き物だ。
3. この本は、トレーディングが人間の感情に逆らって行うものだということを明らかにする。トレーディングで一貫して成功するのは難しい。私はそれは違うというふりはしない。トレーディングが簡単なら、だれでもそれで生計を立てているだろう。この種の本を書いている著者のなかには、常に輝かしい成功を収めていると話せる人もいるだろう。私は8回続けて負けたあとにトレードをするときの感情について検討する。投機で成功しても、白髪が増え、睡眠不足になり、自己嫌悪に陥ることもある。私も同じことを伝えたい。
4. 成功した投機はほとんどの場合、リスク管理によるものだということを私は示すつもりだ。実際、優れたトレーダーは自分たちを何よりもリスク管理者と見ている。カードゲームの「テキサスホールデム」と似て、トランプ自体よりもそれでどうプレーするか

25

のほうが重要だ。資金管理はそれに値するだけの注意を与えられていない。

5．私は長く殺されずにいる本当に聖なる牛──トレードの70～80％で間違わずにいられるという考え──を殺そうと試みるつもりだ。この牛は本当に死ぬ必要がある。おそらく、私はうまく一撃を加えることができるだろう。

　　初心者のトレーダーは彼らの時間とお金の90％を費やして、トレードをすべきポイントを確認する方法を探し求める。私自身の経験では、トレーディングで一貫して利益を出す要素のうち、「儲かるトレードの発見」は最も重要性が低い。実際、トレーディングをうまく行える相場を確認する方法は、あまり重要ではない。私は自分で使っている方法が最高だとも、平均以上だとも言うつもりはない。もっと適切な言い方をすれば、私がどうトレード機会を選ぶかは結局のところ重要ではないのだ。トレードの80％で成功すると主張するシステムを追いかける初心者のトレーダーは、負ける度胸がないからそうしているのだと私は考える。だが、トレーディングで一貫して利益を出すために必要なものは、勝つ必要があるという最低限のプライドと負ける度胸だ。

6．私はどうすれば少ないお金を大金に変えられるかを本書で示したいとはまったく思っていない。1万ドルを100万ドルにしたと語る本は巧みな売り方をしているのかもしれない。だが、現実に目を向けよう！　この種の成績を挙げられる人なら、10年以内に世界の通貨をすべて所有することになるはずだ。計算してみるとよい！

　　私はリスクを嫌う。2010年の私の目標は18～24％のリターンだ。私は商品先物と外国為替のマーケットで月平均2％ほどのリターンが絶えず得られて、資産の変動が最小であれば大満足だ。大金を稼ぐ秘策を明らかにすることはほかの著者に任せる。少額の口

座を100万ドルにする方法を教えてくれる本をあなたが探しているのなら、この本はあなた向きではない。あなたがエッジ（優位性）を利用するつもりで、投機の総合的な過程を詳しく述べた本を望むのなら、読み続けてほしい。

7. 私の場合、チャートを使って良かった。こう言うと、実際よりもずっと立派に聞こえるかもしれないが、私はチャートパターンに基づいてトレーディングを行う技法について、長年にわたって学んだことを説明したい。後知恵では、どのようにトレーディングを行うべきだったかを想像することは簡単だ。しかし現実には、間違えればその報いを受ける。私はチャートによるトレーディングについて、実用的な知識を付け加えることができると信じている。おそらく、私は学習過程の苦悩をほかの人が味わわないで済むようにできる。

結局、私の目標はプロのトレーダーの行動と感情を明らかにすることだ。そして、これは次にトレードができるところを確認する方法よりもはるかに多くのことを含んでいる。

本書の読者対象

私がこの本の読者と考えているのは次の人たちだ。

- プロの商品先物トレーダーとFXトレーダー
- 一般投資家（特に今、退職後の資産について心配しているベビーブーム世代）
- トレーディングで本当に良い方向に変わったことが一度もない、商品トレーダー「志望」の初心者

表1.1　上位20位までの商品先物・FX運用会社の成績（2005～2009年）

企業	年平均収益率*	最大ドローダウンの平均*	2008年の大暴落時の平均収益率*	過去5年で利益が出た年の割合（カッコ内は最も負けた年の平均）
上位5社	20.5%	−8.9%	22.5%	88%（+.03%）
6～10番目	12.8%	−11.3%	27.0%	80%（−1.8%）
11～15番目	10.2%	−10.9%	20.6%	84%（−1.4%）
16～20番目	8.2%	−11.1%	11.7%	76%（−4.7%）
20社合計*	12.9%	−10.5%	20.0%	82%（−1.9%）

注＝*上位20社の順位は、ドローダウンが15％以下で、少なくとも1000万ドルを運用しているCTAのなかから年平均収益率に基づいて順位を付けた

出所＝マネージド・アカウント・リサーチ社のホームページ

プロの商品先物トレーダーとFXトレーダー

　あなたがこの本から学ぶことは何もないだろう。それでも、あなたがチャーチストなら、うまくいけば何らかの知識が得られるだろう。また、あなたは私の手法や得意分野について何かを学ぶために、この本を読むべきではない。あなたは自分の戦略を正確に分かっているから成功しているのだ。とはいえ、私がマーケットで「エッジ」を利用しようとするときに話す逸話のいくつかに興奮するかもしれない。成功する投機とは主に、感情の「流れに逆らって泳ごう」とする人間的な努力だと、あなたは知っている。

　私はあなたに脱帽する。あなたは絶対に世界最高のトレーダーだ。プロの商品トレーダーが問題を担当していたら、2007年と2008年の世界的な金融危機はけっして起こらなかっただろう。集団として、あなたは最近、世界を襲った経済的な災いの原因とならなかったことを誇りとしてよい。

　プロの商品先物トレーダーとFXトレーダーとして、あなたは誇り

に思うべきことが多くある。**表1.1**は、過去5年間における商品先物とFXトレーディングを専業とする上位20社の運用成績（リスク調整後収益率で測定）である。

過去5年間で上位20社に入った商品先物のトレードを専業とする企業のうち19社は、金融界のほかの企業が世界的な暴落で何10億ドルもの損失を被っている2008年に利益を出している。これらの上位20社を合計した5年の平均利益率は12.9％だった。7社は過去5年で一度も損失を出さなかった。頂点から谷までが最大の損失は平均でわずか－10.5％だった。最悪だった年の20社の平均は－1.9％だった。これを株式市場の大変動と比べてみるとよい。

私はプロの商品トレーダー界が来る年も来る年も利益を出せる理由が主として4つあると思う。

1. ほとんどの商品先物トレーダーとFXトレーダーは自己資金でトレーディングを始めている。金融論でMBA（経営学修士号）を取ったからとか、量子物理学の博士号を持っていたからというだけの理由で、数百万ドルの共同資金を託されることはなかった。実際、彼らは大学を中退したか、ヨーロッパ史か神学を専攻したか、元航空管制官だったことがありそうだ。
2. レバレッジを使う相場でトレーディングを行っているので、リスクを理解している。負けトレードにしがみついていると高い代償を支払わされると知っている。小さな損失は大きな損失になるのが普通で、大きな損失で船が沈むこともあるということを知っている。彼らなら、途方もなく大量の無価値な不動産担保証券をポケットの奥深くまで突っ込まれたまま、放っておくことはなかっただろう。
3. 彼らは実際の価格がすぐに分かる、透明性の高いマーケットでトレーディングを行う。トレーディングを行う銘柄は実際の価格に

基づいて毎日、計算される。彼らはいつでもポートフォリオの決済値を1セント単位で知ることができる。そして、急いで手仕舞う必要があれば、数分でそれができる。AIGやリーマン、それにグローバル経済をあやうく沈めそうになった不動産担保証券について考えると、彼らはひとり笑いをする。いったいどうして、大手金融機関は毎日の終わりに正確に評価できない金融商品に、何十億ドルも注ぎ込んだのだろうか、と。あの種の金融機関で世界最大級の何社かが、理解さえしていない金融派生商品に自社の将来を賭けていたと想像してほしい。そして、彼らが失敗すると、政府は彼らを救済したのだ。政府に救済されると、これらの会社の経営陣は彼ら自身に何十億ドルものボーナスを支払った。信じられないほど、うまい仕掛けだ！　率直に言って、あの連中は皆、罰せられる必要があると私は思う。

4. トレーディングで成功するカギは、絶対に損をしないことにあるのではなく、負けトレードをどう処理するかを知っていることにある。損失を管理できれば利益はおのずから増えると、あなたは分かっている。

平均的な投資家

　もしあなたが平均的な「投資家」ならば、ここ数年間は、悪いときはあなたの株やヘッジファンドへの投資や不動産の価値が暴落し、良いときでも激しく動いたために、「資産の蒸発」を経験しているだろう。あなたの資産は荒っぽい動きをしてきたはずだ。

　それでも、商品先物と外国為替の市場では資金の変動を最小限にしながら、一貫して2けたのリターンを生み出すことができたのだ。しかし、あなたがそれを独力でやろうとするつもりなら、簡単な仕事ではないということを知っておく必要がある。トレーディングで一貫し

図1.4 バークレーCTA指数とS&P500 (1980〜2010年)

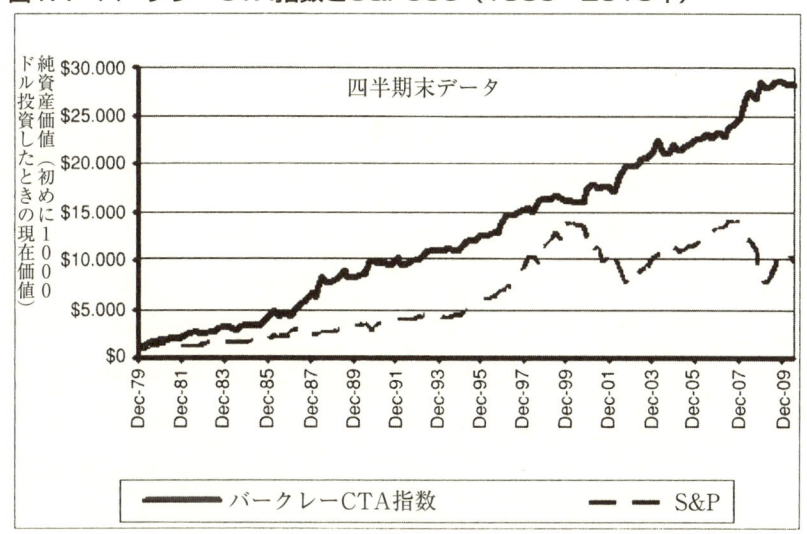

　て成功するためには、簡単に説明できないような努力をしなければならない。簡単に手に入る金の卵はないのだ。

　あなたは多分、商品相場は投機家向きで、不動産と株は投資家向きだと繰り返し聞いて育ってきただろう。おそらく、あなたは今、「投資」の伝統的な考え方は今の現実に基づいたものではないと分かっているだろう。Tビル以外はすべて投機なのである。おそらく、私たちはここ数年のうちに、米国債でさえ安全な投資でないと気づくかもしれない。次のバブルがTボンドという場合さえあり得ることだろう。

　好き嫌いはさておき、バイ・アンド・ホールド戦略は悪い冗談だ。人生で行うあらゆる決定では、何かを達成するためには何かを犠牲にしなければならない。すべてはトレードであり、ギャンブルなのだ。

　あなたはおそらく、商品先物やFX市場には高いレバレッジがかかっているため、これらの取引は「無一文から大金持ち」になるか、「大金持ちから無一文」になる投機だと聞いたことがあるだろう。

　適切に管理できれば、商品先物とFXトレーディングはむしろ慎重

な投機になり得る。2010年3月現在、合計2170億ドルがプロの商品トレーダーによって運用されている。彼らは資産の変動を最小限にしながら、一貫して平均以上のリターンを顧客に提供しようとしている。

　私の言うことが商品ファンドを応援しているように聞こえるかもしれないが、実際にそのとおりだ。商品ファンドを持っていれば、株と債券のバランス型ポートフォリオのボラティリティが下がる、と調査で示されている。図1.4はバークレーCTA（商品投資顧問業者）指数とS&P500指数を1980年代初期にさかのぼって比較したものだ。あなたがどちらのジェットコースターに乗るか、自分で決めればよい。私はこのグラフに語らせておく。

トレーダー「志望」の初心者

　この本を手に取った読者の方には厳しいことを言いたい！　あなたはだまされてきた！　高価な「ブラックボックス」のトレーディングシステムを買ったり、富を約束するセミナーに出席したり、次の素晴らしいトレーディングプラットフォームで問題が解決すると思ったり、オンライントレードのコンサルタント・詐欺師のサービスを利用したりして、お金を無駄遣いしてきた。それはあなた自身のせいだ。あなたはトレーディングでバランスよく損する気になれない。そして、それを克服するための手法を見つけたがるのだから、無駄遣いは自分のせいだ。トレーディングにおいてエゴとプライドをあまりにも強く持ちすぎているのだ。

　あなたにも利益を出したトレードはある。実際、年間を通じて利益になった年さえ何度かあった。しかし、心理的にできないことを克服するために、多くの時間とお金とエネルギーを費やすせいで、あなたは一貫して利益を出すことが一度もできなかった。ドリー・パートンの歌の題名をもじれば、あなたは「いつも間違ったところで成功を探

し」てきたのだ。

　あなたは儲かるトレードの発見という、トレーディングで最も重要性の低い要素に努力の90％を費やしてきた。私はあとで、一貫して成功するために必要だと私が信じているトレーディングの要素のすべてについて検討する。だが、儲かるトレードの発見はそのなかで最も重要性が低いのだ。私の考えでは、負けトレードを管理する重要性を学ぶことが、トレーディングの要素で唯一最も重要なものだ。

　昔、CBOTで働いていたころ、私は一貫して利益を出している10人くらいのプロのトレーダーに対して、科学的とは言えない調査をした。長年にわたって、私はトレーディング初心者にも同じ質問をしてきた。私が尋ねた質問は次のとおりだ。

　　あなたは2つの異なるトレーディング手法を選ばなければならない。両方とも、ここ数年のパフォーマンスは同じだ。そして、一方は勝率30％、もう一方は勝率70％だ。あなたはどちらの手法を採用したいだろうか？

　プロのトレーダーは2対1の差で、勝率30％の手法を選んだ。しかし、初心者のトレーダーは圧倒的に勝率70％の手法を選ぶ。どうしてこうも違うのだろう？

　プロのトレーダーは、初心者が理解できないかもしれないことに気づいている。期間中の勝率70％の手法では、期待される結果になるためには誤りが許されない。勝率70％の手法で悪い年（勝率50％）があったらどうなるだろうか？

　プロのトレーダーは勝率30％の手法のほうが本質的にリスク管理をしやすいと分かっているのだ。勝率30％の手法では、本質的に損失に対するのりしろがある。実際、勝率30％のほうでは、ほとんどのトレードが負けトレードになるだろう。どの手法でも、良い時期と悪い時

期がある。悪い時期を事前に勘定に入れる必要があるのだ。

　古い格言に、「商品相場で儲けるのは簡単だ。しかし、それをとにかく失わないようにするのは難しい」というものがある。この格言には多くの知恵がある。儲けたお金を守るということは、お金とリスク管理の関係を知るということだ。トレーダーが厳しい時期に資金を守り続ける方法を見つけださないかぎり、良い時期はけっして来ない。

本書の構成

　この本は価格チャートを使って、商品先物とFX市場でトレーディングを行うための本だ。もっと具体的に言うと、投機のために私がどうチャートを使っているかを見てもらう本だ。

　私はチャートパターンによるトレーディングがほかのトレーディング方法よりも優れているとか、私のチャートの使い方がほかのトレーダーの使い方よりも優れているなどと言うつもりはない。実際、私のトレーディング手法には弱点があるということは分かっている。私は毎年、新たな弱点を見つけている。この本を書いている最中にも弱点を見つけるだろう。

　あなたがこの本を読むときに覚えておいてほしい主なポイントは次の6点だ。

1. 商品トレーディングで一貫して利益を出すということは、利益が出るトレードを確認する魔術的な方法を発見することではない。
2. トレーディングで一貫して成功するためには、しっかりしたリスク管理が必要だ。
3. 成功したトレーディングとは規律と忍耐を持って、何度も何度も決まった行為をするのを続けることだ。
4. トレーディングの人間的な要素は非常に重要だが、長い間ほかの

著者によって無視されてきた。投機で一貫して成功するためには、恐れと強欲の感情に気づいて、それらをコントロールすることが重要だ。私はトレーディングのこの側面を身につけたというつもりはない。
5. たとえ多くのトレーディングで負けても、長期的に利益を出すことは可能だ。「プロセス」はどんな特定のトレードや一連のトレードの結果よりも勝るものである。
6. チャートの原理は魔法ではなく、単にトレーディングを行う過程でパターンを提供するものだ。

　私は本書を通じて、これらの6点を繰り返し強調する。
　これは私が価格チャートを用いて商品相場でトレーディングを行う方法についての本だ。私は何とかしてこの本を強引に売り込もうとは思わない。私は1980年以降、チャートパターンに基づくトレーディングで学んだことを淡々と語るつもりだ。その期間に、私は大きな教訓を得た。また、考えられるあらゆる間違いをした。同じ間違いを何度も繰り返した場合もある。私は何度も屈辱に耐えた。けっしてそれは好きになれなかった。
　本書は価格チャートに関する本なので、この点について歴史的な背景を説明しておく義務があるだろう。第1章では、典型的なチャートの原理の歴史とその基礎をなす理論について簡単に述べる。だが、この本ではチャートについてすでに使える知識を読者が持っていると仮定して進める。第1章の最後では、チャートパターンの技術に基づくトレーディング手法だけが持つ重大な限界、と私が考えているものを説明する。
　トレーディングは一種のビジネスだ。そして、すべての成功するビジネスでは決定と活動の指針となるビジネスプランが必要だ。長年の間に私は、商品相場の投機で一貫して利益を出す手法はすべて、ある

共通の要素に基づいているという結論に達した。

　第2章～第7章では、私の手法のなかで発展させた基本的な要素を説明する。私の具体的なトレーディングの判断はすべて、これらの要素から生じたものだ。ほかのプロのトレーダーはまったく異なる要素を使っているかもしれない。あるいは、似た要素だが別の名前で説明しているかもしれない。私は自分のトレーディング手法の重要な要素を3つのカテゴリーに分類している。

●準備のための要素（第2章）
●トレーディングの要素（第3章～第5章）
●個人的な要素（第7章）

　第6章は2009年に私が3銘柄のトレーディングを行った事例研究の分析だ。ここでは、トレードをどのように仕掛け、最初の損切りの逆指値をどのように置き、次にどう動かすか、利益をどう確定するか、各トレーディングでどれだけのレバレッジとリスクをとるかについて詳しく述べる。

　第8章～第12章は「ゲームを始めよう！」という言葉でまとめられるだろう。

　これらの章は2009年12月から2010年4月までに、私がトレーディングを実際に毎日、毎週、毎月行った日記だ。これらの月はパフォーマンスに基づいて選んだものではない。次の点のいくつかについて、補足や小項目を含めている。

●相場の動きについての観察
●異なるマーケットや異なるパターンの特性
●トレーディングの継続パターンと反転パターン
●日中チャートの使用

- ●トレーディングの解説
- ●学び（再び学んだ）教訓
- ●逃したトレード
- ●あらわになった人間の要素

　これらの章にはパターンの展開やファクター・トレーディング・プラン（トレーディングで判断を下す際のガイドラインやルールや慣行）の実行を詳しく示すチャートが豊富に含まれている。これらの章はあとで考え直すことなしに、リアルタイムに毎日書かれたということを知っておいてほしい。これらは私の考える過程や強い直感だけでなく、私のトレードの良い点も悪い点も見苦しい点も反映している。2009年12月にこの原稿を書いている今でも、私は自分のトレーディングで利益が出るかどうかまったく分からない。

　第13章は本書で示したトレーディング全体のまとめと統計分析と説明だ。第14章は2009年とトレーディング日記に記録した期間で、典型的なチャートの原理で最良の「最もきれいな例」を示す。うまくいけば、ファクター・トレーディング・プランは最も素晴らしい相場状況を生かすことになるだろう。5カ月間で私が利益を出せるかどうかは、どんな相場状況でも自分のトレーディング戦術を意識して、それをきちんと現実に実行できるかどうかにかかっている。

　付録には、この本で取り上げた期間のトレーディングに焦点を合わせた表が含まれる。付録Aは日記に載せたトレーディングを記録した表だ。この表では、トレーディングを行った銘柄、仕掛け日と仕切り日、取ったレバレッジ、認識したパターン、シグナルの種類、トレーディングの結果、手仕舞うために使ったルールを詳しく述べる。付録Bは本書で取り上げたチャートの手引きだ。そこでは認識した典型的なチャートパターン、シグナルの種類、トレーディングプランで用いたトレーディングの管理技術に基づいてチャートを参照できるように

している。付録Cは、私が勧める本とホームページとトレーディングのプラットフォームのリストだ。

この本で達成できることがあるなら、それは投機での成功は技術次第ということを示すことだろう。そこでは、逆境という道場で相場を学ぶという、幅広く継続的な見習い期間を必要とする。投機での成功とはひとつの過程であり、そこで相場の動きや自己の認識や熟練について多面的に対処しなければならない。

私は本書を通じて、読者とトレーディング界全体に望むことがいくつかある。まず、プロのトレーダーが一貫して優れた業績を上げるために難しい仕事に取り組んでいることに敬意を表したい。トレーディングは、頭脳と精神とすべての感情がかかわる手ごわい仕事だ。簡単に利益を得るための手段として、楽に儲けられる一時しのぎのシステムや手法の販売を推進する人々は、トレーディングという実際に困難だがやりがいのあることをしている者にとって不名誉な存在だ。

第二に、トレーダーでない人や一貫して利益を上げるにはまだ早いトレーダーに伝えたい。トレーディングでは幅広い手法を必要とする。単に、ある相場が上昇しそうかとか下落しそうかとの信念を持っていることよりも、はるかに多くの取り組みが必要になる。トレーディングはさまざまな判断や非常事態に対処しなければならない仕事なのだ。

第三に、私はトレーディングツールとして、典型的なチャート原理の分野に対して敬意を払いたい。チャートパターンは価格を予測する方法ではなく、トレーディングのひとつのツールにすぎない。だが、それは相場を理解する「インチキ」の手法だとして、チャーチストは不当に非難されている。

最後になるが第四に、トレーディング関係の書籍では人間的な要素にあまり触れられない。だが、それは相場で一貫して利益を出すための唯一最も重要な要素だ。私は投機であまり議論されないこの側面についても述べたいと思う。

第1章

典型的なチャート原理についての歴史と理論
The History and Theory of Classical Charting Principles

　投機家たちはトレーディングでの判断に、何世紀もチャートを使ってきた。最も初期のローソク足チャートは本間宗久という、米相場で活躍した伝説的な日本の相場師が18世紀に開発した、と一般に信じられている。彼は米価とその需給には関連があるが、相場は市場参加者の感情によっても動くと気づいていた。ローソク足チャートの原理から、彼は一定期間の価格を図で見て、相場の競争相手よりもエッジ（優位性）を得る方法を見いだした。エッジとは投機家が予想できるすべてのことだ。

　アメリカではチャールズ・ダウが1900年ごろに株価チャートを作り始めた。チャートについての最初の徹底的な仕事は、当時フォーチュン誌の編集者だったリチャード・W・シャバッカーによって1933年に出版された。『テクニカル・アナリシス・アンド・ストック・マーケット・プロフィット（Technical Analysis and Stock Market Profits）』という題名で、現在「典型的なチャートの原理」として知られている分野を分析し、理解するための組織的で体系的な枠組みを提供した。

　彼は同じように動きがちな大口投機家によって、株式市場が大いに操作されていると信じていた。こうした大口プレーヤーの動きは各取引日の始値、高値、安値、終値を示した価格チャートで見ることができる、と彼は述べている。

彼はさらに、価格をチャートに記すと、調整局面（大口投資家によるアキュムレーション［株の買い集め］かディストリビューション［売り抜け］を表す）か、トレンドの継続期間のいずれかになると述べた。トレンドのほうは価格の「マークアップ（上昇トレンド）」と「マークダウン（下降トレンド）」の期間として知られていた。最後に彼はトレンド期間と同じように、調整局面では幾何的なパターンを示しがちで、これらの幾何的パターンによって将来の価格トレンドの方向と大きさを予測できると述べている。

さらに、彼はこれらの幾何的なパターンの形と性質を特定した。それらには次の伝統的パターンを含んでいた。

- ヘッド・アンド・ショルダーズ（H&S）と逆ヘッド・アンド・ショルダーズ
- トレンドライン
- チャネル
- ラウンドパターン
- ダブルボトムとダブルトップ
- ホーン
- 対称トライアングル
- 逆トライアングル
- 直角三角形（上昇トライアングルと下降トライアングル）
- ダイヤモンド
- ボックス

シャバッカーの先駆的な仕事はロバート・エドワーズとジョン・マギーが1943年に書いた**『マーケットのテクニカル百科 入門編・実践編』**（パンローリング）で取り上げられた。これは一般にチャートのバイブルと呼ばれた。

エドワーズとマギーはさまざまなチャートパターンと関係があるトレーディングルールや指針をいくつか具体的に述べることで、シャバッカーの理解を次の段階に推し進めた。2人はチャートをトレーディングのルールとして体系化しようと試みた。彼らの本はどのようなものにしろ、チャートを使ってトレーディングの判断を下す投機家に、3世代以上にわたって標準的な参考書として使われてきた。

チャートの原理についての私の考え方

　トレーダーとして判断をする場合、私が主として用いる手段は典型的なチャート原理だ。洗練されたコンピュータープログラムやトレーディング用のプラットフォームが登場する前、私はチャートをすべて手書きしていた。今では、コンピューター化されたオンラインのチャートソフトやプラットフォームがいくらでもある。

　私は日足、週足、月足での高値と安値と終値のバーチャートだけに頼り続けている。過去20年に開発された無数の指標、例えばストキャスティックス、移動平均線、RSI（相対力指数）、ボリンジャーバンドなどは気に留めない。もっとも、ADX（平均方向性指数）は非常に限られたときにだが使うことがある。

　これらの統計的に操作された指標がトレーディングで役立たないという意味ではない。ただ、さまざまな指標は統計操作と価格の派生物というだけだ。私の姿勢は、価格でトレーディングを行うのだから直接価格を調べればよいではないか、というものだ。私は大豆のRSIや移動平均線をトレードしているわけではない。ただ大豆をトレードしているだけだ。

　私は価格から派生した指標をトレーディングのアルゴリズムにうまく取り込んだ人を批判するつもりはない。私は一貫してマーケットを知恵で打ち負かすことができる人を批判したりしない。だが私にとっ

ては、価格でトレーディングをする以上、見るべきものは価格なのだ。

チャートの原理の３つの限界

　典型的なチャートの重要な３つの限界は、チャートを使っているか、これから使おうと考えている投機家が理解しておくべきことだ。
　第一の限界は、チャートを見て、後知恵で相場を判定するのはとても簡単だということだ。素晴らしいトレンドで「楽に金儲け」できるように見せるために、過去にさかのぼって記録されたチャートの例は、本や販促用の資料で数え切れないほど見てきた。残念ながら、この本もチャートの原理を強調するために、まさに同じ罪を犯すかもしれない。
　チャートを使ってトレーディングを行う人にとって、過去を振り返った場合にできたこととまったく同じに現実のマーケットで実行するのは、大変難しい。重要ではっきりしたチャートパターンのうちで利益を出せるトレンドを生むものは、たいてい多くの小さな失敗したパターンから成っている。チャートは時間とともに進化する有機体で、本物の果実を与える前に繰り返しトレーダーをだますのだ。
　第二の限界は、チャートはトレーディングツールであって、価格の予測には役立たないということだ。長年にわたって、私は直近の相場の急展開や方向転換に基づいて、ファンダメンタルズを絶えず解釈し直している「チャートブックのエコノミスト」を見ると、とても愉快になる。
　あるチャートパターンをもとに空売りをするのと、その同じチャートパターンをもとにマーケットのファンダメンタルズを「弱気」と判断するのとは大変な違いがある。チャートはある期間のトレーディングのツールにすぎない。それだけである。チャートをほかのどんなことに使っても失望につながるだけで、多くの場合、トレーディングで

は実際に損失をもたらす。チャートパターンが将来の値動きを確実に予言するなどという考えは、良く言っても無謀な考えだ。チャートは価格の予測のための道具ではなく、トレーディングの道具なのだ。

30年間も相場でチャートを使ってきたトレーダーとして、私がこう言うことは許されるだろう。私はチャートの擁護者であり、批評家ではない。だが、間違ったチャートの使い方については批判する。私の考えでは、価格の予想をするためや、特に経済予測をするためにチャートを使うのは間違っている。

あなたは経済予測をするためにチャートを使う投資相談を知っているかもしれない。彼らは自分たちが正しかったときには知らせる。だが、間違ったときには言い訳をするか黙ってしまう。チャートが語っていそうかどうかに関係なく、特定の相場がどこに向かうのか、私にはけっして分からないし、こう認めることのほうがずっと正直だと思う。

第三の限界は、トレーディングの方程式から感情を取り除くことはできないということだ。恐れや犠牲や期待や強欲といった感情の影響力から離れて、価格チャートを調べて解釈するのは不可能だ。だから、チャートは値動きを理解する公平な手段になると思い込むのはバカげている。トレーダーの先入観はチャートの分析にも入り込んでいるのだ。

まとめ

典型的なチャートの原理は相場の動きを理解するためのフィルターとなったり、投機の全手法を作り上げたりするための枠組みを提供する。以降の章では、これらのチャートの原理を使って、投機のための総合的な手法——私がファクター・トレーディング・プランと呼ぶ手法——を作るところを示す。その後、典型的なチャートの原理を基礎

に、ファクター・トレーディング・プランを実際の商品先物とFXの投機に約21週間、当てはめることにする。

第2部

うまくいくトレーディングプランの特徴

CHARACTERISTICS OF A SUCCESSFUL TRADING PLAN

しっかりしたビジネスのすべてに言えることだが、トレーディングにもビジネスプランが必要だ。程度の差はあれ、それはすべての要素を説明できる総合的なプランでなければならない。30年あまりトレーディングを続けながら、私はトレーディングで判断を下す際のガイドラインやルールや慣行を作り上げてきた。私はこれらの要素をファクター・トレーディング・プランと呼ぶことにする。

　ファクター・トレーディング・プランはトレーディングの経験と結果に合わせて、長年にわたって進化してきた。また、マーケットは本質的に変化するものなので、今でもファクター・トレーディング・プランは進化し続けている。ほかのプロのトレーダーのプランが私のものとまったく異なる場合もあることは認める。だが、多くの共通するテーマもあるだろう。実際、投機で成功するためには共通の特徴が欠かせない、と私は強く信じている。

　第2部では、私のトレーディング手法の基本的な構成要素を説明する。図P2.1で示すように、ファクター・トレーディング・プランには3本の柱があり、その下に10大要素がある。太い柱は次のものを含む。

- **準備段階の要素**　トレーダーの性格や気質、投機で使える資金、リスクのある投機に対する哲学を扱う。
- **トレーディングプランそのものの要素**　相場を分析する方法、トレードを行う方法、トレードとリスクを管理する方法を扱う。
- **個人的な要素**　主に成功したトレーダーの特徴や習慣を扱う。

　第2章では準備段階の要素を説明する。トレーディングプランそのものの柱は最も複雑で、第3章～第5章で説明する。それから第6章で、そのプランを実行した事例研究を扱う。最後に第7章で、投機で成功するために必要とされる個人的な特徴と習慣を説明する柱を扱う。

　ファクター・トレーディング・プランの柱と構成要素の全体像につ

第2部　うまくいくトレーディングプランの特徴

図P2.1　ファクター・トレーディング・プランの柱と構成要素

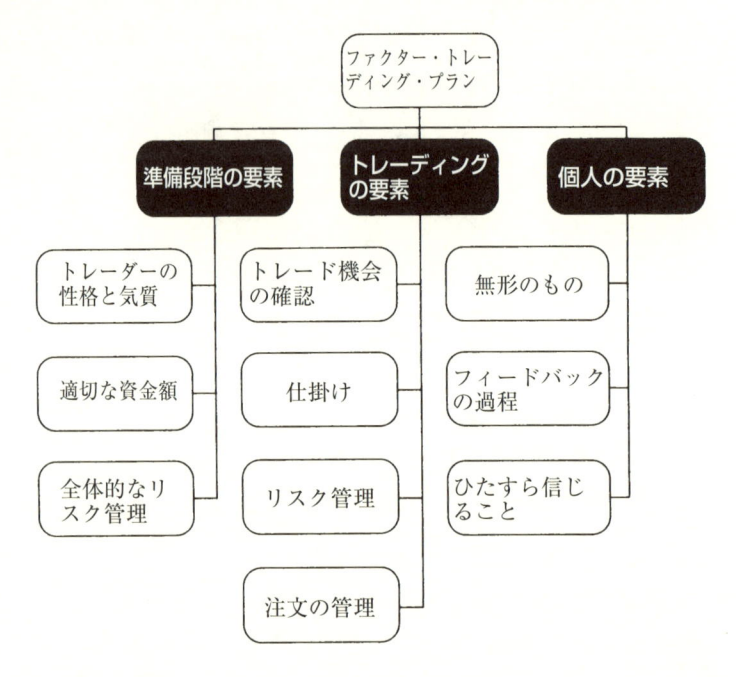

```
                    ファクター・トレー
                    ディング・プラン
        ┌───────────────┼───────────────┐
   準備段階の要素      トレーディング      個人の要素
                       の要素
   ┌─────────┐     ┌─────────┐     ┌─────────┐
   │トレーダーの│     │トレード機会│     │無形のもの │
   │性格と気質 │     │の確認    │     │          │
   └─────────┘     └─────────┘     └─────────┘
   ┌─────────┐     ┌─────────┐     ┌─────────┐
   │適切な資金額│     │仕掛け    │     │フィードバック│
   │          │     │          │     │の過程    │
   └─────────┘     └─────────┘     └─────────┘
   ┌─────────┐     ┌─────────┐     ┌─────────┐
   │全体的なリ │     │リスク管理 │     │ひたすら信じ│
   │スク管理  │     │          │     │ること    │
   └─────────┘     └─────────┘     └─────────┘
                    ┌─────────┐
                    │注文の管理 │
                    └─────────┘
```

いては、**図P2.1**を見てもらいたい。この図は今後の各章の行程表として役に立つはずだ。この図を見直せば、各章を適切な文脈のなかで理解できるだろう。

第2章

トレーディングプランを立てる

Building a Trading Plan

　トレーディングの準備段階では、トレードを行おうと考える前に取り組むべき問題がある。多くの人々が商品先物市場やFX市場で失敗してきたのは、相応の基礎も構築しないですぐにトレーディングを始めたせいだと私は信じている。準備段階は、投機で一貫して利益を出すためには欠かせないものと考えるべきだ。

　本章の図2.1の行程表で示したように、これらの要素にはトレーダーの性格と気質、適切な資金額、リスク管理の鋭い見方が含まれる。

トレーダーの性格と気質

　商品先物市場やレバレッジを用いたFX市場は値動きが大きく、レバレッジも非常に高い。商品先物トレードは気弱な人向きではない。商品先物市場やFX市場で自らトレーディングを行うかプロに資金を託そうと考える人は、そこには大きなボラティリティがあることを理解していなければならない。

　自分の口座を開いてトレーディングを行おうと決めた人は、投資用の資産の10～20％だけを商品先物に割り当てるべきである。しかも、これらの資金のその多くがなくなっても、現在や将来の生活水準に影響が及ばない額に限るべきだ。

図2.1　トレーディングプランの準備段階の要素

```
         ┌──────────────┐
         │ ファクター・  │
         │ トレーディン │
         │ グ・プラン   │
         └──────┬───────┘
                │
         ┌──────┴───────┐
         │ 準備段階の    │
         │ 要素         │
         └──────┬───────┘
     ┌──────────┼──────────┐
┌────┴────┐┌────┴────┐┌────┴────┐
│トレーダーの││適切な   ││全体的なリ│
│性格と気質 ││資金額   ││スク管理 │
└─────────┘└─────────┘└─────────┘
```

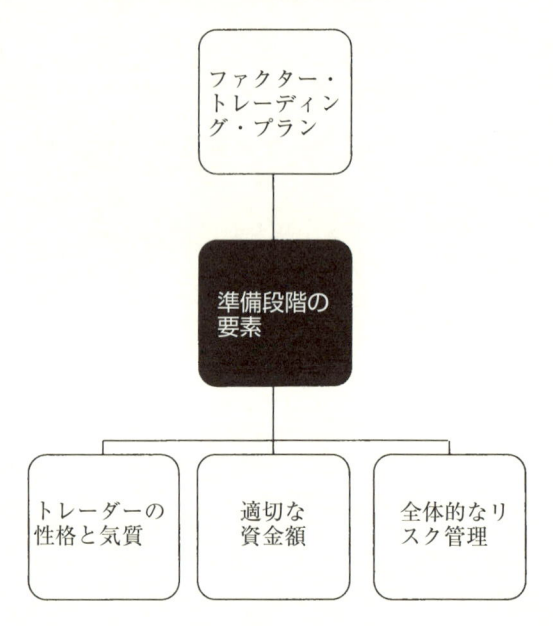

　また、自らトレーディングを行おうと決めた人は、商品先物トレーディングに特有のいくつかの点も意識して知っておく必要がある。商品先物市場では１日ほぼ24時間、トレーディングが行われている。アメリカでは、市場は午後遅くに短時間閉じて、その日の清算値を確定する。それからすぐにまた新しい日の取引が始まる。トレーディングは途切れることなく行われ、コンピューターの取引プラットフォーム上では、アメリカからアジア、ヨーロッパを経由してまたアメリカへと地球を回りながら、アメリカ時間の日曜日の午後遅くから金曜日の午後遅くまで続けられる。まったくの休みなしにだ！　それも来る週も来る週もである！　この動きはずっと止まらない！

　商品先物のレバレッジは極めて高く、100倍になることも多い。これは1000ドルの口座資金で、10万ドルの商品やFX取引ができることを意味する。また、商品の価格が１％逆行しただけで、その商品か

FX取引のために差し入れた証拠金をすべて吹き飛ばすこともあり得る、ということも意味する。

ほんの少ししかリスクをとっていない商品先物トレーダーでさえ、純資産が毎日2～3％変動することは珍しくない。

商品先物トレーディングについては、優れた本がある。私は商品やFXの基本を本書で説明するつもりはない。初心者のトレーダーには、アレキサンダー・エルダー博士の書いた『投資苑――心理・戦略・資金管理』（パンローリング）や付録Cに載せた本を勧める。商品やFXのトレーディングには初心者のトレーダーが理解しなければならない非常に重要なことがある。そして、そのことは国債や不動産、コレクターの収集品や株のトレーディングとは著しい違いがある。

商品先物市場やFX市場では、すべての買いの反対側に売りがある。株式市場では「空売り比率」（ニューヨーク証券取引所での全出来高のうちの空売りの割合）は通常およそ3％であり、5％を超えることは珍しい。対照的に、商品先物とFX市場では、すべてのトレードで空売りが行われている。

すべての買いに対して空売りがあるという性質は、「ゼロサム」ゲームとして知られている。だれかが1ドルを得るたびに、だれかが1ドルを失う。実際には、すべての取引で仲介料や手数料を取られるので、商品先物とFXの市場はゼロサムゲーム以下である。

株式市場では、相場が上昇すればほぼみんなが報われる。しかし、この世界では、初心者のトレーダーが利益を出すためにはプロのトレーダーや当業者を打ち負かす必要があり、この商品先物とFX市場におけるゼロサムゲームの特徴は重要だ。商品先物相場とは財布をすり取られる巨大なゲームでもある。

ある種の性格の人はこれらの市場を避けたほうがよいと思う。ほかのプロのトレーダーは賛同しないかもしれないが、私は以下の3タイプの初心者には商品先物市場を避けるように注意勧告したい。

1. **デイトレーダー**
2. **残高チェックをする人** 取引日中に口座残高を何度も確認したがる人
3. **感情的な人** 感情的になりやすいために、よく生活でトラブルを起こしている人

デイトレーダー

　利益を出すためにはトレーディングコストをカバーしなければならないので、デイトレーダーにとって商品相場での賭けはまったく不利になる。例えば、デイトレーダーがFX市場でユーロとドルのクロスレートで（ユーロ/ドルと表す）、1トレーディングユニットの売買をそれぞれ毎日5回（各トレーディングユニットの丸代金は10万ユーロ）行うと仮定しよう。トレーダーはわずか2000ドルの証拠金（これは使うディーラーやブローカー、口座のサイズ、絶えず変わる規制当局のルールによって異なる）で、このトレーディングを行うことができる。

　FXのトレーディングでは、手数料は非常に安いか存在しない。だが、デイトレーダーは各取引で2～4ピップスの売買スプレッドに対処しなければならない。銀行とディーラーはこの売買スプレッドで利益を得る。例えば、これを書いているこの瞬間に、ユーロ/ドルの買い気配値は1.4559ドル、売り気配値は1.4561ドルで、その差は2「ピップス」だ。

　スプレッドとは、銀行やディーラーが1.4559ドルならユーロを買い、1.4561ドルならユーロを売り、2ピップスの利益を得ることを意味する。反対に、トレードを行う一般の人は1.4561ドルでユーロを買って、1.4559ドルで売り、2ピップス不利を負うことを意味する。プロのトレーディング会社のような大口のトレーダーは、小さな売買スプレッ

ド（おそらく1ピップス）を提供してもらえる一方で、ホームページ上でのFXのプラットフォームを使っているような小口トレーダーは取引するごとに3ピップス損するかもしれない。

しかし、ここでは説明のために2ピップスのスプレッドを使う。1日に5回トレードするとすれば、デイトレーダーは損益ゼロにするためだけで10ピップスを稼がなければならない（各トレードの売買での2ピップス×5回＝10ピップス）。10ピップスは100ドル（トレーディングを行う外貨のペアによってはそれ以上）に等しい。

トレーディングコストは2週間で1000ドルに達する（1日10ピップスを10日間。または10万ユーロのトレーディングユニットで1ピップスにつき10ドルを100ピップス）。こうしたスプレッドでユーロ／ドルのトレーディングを行うため、証拠金の2000ドルは4週間ごとにトレーディングコストで消えてしまう。つまり、証拠金の資金が消えるのを避けるためだけでも、デイトレーダーは最低でも証拠金分だけは儲けなければならない。

残高チェックをする人

私の経験では、トレーディング中に口座の評価額が頭から離れないトレーダーは、商品先物市場やFX市場で必ず失敗することになる。理由はレバレッジのある市場の性質と関係している。口座の評価額を心配しすぎると、相場の判断を無視して守りのトレーディングをするようになる。守りのトレーディングはけっしてうまくいかない。

商品先物市場で成功するために、トレーダーは資金とトレードの適切な管理（これらの主題はあとで扱う）の範囲内で、純資産残高ではなく、その銘柄のトレーディングに集中する必要がある。あなたがいつも口座残高を確かめなくてはならない性格をしているならば、商品先物市場やFX市場でのトレーディングはあなたに向いていない。

感情的な人

　商品先物市場では相手に情けをかけてはならない。ある人が性格や感情面に大きな欠点があれば、商品先物市場ではそれを見つけて食い物にする。

　トレーディングで成功するということは、人間性に逆らって上流に向かって泳ぐか、上り坂を走るということだ。相場で一貫して利益を生むためには、トレーダーが感情的に強い誘惑に負けないようになれることが間違いなく必要だ。実際、多くのプロのトレーダーは、彼らが大成功を収めたトレードについて語るとき、いかに自分の感情的なものとは反対の行動が必要だったかを強調する。

　感情のせいで、お金にまつわることやその人の習慣か人間関係でトラブルを起こしたことがある人は、何としても商品先物トレードを避けるべきだ。なぜなら、商品先物市場やFX市場でのトレーディングは、感情的な重荷をたくさん抱え込まなくても十分に難しいものだからである。

まとめ

　ファクター・トレーディング・プラン――あるいは投機に対して系統だった手法や論理的な手法――では、トレーダーが自分の感情をコントロールできるものと仮定している。これは、あなたが戦略とは逆の行動をしたいという強い誘惑に駆られることはないと言っているのではない。また、通常のトレードで常に感情の影響を受けないようにできると言っているのでもない。また、間違いなく相場で感情を表に出さなくなるようになると言っているのでもない。あなたがさまざまな感情（恐れ、不安、非現実的な期待、強欲、ストレス、自信喪失）をあるがままに認め、そんな感情があるのは当たり前だが、それは頼

りにはならないと認識し、トレーディングで決定を下すときにそのような感情の誘惑に打ち勝つ技術を開発できると言っているのでもない。

うまくいくトレーディングではどれも同じだが、ファクター・トレーディング・プランに含まれる次の２点が重要になってくる。

1．トレーディングで利益が出ない時期が続いても耐えられる資金力
2．少なくともその利益の出ていない時期のほとんどで感情をコントロールし、トレーディングのルールや指針を無視しないでいられる能力

適切な資金額

1980年に私はファクター・トレーディング社を設立し、１万ドル未満でトレーディングを始めた。私がそんな資金で成功できると本気で信じたのは、まったく正気ではなかった。無一文にならなかったのは、まさに奇跡だった。私は一進一退を繰り返し、ようやく1982年にスイスフランのトレードで満玉を張った（**図2.2**を参照）。

私が商品先物のゲームに参加していると思えるくらいの資金を手にしたのは、スイスフランのこの値動きのあとだった。また、私のトレーディングの原理が出来上がり始めたのはそのときだった。冗談半分でここに載せたチャートのトレードで、私は真剣にトレーディングを行える資金レベルまで口座の残高を増やすことができた。今では、そのトレードでどれだけのレバレッジをかけたかを考えると、恐ろしくなる。私が現在使うレバレッジの20倍のリスクをとっていたのだ。

私は友人たちから、商品先物市場やFX市場でトレーディングを行うのに、どれだけの資金が必要かとよく尋ねられる。条件は人によって大きく異なるので、この質問に対して簡単には答えられない。私は自分のトレーディング手法に基づいてしか、この質問に答えられない。

図2.2　スイスフランの買い──ファクター社で最初の大きなトレード（日足）

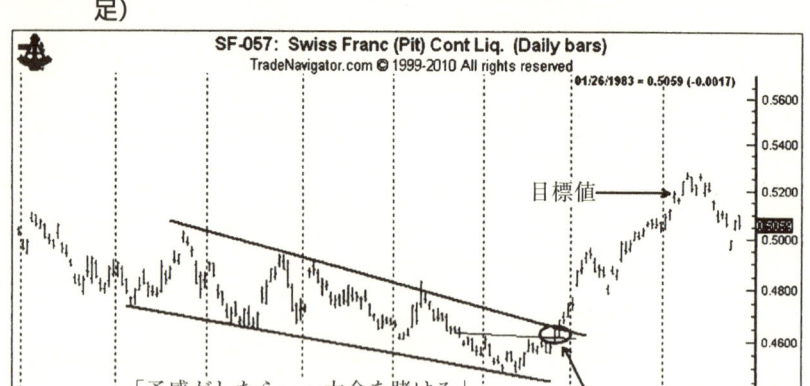

　ファクター・トレーディング・プランでは、どんな手法でやるにしても10万ドル単位の資金は必要である。これはこのプランで発生するシグナルを実行するために、10万ドルもの証拠金が必要だという意味ではない。むしろ、予想される（望んでいる！）利益と、ドローダウンが続きそうな期間との関係に基づいて資金の水準を決めるのだ。

　これまでの私の年平均収益率は、年最大ドローダウン率の２～３倍だった。リターンとリスクの関係を表すために使える方法は、スターリングレシオ、カルマーレシオ、ソルティノレシオ、MARレシオを含めていくつかある。どの年を見ても、修正カルマーレシオ（年率リターン÷最悪の月末時のドローダウン）で測ったリスクは、高い場合は30倍にもなるのである。

　10万ドル単位の資金が必要だというのは、私が想定する年最大ドローダウンをトレーディング資金の10％までに抑えたいという願いに基づいている。これは、私のドローダウンが10％をけっして超えな

いとか、もっとはっきり言うと利益が出るということは意味していない。要するに、私の投資ユニットはリスク変数に基づくということだ。初心者のトレーダーがトレーディングで何かを決める場合によく使う要素には基づいていない。私は実際に初心者のトレーダーたちが「私の口座には2万5000ドルある。大豆先物の証拠金は2500ドルだ。だから、私は先物10枚を売買できる」と言うのを聞いたことがある。一般に、私は10万ドルの資金につき、大豆1枚のトレードしか行わない。

これは私だけの推測だが、ほかの多くのプロのトレーダーも、資金は少なくとも10万ドルと考えていると思う。著名なCTA（商品投資顧問業者）のなかには、50万ドルか100万ドル以上の投資口座しか受け入れないところさえある。これらの金額は明らかに彼らの標準的なトレーディングユニットを表している。

全体的なリスク管理

トレーディングでの成功は主にリスクをどう管理するかに影響を受ける。商品先物のトレーディングを行う多くの初心者はトレードで毎回、勝つと決めてかかっている。プロのトレーダーは毎回、負けるかもしれないと考えて、トレーディングを管理している。明らかに、この2つの考え方には大きな違いがある。

ファクター・トレーディング・プランは次の点を含め、いくつかの仮定の下で機能する。

● 私は特定の相場がどこに向かっているかまったく分からない。分かっていると思うこともあるが、現実には分かっていない。これまでのトレーディングによれば、特定の相場の方向について私が確信したことと、実際に起きたこととは逆になることがある。事実、私が勝てると強く信じたトレードの反対側には優れた資金管理手法を持

ったトレーダーたちがいて、彼らは一貫してお金を儲けている。
- 長期で見た私のトレードの勝率は約30～35％である。
- 私の次のトレードで利益が出る確率は30％に満たない。
- 短期で見た私のトレードの80％は利益にならない。
- 私が毎年8連敗以上する確率はかなり高い。
- 私はトレーディングで何週、何カ月、あるいは何年でさえも続けて負けることがある。

　これらの仮定に対処するために、リスク管理の重要な指針をファクター・トレーディング・プランに組み込んでいる。第一の指針は、どのトレードリスクでもトレーディング資金の1％以下にして、望ましくは資金の0.5％に近づけるということだ。
　私は10万ドル単位で考えるので、これは10万ドルのユニットで、1トレード当たりのリスクが最高1000ドルであることを意味する。私はトレードに充てる証拠金の総額がトレーディング資金全体の15％を超えることはめったにない。私は、私が採用しているすべてのプログラムのシグナルに従ってトレードをしても、追証を要求されたことは一度もない。
　私が1トレードにつき資金の1％のリスクをとり、少なくとも毎年1回は8連敗したとしよう。それは仕切りベースで少なくとも8％のドローダウンを食らったことを意味する。
　15％のドローダウンは、私が感情的に対処できる限界である。私はトレーディングプログラムを完全に実行した10年のうち9年で、少なくとも15％のドローダウンを経験したことがある。
　年を取るにつれて、私はリスクをとらなくなってきた。今のところ、私のリスク管理のルールでは、週末時点での資産の頂点から谷までを測った年最大ドローダウンを10％に抑えようとしている。よって、私は日中に資産が突出的に増えようが減ろうが無視している。日中の高

値や安値で資産の底であるドローダウンを計算することは望まないし、そんなことを考えてエネルギーを浪費したくないからだ。実際、あとで説明するように、口座の資産に毎日注意を払うのは賢明ではないと思う。

　リスクを測るとき、私は市場間の相関関係を考える。例えば、ユーロに対してドルが下落トレンドにあるなら、スイスフランとポンドに対してもドルは弱くなるだろう。大豆が上昇しているなら、大豆油や大豆ミールも上昇するだろう。相関性が非常に高い市場（穀物、金利、株価指数、通貨、貴金属、産業用原材料）で複数のポジションを取る場合、私はリスクを資産の２％に制限しようとする。成功するトレーディングはすべて、全体的なリスク管理に基づいて行わなければならない。

覚えておくべきポイント

- 商品先物市場やFX市場は非常にレバレッジが高い。
- 株や債券とは異なり、商品先物市場とFX市場でのトレーディングはゼロサムゲームである。あなたが利益を出すためには、ほかのだれかが損をしなければならない。
- あなたには商品先物トレードをするだけの十分な資金があり、それを失っても差し支えないか？
- あなたは投機における感情の大きな起伏を理解し、コントロールできるか？
- あなたには、トレードでは正しくあるべきという感情的または精神的な必然性があるか？　あなたは、多くのトレーディングの判断は間違っているということを受け入れられるか？
- トレーディングでの第一の焦点は勝ちトレードを見つけることか、それとも負けトレードを管理することか？　一貫して優れた運用成

績を出すためには、儲かるトレードの発見よりもリスク管理を優先すべきだ。

第3章

トレード機会の確認とトレーディング用語

Identifying the Trades and the Trading Vocabulary

　これから、ファクター・トレーディング・プランの仕組みの話に移ろう。トレーディングプランとは次のような質問に答えることだ。

- どういう銘柄のトレーディングを行うべきか？
- 買うべきか、それとも売るべきか？
- 今、仕掛けるべきか、それとも待つべきか？　待つのなら、いったい何を待っていればよいのか？

　これらの実務的で戦術的な質問は図3.1で示したように、ファクター・トレーディング・プランのトレード機会の確認という要素ごとに答える。
　ここで再び強調しておくのが適切だと思うが、私のトレーディング手法がだれにとっても最良だとか、改善の余地はないと言うつもりはない。実際、この本を読み進むうちに、あなたは間違いなく私のトレーディングプランに多くの欠点を見いだすだろう。
　私がファクター・トレーディング・プランを詳しく述べることで一番強調したいことは、私が特別にトレーディングがうまいということではなく、トレーディングで一貫して成功するためには重要な面をすべて考慮した総合的なプランが必要だという点だ。トレーディングの

手順はトレーディングで一貫して成功するために重要な要素である。トレーダーが投機を行う場合は、できるだけ多くの非常事態を想定しておく必要がある。

ファクター・トレーディング・プランは次の仮定に基づいている。

- チャートを調べたからといって、その銘柄が動きそうな方向を判断できるわけではない。
- チャートはトレーディングにおけるひとつのツールであって、予測のためのツールではない。チャートはトレーダーに多少のエッジ（優位性）を与えることもあるかもしれないが、価格を予想するのに用いるべきではない。
- どんな相場にも、自分の意見やポジションを正当化するためにチャートを用いるべきではない。
- 次のトレードでは利益が出ると決めつけてはならない。
- たいてい相場はチャートのパターンが示す方向とは逆に動く。
- 相場は典型的なチャートパターンでは説明できないような極めて大きな動きをする。

これらの仮定を頭に置いて、第3章〜第5章ではトレーディングの構成要素に焦点を当てながら、ファクター・トレーディング・プランがどのように機能するかを説明する。この章では、トレード機会を確認するために使う一般的な考え方を説明し、トレーディングプランで使う用語、つまり「術語」を定義する。第4章では、プランで求められるトレードの理想的な例を示す。第5章は、トレーディングプランにかかわるトレードの種類と、それがどの程度の割合で現れるかを詳しく述べる。また、仕掛けと仕切りの方法やプラン全体の管理方法についても説明する。

図3.1 トレード機会の確認の柱

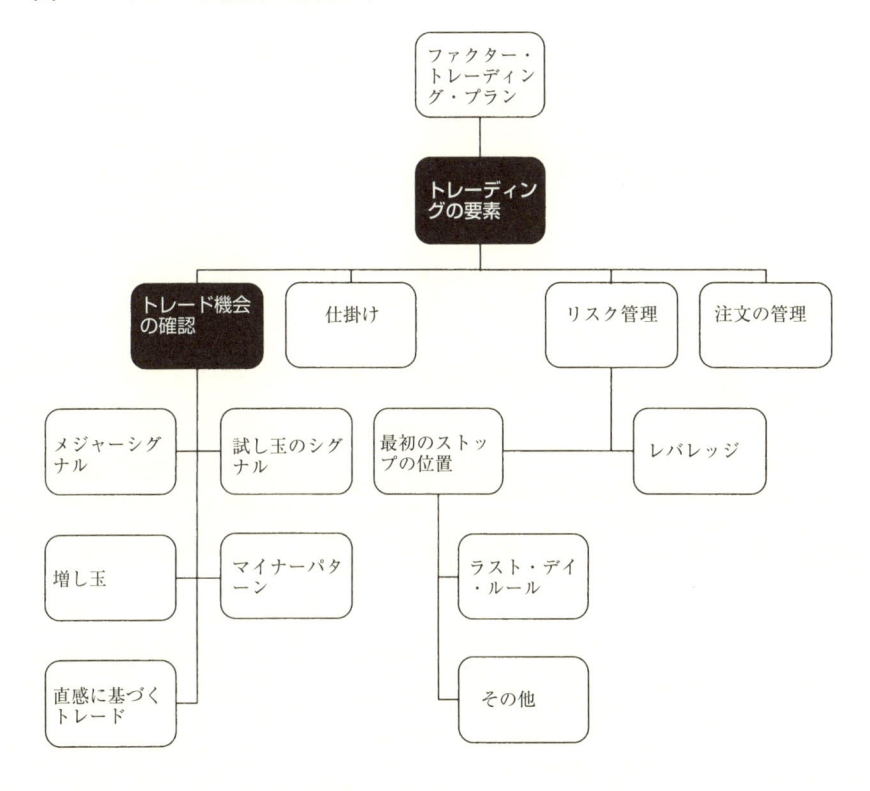

```
                    ファクター・
                    トレーディン
                    グ・プラン
                         │
                    ■トレーディ■
                    ■ングの要素■
         ┌───────────┼───────────┬───────────┐
    ■トレード機会■  仕掛け      リスク管理   注文の管理
    ■の確認    ■
    ┌────┼────┐              │
 メジャーシ 試し玉のシグ      最初のストッ      レバレッジ
 グナル   ナル           プの位置
    │    │              │
  増し玉  マイナーパタ      ラスト・デイ
        ーン           ・ルール
    │
 直感に基づく              その他
 トレード
```

トレード機会の確認

　トレードを定義する方法は無数にある。重要なことは何がトレーディングのシグナルなのか、どの瞬間にトレーディングを行うのか、あるいは行わないのかなどについて、トレーダーは分かっておく必要があるということだ。これらのことは、トレーダーがメカニカルな手法や裁量的なテクニカル手法を用いようと、需要と供給に基づくファンダメンタル手法や経済モデルを用いようと変わらない。トレードを行

う条件を相場が満たしつつあるかどうかについて、確信を持っていないのは大きな罪である。そういうわけで、初心者のトレーダーは大金を投じる前に、１～２年間はつもり売買をするか、試しに少額の口座でトレーディングを行うことを勧める。

ファクター・トレーディング・プランはテクニカル手法に基づいて相場分析を行う。テクニカルに基づくトレーディング手法では、値動きそれ自体だけを調べてトレード機会を確認し、シグナルを出す。対照的に、ファンダメンタル手法は市場の需給関係や全体的な経済状況一般に基づいている。本書では相場分析やトレーディングの異なる手法について深く調べるつもりはない。

多くのテクニカルトレーダーが使うメカニカルな手法とは対照的に、ファクター・トレーディング・プランで使うテクニカル手法は裁量と言われるものに分類される。裁量によるトレーディングプランでは、あるトレードから次のトレードに移るときには主観的な判断が必要になる。一方、ブラックボックスという用語を使うトレーダーもいるが、メカニカルシステムでは人による日々の意思決定を取り除くために、明確な仕掛けと仕切りの指図を出すようにプログラムされている。

裁量的な手法を用いるのは私の好みであり、いかなる意味でもメカニカルシステムを非難するつもりはない。実際、私がメカニカルシステムを使えば、私自身がイライラするような面はおそらく解決できるだろう。しかし、一般的に言って、裁量的な手法は私の性格に合っていて、価格の動きや力学をよりよく理解できると私は信じている。

具体的には、ファクター・トレーディング・プランはトレーディングのすべての判断基準に典型的なチャートパターンを使う。典型的なチャート原理については第１章で説明した。

ファクター・トレーディング・プランで用いる用語

　どの業界や会社でも、それぞれの営業活動に特有の考え方や慣習を説明するために、術語というものがある。用語の定義は本の付録に載せてあることが多いが、私はファクター・トレーディング・プランの実行や戦術上の用語をここで決めておくことが非常に重要だと思っている。用語を理解すれば、チャートやトレードに関する私のこれからの説明を追っていくことができる。
　用語や定義はアルファベット順ではなく、実際のトレーディングで私が考えていく順序で並べている。

トレーディングユニット

　トレーダーとしての私は10万ドル単位で考える。私がリスクとレバレッジを計算するときは、いつも10万ドル単位の資金と関連づけて考えている。そういうわけで、私が50万ドル単位の資金でトレーディングを行っている場合、私はそれを5トレーディングユニットと考える。

ポジションユニット

　ポジションユニットは10万ドル当たりに取るポジションサイズまたは枚数で、トレードでとるリスクを決める。リスクは通常およそ0.6～0.8％だ。私はリスクが小さいポジションを低レバレッジのポジションと言い、リスクが大きなポジションを高レバレッジのポジションと言う。

増し玉

　私は同じトレードを何日かに分けて異なる価格で仕掛け、ポジションを増やそうとすることが多い。例えば、将来のブレイクアウトを予想してポジションを取ったら、何層かに分けて取るポジションの最初の層を置いたと私は考える。メジャーパターンのブレイクアウトで次のポジションを取ったら、2層になる。境界線への再度の試しで、ほとんどリスクなしにレバレッジを高める機会がおそらく現れる。その場合には、3層にできるだろう。さらに私が増し玉の機会を見つけられたら、結局、ポジションは4層になるだろう。私は負けているポジションには増し玉はしない。初めのほうの層で利益が出ている場合でのみ、増し玉する。何層かのポジションを取っている場合でも、その銘柄の総リスクが1％を超えることはめったにない。
　何層かのポジションを取るのは標準的なトレードではない。

ブレイクアウト

　私はブレイクアウトでトレードをする。ただし、私はブレイクアウトを2つの方法で定義する。まず、すべてのパターンは正確な幾何学的パターンを定義するための境界線を持つ。トレーダーや市場アナリストのなかには、先の細いペンで正確に境界線を引く人もいる。私は幾何学的なパターンを値動きのレンジにぴったり合うようにするために、高値や安値をいくらか横切ることがあっても構わず、境界線をざっと引く。また私は細いペンではなく、太い線で境界線を引く。もちろん、ブレイクアウトをきっちりと判定しすぎることもある。その場合には代償を支払わされることが多い。
　ロバート・エドワーズとジョン・マギーは、価格のレンジを3％以上を突き抜けた場合をブレイクアウトと考えた。商品トレードでは、

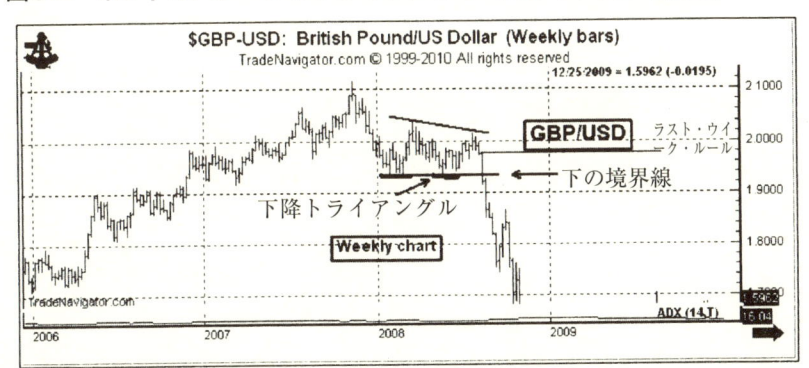

図3.2　ポンドのパターンのブレイクアウト（ポンド/ドルの週足）

これはあまりにも出現頻度が高すぎる。例えば、１オンス1000ドルの金が３％ブレイクアウトすると、30ドルになる。

　ブレイクアウトは単にパターンの境界線を抜けるよりも、実際にはもっと複雑だ。すべてのパターンはあまり重要でない高値と安値から成る。これらの高値と安値によって境界線が引かれる。有効なブレイクアウトであるかどうかは、境界線が引かれることになった直近の高値か安値を価格が突き抜けるかどうかも私は確認したい。そして完全に満足するためには、完成した境界線のなかの最高値か最安値を突き抜けるかどうかも確認したい。**図3.2**は、ポンド/ドルの週足チャート上でこれらのポイントを示している。

アイスライン

　私はアイスラインと境界線という用語を交互に使う。アイスラインという考え方は、価格がパターンの境界線をいったん突き抜けたら、理想的にはその境界線がブレイクアウト前のすべての値動きとその後の値動きの区切りになるべきだというものだ。アイスラインは冬

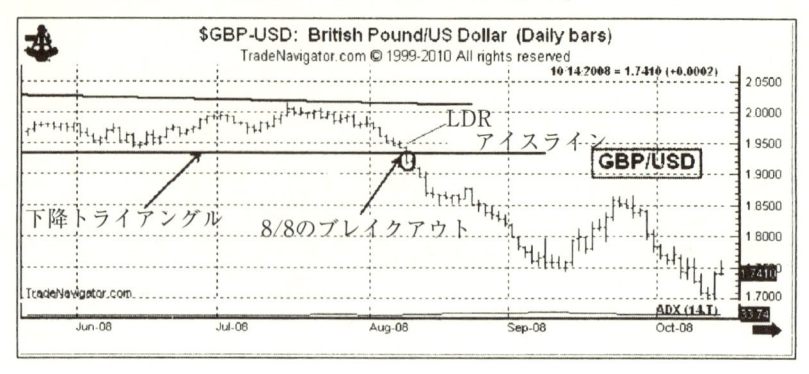

図3.3　ポンドのアイスライン（ポンド/ドルの日足）

図3.4　プラチナのアイスライン（期近のつなぎ足による日足）

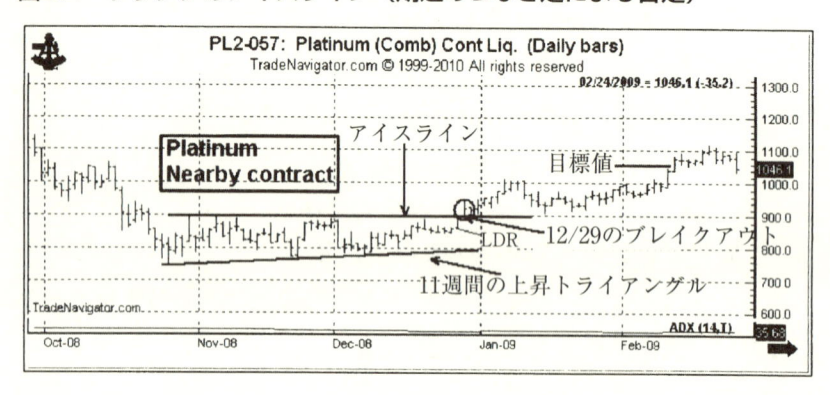

の湖に張った1枚の氷に似ている。氷は人や車が水に落ちないように支える。しかし、いったん人が氷の下に落ちたら、その氷は生き残るための障害となる。図3.3はポンド/ドルのアイスラインを示している。図3.4はプラチナでのアイスラインを示した。

アウト・オブ・ラインの動き

チャートパターンの境界線を引くことは精密科学ではない。実際には、私がどこに境界線を引こうと、相場は気に掛けない。幾何学的パターンの境界に魔術的なことは何もない。あまり重要でない安値や高値が境界線の完全な境界となれば素晴らしいが、それは例外であって、典型的なことではない。たとえある程度、足の一部を切って線を引くことになっても、境界線は価格が集まっている範囲に最も合うように引くべきだ。

日中に価格が境界線をかなり突き抜けたあと、またほとんどすぐに幾何学パターンのなかに戻る場合がある。エドワーズとマギーはそうした値動きをアウト・オブ・ラインの動きと定義した。この値動きは戦術的に難しい問題を生じることがある。だが、過去の例によれば、通常これは1～2日の変わった出来事で終わるだろう。この値動きに対応するために境界線を引き直す必要はない。図3.5はロンドンの砂糖の、図3.6はニューヨークの砂糖のアウト・オブ・ラインの動きを示している。

早すぎるブレイクアウト

早すぎるブレイクアウトの場合、すでに描かれている境界線の外に出たままその日を引けることがあるだけでなく、その状態のまま数日たつことさえあるという点で、アウト・オブ・ラインの動きとは異なる。価格はその後に幾何パターンのなかに戻る。しかし、最初のブレイクアウトはその後の前兆にすぎず、2～3週間以内に本当のブレイクアウトが起きる。この場合、その後のブレイクアウトを私は第二のブレイクアウトか、パターンの再完成と呼ぶ。図3.7はココアでのこのパターンを示している。

第2部　うまくいくトレーディングプランの特徴

図3.5　ロンドン砂糖のアウト・オブ・ラインの動き（2010年3月限の日足）

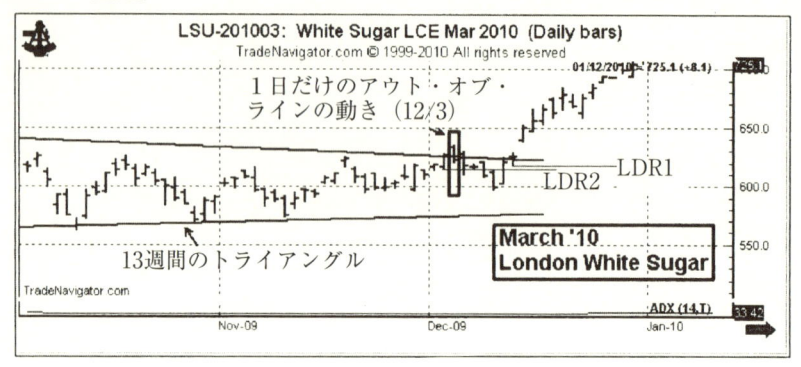

図3.6　砂糖3月限のアウト・オブ・ラインの動き（2010年3月限の日足）

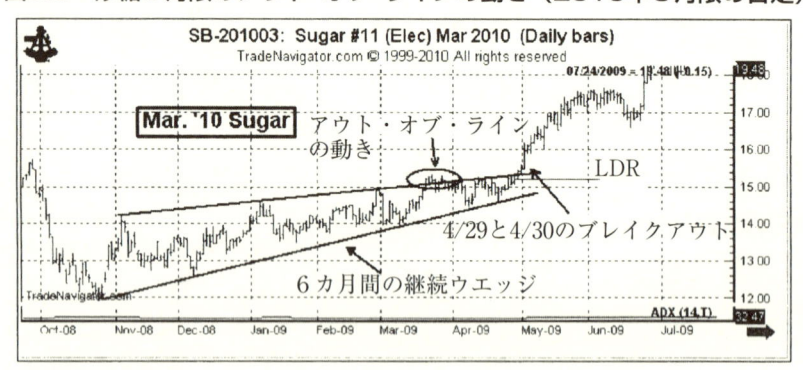

図3.7　ココアの早すぎるブレイクアウト（2009年9月限の日足）

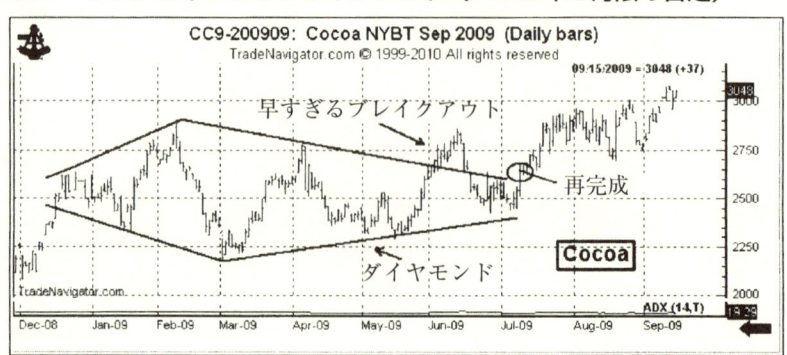

ダマシのブレイクアウト

　早すぎるブレイクアウトでは、その後に同じ方向に本物のブレイクアウトが起きる。ダマシのブレイクアウトはそれとは異なり、反対方向にはるかに大きなパターンが展開するか、大きく逆行する。下方へのダマシのブレイクアウトをベアトラップ（弱気の落とし穴）、上方へのダマシのブレイクアウトをブルトラップ（強気の落とし穴）と呼ぶトレーダーもいる。これは、初めにブレイクアウトした方向にたいていポジションを取るトレーダーが、相場の反対側でつかまることを意味する。**図3.8**はドイツのダックス指数で起きた、ダマシのブレイクアウトを示している。

　2009年にダマシのブレイクアウトの素晴らしい例が米国の株価指数で現れた。**図3.9**で示すように、S&P500指数先物は7月に9週間のヘッド・アンド・ショルダーズ（H&S）パターンを完成させた。ネックラインよりも下で相場は引け、そのブレイクアウトの状態を5日間維持したあと、急に反転して上昇した。7月14日の値動きはすべてネックラインよりも上にあり、ベアトラップが起きたことを示している。7月16日に相場は右ショルダーの高値よりも上まで大きく上昇し、非常に信頼できる買いシグナルを出した。

　本物でないブレイクアウトは、トレーディングで難しいジレンマを生む。ブレイクアウトでポジションを取ったトレーダーは、その後のパターン内へ価格が舞い戻るのが1日だけのアウト・オブ・ラインの動きなのか、早すぎるブレイクアウトなのか、ダマシのブレイクアウトなのかが分からない。このため、私はパターン内に舞い戻ったポジションについては手仕舞うようにしている。

図3.8 ダックスでのダマシのブレイクアウトと行って来い（2010年3月限の日足）

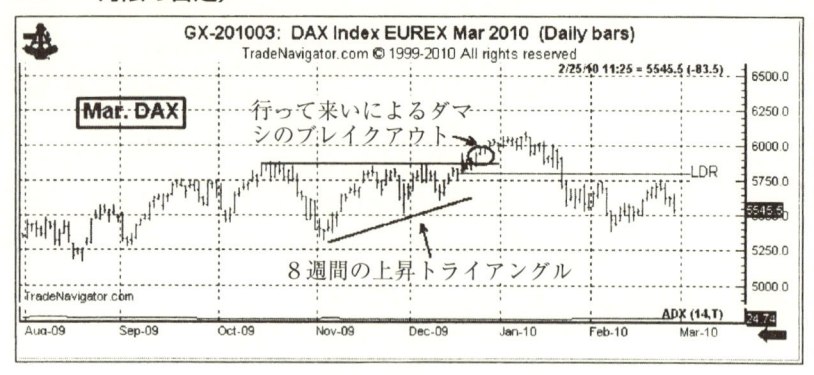

図3.9 S&Pでのダマシのブレイクアウトとその後の買いシグナル（ミニS&P500のつなぎ足による日足）

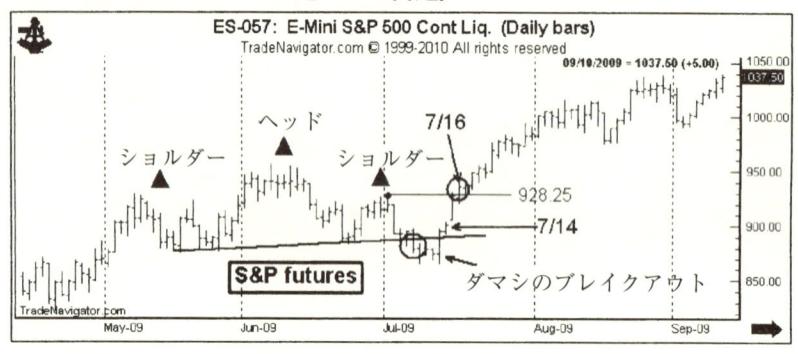

水平パターンと斜行パターン

　私は水平や平らな境界線を持つパターン、例えば、ボックスや上昇トライアングル、ヘッド・アンド・ショルダーズなどのような境界線を持つパターンでトレーディングを行うのが大好きだ。私はそのよう

図3.10　水平パターンを示す金（つなぎ足による日足）

なパターンを水平と考えている。これらがトレーディングを行うための優れたパターンである理由は、境界線を抜けると、ほとんどの場合、パターン内の主要な高値・安値やそれ以外の単なる高値・安値も同時に抜くからだ。そのひとつの例を、2007年の金で展開したボックス（**図3.10**）に見ることができる。上側の境界線をはっきりとブレイクしたときに4月の重要な高値も抜き、強気のシグナルになった。

対照的に、斜行パターンは斜めの境界線を持つ。こちらの場合、実際的な問題が3つ生じる。まず、私の経験では、水平な境界線の場合よりも斜めの境界線のほうがダマシや早すぎるブレイクアウトがはるかに多い。

第二に、斜めの境界線をブレイクしても、それまでの各種の高値・安値を抜ける場合もあれば、抜けない場合もある。**図3.11**はユーロ/ドルのトレンドラインを示している。これは難しい問題を引き起こした。

相場は2009年10月の終わりごろにこのトレンドラインを割り込んだ。そこでトレンドラインを引き直すべきか、それとも例えばまた11月に起きたように、ダマシの突き抜けが続いても今のままのトレンドライ

図3.11　ユーロ/ドルで問題があった斜行パターン（日足）

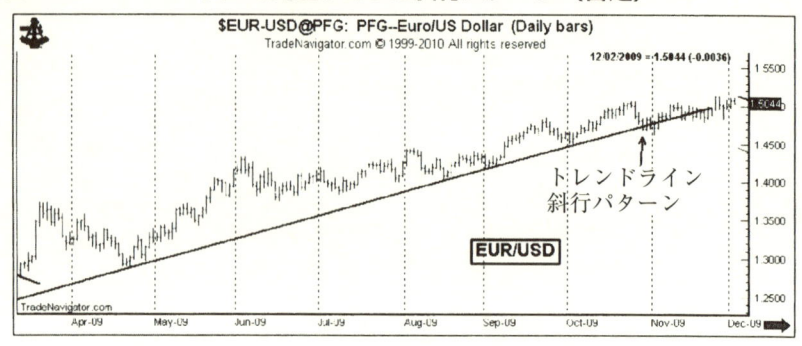

図3.12　金の斜行パターン（2010年4月限の日足）

ンでいくのかという現実的な問題に突き当たる。

　第三に、斜行パターンの境界線が再び試されると、数日あるいは数週間とたつにつれ、ポジションは次第に不利になる。図3.12は金の下降ウエッジのブレイクアウトのあと、再度の試しが数日続き、ブレイクアウトによるトレードは結局、損になったことを示している。

このように斜めの境界線が抱える問題は、それがトレンドラインやチャネルラインの場合にはことのほか深刻になる。そのため相場が何度もトレンドラインを試さないかぎり、私はトレンドラインをトレードで利用しようとは考えない。

ラスト・デイ・ルール

いったんポジションを取ったら、最初の損切りのストップ注文を置くためにファクター・トレーディング・プランで用いる方法がラスト・デイ・ルールだ。

パターンのブレイクアウトが有効なら、理屈としてはブレイクアウトの日が重要ということになる。理想的には、私はブレイクアウトの位置でポジションを取り、上方にブレイクアウトした日の安値か、下方にブレイクアウトした日の高値を損切りのストップ注文を置く水準として使う。これをラスト・デイ・ルールと呼ぶ。

境界線を飛び越えて窓を空けて寄り付いたり、ブレイクアウト前日の境界線近くで寄り付いた場合、私はその前日の高値か安値をラスト・デイ・ルールにするかもしれない。

図3.13はラスト・デイ・ルールに引っかかることのなかった原油の例を示している。実際、チャートパターンがうまく完成した場合、ラスト・デイ・ルールが試されることはほとんどない。

図3.14は銀の2つのラスト・デイ・ルールを示している。最初のほうは引っかかり、あとのほうは試されることもなかった。

本書を通じて適切なチャートではラスト・デイ・ルールをLDRと書き、細線と価格で示す。

図3.13 原油のラスト・デイ・ルール（2009年7月限の日足）

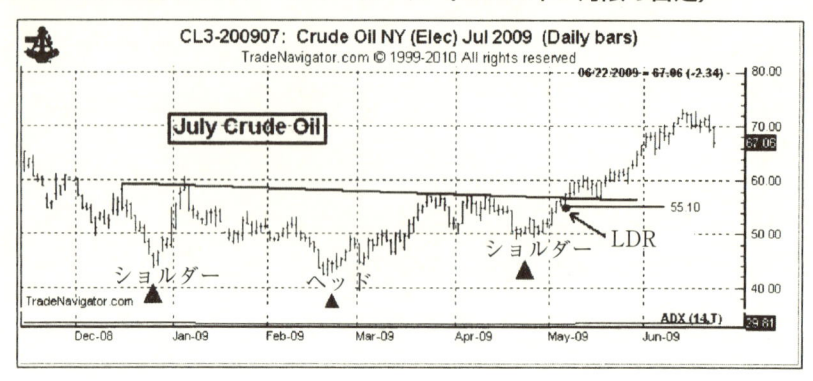

図3.14 銀の2つのラスト・デイ・ルール（2009年3月限の日足）

ラスト・アワー・ルール

　ブレイクアウトの日に、パターン内での値動きが非常に大きくなることがある。そのため、ラスト・デイ・ルールでは、資金管理の指針で決めた理想の0.8％を大きく超えるリスクになることもある。その

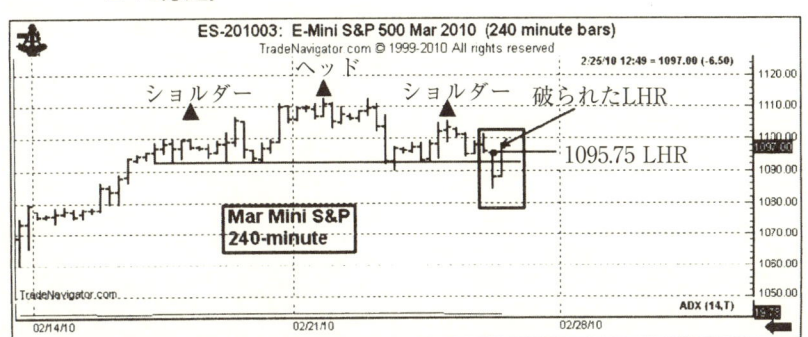

図3.15　S&P500 3月限のラスト・アワー・ルール（2010年3月限の240分足）

場合、私はストップの置く位置を狭めるかもしれない。だが、単にある金額を用いるよりも、チャート上のある位置を用いてストップの位置を狭めるほうが私は好きだ。

　この位置はブレイクアウト前にパターン内にあった、直近の時間足の高値か安値で決める。時間足は直近の1時間足かもしれないし、120分足、240分足あるいは私がトレードで求めるリスクとリターンの変数に合うどんな時間足でも使うかもしれない。

　理想的には、ラスト・デイ・ルールを使うと、私が決めたリスクよりも大きくなる場合、ブレイクアウト前に小さく反発したり反落した日中足からその水準を決めたい。もちろん、金額によるストップしか置くことのできないトレードも時にはある。ストップが1時間足、2時間足、3時間足、あるいは日中のどの時間足のチャートに基づこうと、私は便宜的にラスト・アワー・ルールという用語を使う。**図3.15**はS&P500のラスト・アワー・ルールが破られたところを示している。

　ラスト・デイ・ルールの考え方は週足や、さらには月足チャートにも使える。このリスク管理の指針はどんな時間枠のチャートであっても、ブレイクアウトが有効であるかぎり当てはまる。

77

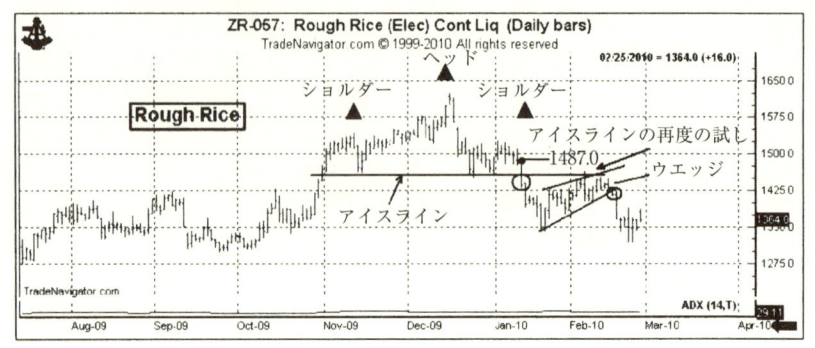

図3.16 コメのヘッド・アンド・ショルダーズでの再度の試し（つなぎ足による日足）

再度の試し

　長年の私の経験では、最良のトレードはきれいにブレイクアウトして直ちにそのまま進んで、けっして逆行しない。実際、私が毎日の大引けで含み損になるトレードをすべて手仕舞っていたら、私の最終損益はもっと良かったと思う。私はそういうシミュレーションができるデータを持っていたかったと思う。しかし、相場は最初のブレイクアウトのあとで立ち止まり、2～3日からおよそ1週間以内に再び境界線を試すことがよくある。そうした再度の試しは普通のことで、それがアイスラインを厳しく試さないかぎり、あまり心配しなくてよい。しっかりしたブレイクアウトでは、普通は再度の試しでアイスラインが破られることはない。図3.16はCBOT（シカゴ商品取引所）のもみ米での、ブレイクアウト後の再度の試しを示している。再度の試しの値動き自体が18日間のフラッグになっている点に注意しよう。

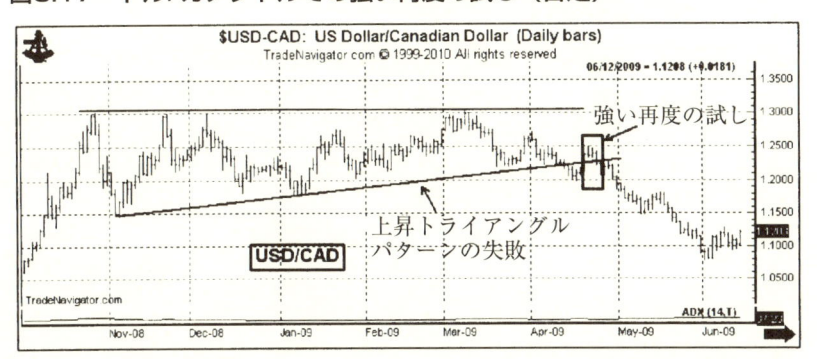

図3.17　ドル/カナダドルでの強い再度の試し（日足）

強い再度の試し

　完成したパターン内に実際に価格が一時的に舞い戻るとき、強い再度の試しが起きる。強い再度の試しはトレーダーの忍耐力を試すこともあるが、それ自体はパターンが失敗することを意味するわけではない。

　昔から、ブレイクアウトで仕掛けずに、完成したパターンを再び試すときに仕掛けるほうが賢明なのではないかとよく聞かれることがある。この質問に対する私の答えは、無条件にノーだ！　論理的に考えてみよう。ブレイクアウトの位置でポジションを取らずに、何らかの再度の試しがあるまで待てば、すぐにうまくいって逆行しない相場を見送ることになる。だが、それこそがまさに最も望ましいトレードであるのだ。再びパターンを試すことがけっしてない相場よりも、パターンを再び試す相場のほうが本質的に失敗に終わる可能性が高い。**図3.17**はドル/カナダドルでの強い再度の試しを示している。

第2部　うまくいくトレーディングプランの特徴

図3.18　大豆の週足チャートで見る再度の試しによる失敗ルール（2010年11月限の週足）

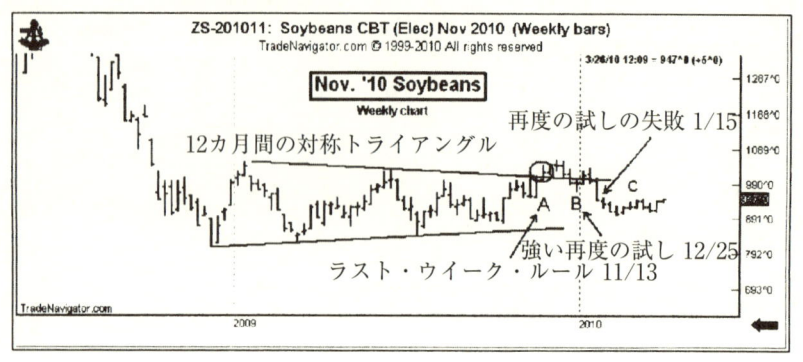

再度の試しによる失敗パターンのルール

　パターンへの強い再度の試しがあると、その日の高値か安値にストップ注文を動かし、新しいストップ水準とする。ラスト・デイ・ルールに基づいて最初のストップを置いているときに強い再度の試しが起こると、売りポジションの場合は強い再度の試しがあった日の高値のすぐ上まで、買いポジションの場合は強い再度の試しがあった日の安値のすぐ下までストップ注文を動かす。**図3.18**はこの考え方を、大豆の2010年11月限の週足チャートで示している。11月13日の週に、週足での12カ月の対称トライアングルを上にブレイクアウト（A）、12月25日の週に強い再度の試し（B）、その後、1月15日の週に再度の試しによるパターンの失敗（C）があることが分かる。

目標値

　それぞれのチャートパターンは、その後に起きるトレンドがどれくらいの強さになるかを暗示する。一般的に、チャートパターンが完成

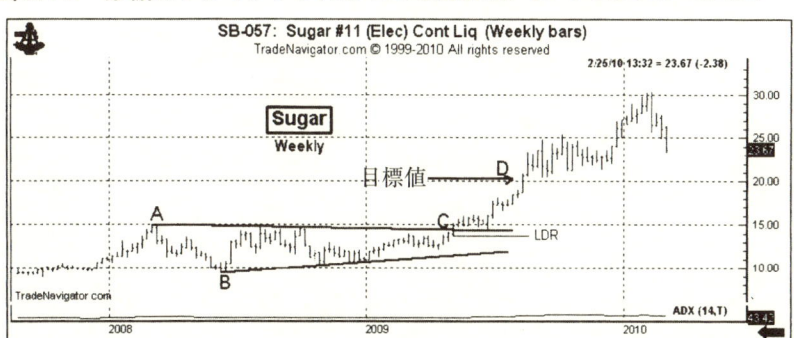

第3章 トレード機会の確認とトレーディング用語

図3.19 砂糖のトライアングルからの価格目標（つなぎ足による週足）

図3.20 ポンド/ドルの上昇トライアングルからの価格目標（日足）

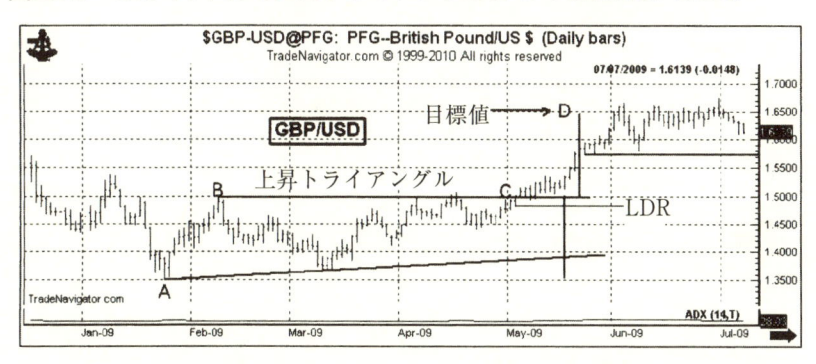

したあとの値動きは、最低でもパターン自体の高さと等しくなるべきである。だが、このルールに対する例外は非常に多く、複雑だ。ほとんどすべての場合で、相場がその目標値に達したら、私は利益を部分的にであれ完全にであれ、確定することにしている。**図3.19**は砂糖の目標値を示している。これはCDの距離がABの距離と等しくある

81

べきだという原理に基づく。**図3.20**はポンド/ドルの上昇トライアングルで、CDはABに等しくなるべきだという同じ考え方を示している。

私は価格目標を決めるために、ほかに2つの方法を使っている。1つはスイングによる目標値というテクニックだ。スイングによる目標値の原理は、相場はほぼ等しい長さで上昇するか下落する傾向があるというものだ。

次に、より長期の目標値を計算するために、私はポイント・アンド・フィギュアを定期的に使う。このチャートは時間に関係なく、調整局面の期間から値動きの大きさを測る。調整局面（通常、大底）の期間から判断して、チャートパターンの目標値よりも非常に大きなトレンドが生まれると考えられる場合、私は年数回ポイント・アンド・フィギュアでカウントを行う。

重要事項 どんな相場でも、目標値に達するという保証はない。トレーダーは目標値を達成する前に、相場が力を失わないかどうか注意を払う必要がある。

調整パターンと増し玉

相場はよくトレンドの途中で一休みすることがある。これらの休止では、調整局面での小さな独立したパターンを作ることがよくある。これらは継続パターンかもしれない。つまり、メジャートレンドの方向に再び進むという意味だ。あるいは反転パターンのこともある。つまり、前のトレンドが一時的か永久に終わったという意味だ。継続パターンならば、最初のポジションを増し玉する機会になり、最初に置いたストップ位置を有利に動かす機会にもなる。反転パターンならば、最初に仕掛けた地点に逆行してしまう危険（私の言うポップコーン、または行って来い）を避ける機会になる。

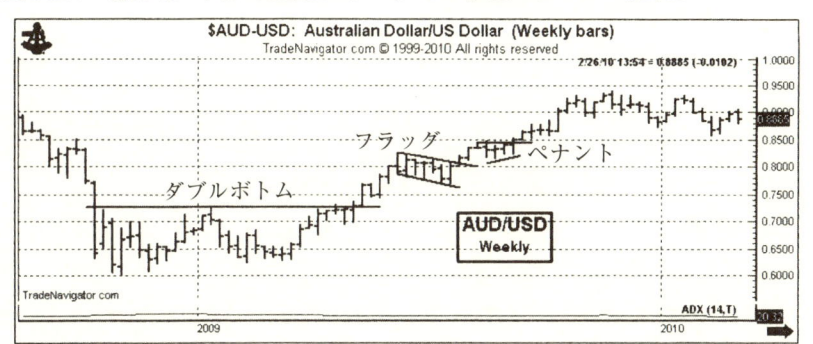

図3.21　豪ドル/ドルの週足チャートでの継続パターン（週足）

図3.22　豪ドル/ドルの日足チャートでの継続パターン

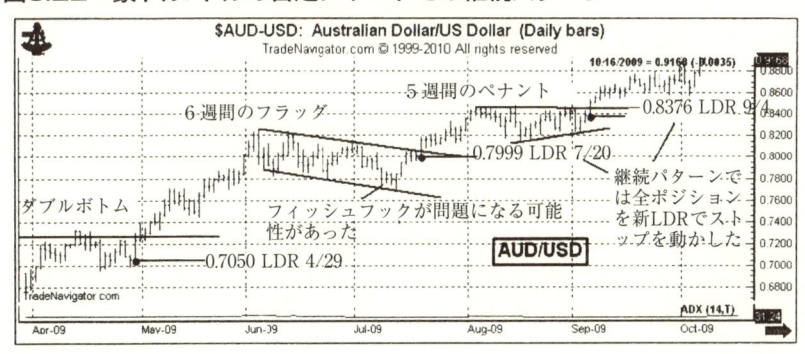

　私は継続パターンに入り交じった複雑な感情を持っている。そして、その感情はメジャートレンドの休止の長さで異なる。休止が長い（3～4週間以上）と、私は我慢できなくなることがある。私はメジャートレンドの休止が短いほうがずっと好きだ。休止までの値動きが強く、その休止がペナントかフラッグの形になるのは特に好きである。図

83

図3.21と図3.22は週足と日足のチャートで、同じように上昇している豪ドル/ドルの継続パターンだ。

メジャートレンド内の継続パターンでは、有利な方向に最初のストップ注文を動かすことができる。継続パターンのブレイクアウトではラスト・デイ・ルールが適用できる。私は最初のラスト・デイ・ルールから継続パターンで生じた新しいラスト・デイ・ルールによる位置まで、ストップ注文を動かすかもしれない。

また、期待していた目標値に到達する前に、トレンドの転換を暗示するパターンが現れる可能性もある。私は自分のポジションと逆方向にトレンドが動くことを暗示するパターンに合わせて、ストップ注文を動かすかもしれない。

すでに述べたように、目標値に到達する前に利食いすることはトレーダーにとって非常に難しい。私のトレーディング手法は、この点は修正が必要だろう。残念ながら、私の考えは一番直近のトレードに支配されることがあまりにも多いのだ。この種の最適化の考えは、自分の短いしっぽを追う犬みたいなものだ。短いしっぽはいつももう少しのところで、くわえることができない。

トレイリングストップのルール

私はラスト・デイ・ルールから得られたストップ注文をけっして動かさない時期があった。その場合、相場が目標値に達するか、ラスト・デイ・ルールによって得られた損切りに引っかかるかのどちらかだった。

この戦略にはリスク管理上の問題が含まれていた。例えば、10万ドルの資金につきリスクが800ドルで、1トレーディングユニット当たりの目標値が3200ドルで仕掛けたとしよう。最初のリスクに対するリターンは4倍だ。次に、そのポジションが私の思惑どおりに動いて、

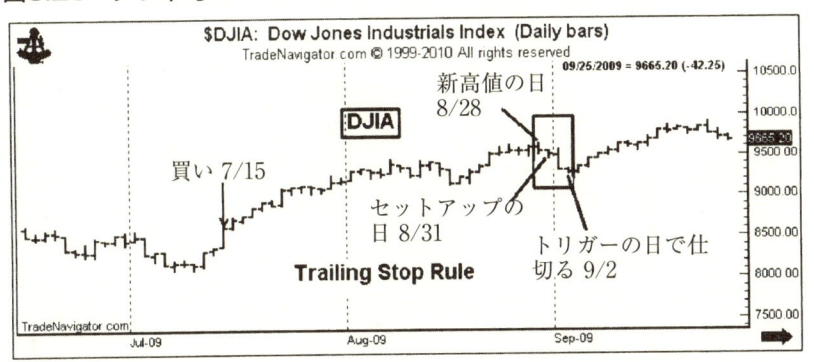

図3.23 ダウ平均でのトレイリングストップのルール（日足）

1ユニットにつき2400ドルの含み益になったとしよう。これは、私が利食いするまでに、あと800ドル順行すればよいということを意味している。最初の水準に私のストップ注文を置いておくということは、その最後の800ドルを手にするために、最初のラスト・デイ・ルールに基づくストップをそのままにしておくことは今や3200ドルのリスクをとっていることを意味する。

これはまともに資金管理されているとは言えないので、私はリスクとリターンの比率を再調整する何らかの手段を考え出す必要があった（その前に、本書では簡潔でありたいと思っているので、金額や押しか戻りの比率に基づいたトレイリングストップという、よく知られた考えをここでは改めて説明しない）。

私はトレイリングストップのルールと名づける考えを編み出した。このトレーディングの指針を実行するためには、3日間の値動きが必要になる。それは新高値か新安値の日、セットアップの日、トリガーの日だ。

図3.23はダウ平均先物の買いポジションでトレイリングストップのルールを示している。この仕切り戦略の第一歩は、最高値の日を確

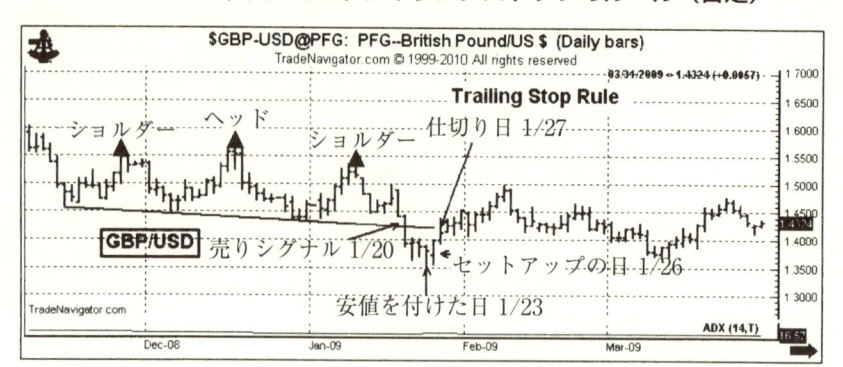

図3.24　ポンド/米ドルでのトレイリングストップのルール（日足）

認することだ。もちろん、これは新高値を付けるたびに変わる。ダウ平均の新高値の日は８月28日だった。セットアップの日は、その新高値を付けた日の安値を下回って引けた日になる。これが当てはまるのは８月31日だった。セットアップの日の安値を下抜けたときにトリガーを引き、手仕舞うことになる。これが起きたのが９月１日だった。

　ここで強調しておきたいのだが、トレイリングストップのルールにテクニカル面で重要な点は何もないということだ。それは単にポップコーンまたは「行って来い」のトレードが起きないための手段にすぎない。**図3.24**はポンド/ドルでパターンが完成した直後に、トレイリングストップのルールが働いた例を示している。

週末ルール

　私はレバレッジを上げるために、リチャード・ドンチャンの週末ルールを使うことがある。ドンチャンは先物運用業界の創設者として知られており、先物の資金管理で系統立った手法を開発したとされている。彼はプロのトレーダーとしての一生を、先物取引でより慎重な手

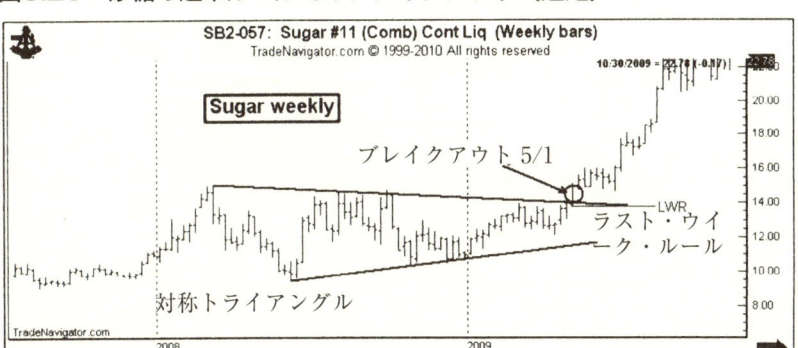

図3.25　砂糖の週末ルールでのブレイクアウト（週足）

図3.26　砂糖の週末ルールでのブレイクアウト（2010年5月限の日足）

法を推し進めることに捧げた。彼は1990年代の初めに他界した。

　週末ルールで基本的に述べられていることとは、金曜日にはっきりとした新高値か新安値を付けると、その動きが翌週の月曜日と火曜日の初めまで続く可能性が非常に高いということだ。週末ルールの背後にある考えとは、金曜日にはっきりとした新高値か新安値を付けると

図3.27　大豆油の一方的な値動き（2010年３月限の日足）

いうことは、「資金力の豊富な投機家」が週末にポジションを取る意欲を示しているということだ。

　３日続きの長い週末なら、週末ルールはさらに当てはまる。

　私の場合、金曜日にパターン（特に週足でのパターン）のブレイクアウトが起きると、週末ルールは非常に重要で役に立つ。その場合、私はリスクを0.6～0.8％から１～２％まで大きくとるかもしれない。

　図3.25と**図3.26**は2009年の砂糖の上昇相場で、大きなブレイクアウトがあった日（すべて金曜日）を表している。

相場の一方的な動き

　私が一番ありがたいと思うトレンドは直線的に動くものだ。そうした一方的な動きは、実は強いトレンドではよくあることだ。例で示すように、直線的な動きには２種類ある。

　ひとつは**図3.27**で示した2010年３月限の大豆油の動きで、高値を切り下げ続けるトレンドだ（上昇の場合は安値を切り上げ続けるトレンドになる）。この例では、相場が大きく下げる間、18日間続けて高

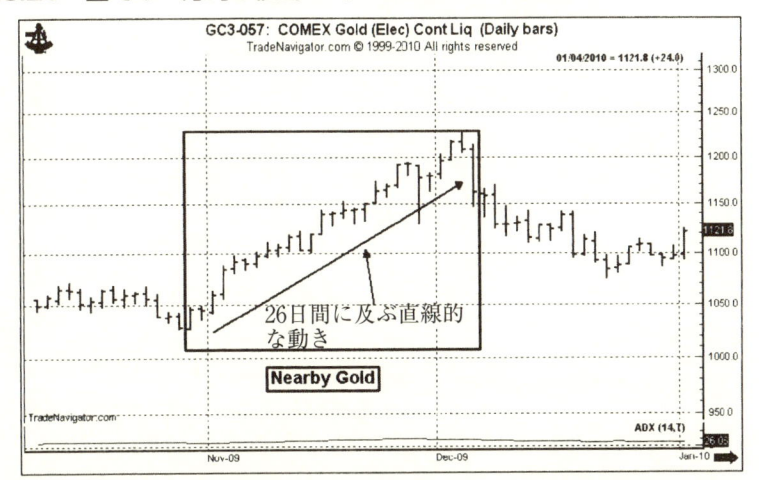

図3.28 金での一方的な値動き（つなぎ足による日足）

値を切り下げた。4週間近くも高値を切り下げる動きは、おそらくトレーダーがこれ以上望めないようなトレンドだろう。だが、ここでよく覚えておいたほうがよいことは、強いトレンドは思いのほか長く持続することもあるという点だ。

もう1種類の一方的な動きは図3.28に示す金の期近のチャートだ。このトレンドでは、日中に前日の安値を下回る日があるが、10月29日から12月4日まで、終値で見て前日の安値を下回る日は1日もなかった。

パターンの再完成

私は早すぎるブレイクアウトという考えを説明した。早すぎるブレイクアウトでは、その後に本物のブレイクアウトがあると考える。その2番目のブレイクアウトを私はパターンの再完成と呼ぶ。図3.29はこの考えの極端な例だ。7月にドル/円はヘッド・アンド・ショルダーズのパターンを完成させた。そして、8月初めにパターン内に再び舞い戻ったあと、8月27日にパターンを再完成させた。相場はそ

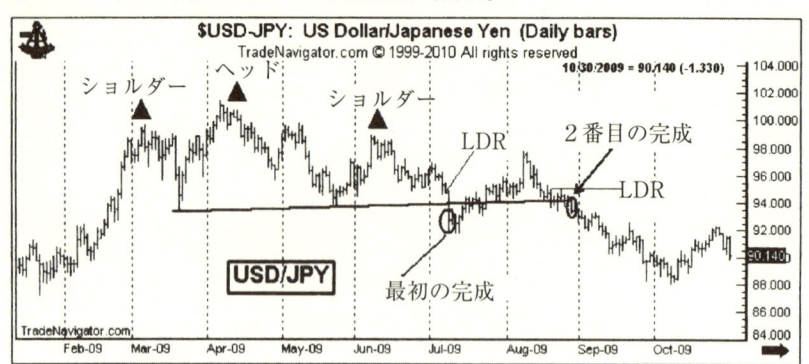

図3.29　ドル/円のパターンの再完成（日足）

の後トレンドを作り、86.20円の目標値に達した。リスク管理のために、私は再完成でラスト・デイ・ルールから得られたストップ水準を94.58円（8月26日の高値）に決めた。一般に、私はひとつのメジャーパターンについて、パターンの再完成でトレードを1回試みる。その後は損失を計算して、何かほかの銘柄を探しに行く。

　裁量トレーダーは特定の銘柄で2～3回続けて負けると、その銘柄には貸しがあるという考えに取り付かれやすい。こういう精神状態で仕掛けるのは良くない。同じ市場の特定の銘柄で受けた損失を取り戻すしかないという心理状態は危険だ。少なくとも年に1回は、私はこの悪循環に陥る。私は、いつも別の機会に別の相場がある、と絶えず自分に言い聞かせなければならない。

覚えておくべきポイント

● どの銘柄をトレーディングすべきか、いつそれをトレーディングすべきか、どのように仕掛けて、どこにストップを置き、どのように仕切るべきか、どれくらいのレバレッジをかけるべきかなどといっ

たトレーディングにまつわる重要な決定をするために、体系立った方法を持つ必要がある。
- トレーディングプランとは、どの時点でもある相場の方向をはっきりと知ることはできないという重要な前提に基づいていなければならない。
- 典型的なチャートパターンはトレーディングプランを作るための基礎として用いることができる。
- トレーディングプランがうまくいくためには、相場の動きやトレーディングでの行動を明確に定義しておかなければならない。

第4章

理想的なチャートパターン

Ideal Chart Patterns

　私が使うテクニカル手法は、典型的なチャートの原理（第1章を参照）として知られているテクニカル分析に基づいている。具体的には、トレード候補を確認するために、高値、安値、終値を示すバーチャートで、目に見える幾何学的パターンを探す。もっとはっきり言うと、チャートで以下の基準を満たすトレード候補を選ぶのである。

- メジャートレンドに対しては、週足チャートにも日足チャートにも現れる継続パターンか反転パターンで、少なくとも10～12週間の期間のもの（日足と週足ではわずかに異なる幾何学的パターンを示すこともある）。
- 日足チャートだけで見られるマイナートレンドの継続に対しては、少なくとも4～8週間の期間のパターン。
- 日足チャートだけで見られるマイナートレンドの転換に対しては、少なくとも6～10週間の期間のパターン。
- 週足チャートで始まったトレンド途上での増し玉の機会に対しては、日足チャートで1～4週間の非常に短い休止（フラッグまたはペナントとして知られる）。

　第5章では、パターンが出来上がるのに何週間かかるか、それがな

ぜファクター・トレーディング・プランにとって大切かということを理解することの重要性について、さらに詳しく述べる。

　銀行の窓口係が本物のお札や硬貨を調べて偽物を見つける訓練をするのと同じように、ファクター・トレーディング・プランで探す本物のパターン例を示しておくことは大切だ。以降は2008年と2009年に見られたチャートパターンから「いいとこ取りをした」例だ。これらのチャートはトレーディングでの理想型を示している。

　ここで強調しておく必要があるが、これらのパターンを出来上がってから見つけるのは簡単だ。チャートトレーダーにとっての難問は、リアルタイムでこの種のチャート上でパターンを確認して、それに対して反応することだ。それでも、チャートパターンの最も良い例を示すことから始めるのは、大いに意味がある。

　ほかのところでも言うが、ここで示す種類のパターンは、私がいつも行っているトレードでよく見られるものではない。そうであればよいのにと願うのだが！　あなたは、私が間違いをし、忍耐力が欠けている例を第3部ではたくさん見ることになる。だが今は、私が求める理想的なチャートだけを見てほしい。

銅のヘッド・アンド・ショルダーズ

　図4.1は銅が2008年8月初めに6カ月間かけてヘッド・アンド・ショルダーズ（H&S）を完成し、その後8月後半に再びネックラインを試したことを示している。しっかりしたパターンでは、たとえ再度の試しがあっても、完成したパターンの境界線よりも内側に大きく舞い戻る可能性は低い。通常、境界線は完成したパターンへ舞い戻るどんな値動きに対しても、「アイスライン」として働く。この再度の試しは、8月4日のパターンの完成によるラスト・デイ・ルールをブレイクしなかった点に注意しよう。

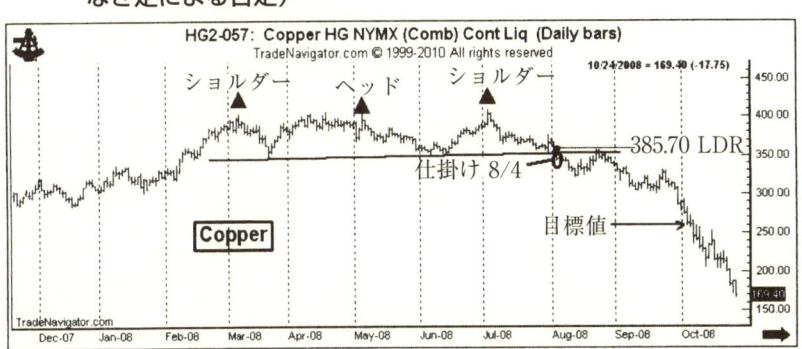

図4.1 銅の5年間の上昇相場はヘッド・アンド・ショルダーズで終了（つなぎ足による日足）

このように何度も試しがあるパターンでは、チャートトレーダーは本物のトレンドが始まる前に何度も早まって仕掛け、くたくたになるのが普通だ。パターンの完成に先んじようとするトレーダーは、本物のブレイクアウトが起きるころには、たたきのめされて弱気になることもある。私は経験からこのことを思い知っている。

豪ドル/ドルの反転パターンでの上昇ウエッジ

2008年8月の初めに、豪ドル/ドルは12カ月の上昇ウエッジによる反転パターンを完成させた（**図4.2**を参照）。一般に、相場は上昇ウエッジから急落するが、下降ウエッジではブレイクアウト後にしばらく横ばいしてから、新しいトレンドを始める。

大豆油のウエッジとダブルトップ

この相場を2つのチャートで示す。2008年3月に大豆油は天井を付けた。3月の下落のあとに相場は上昇して15週間のウエッジを形成し、

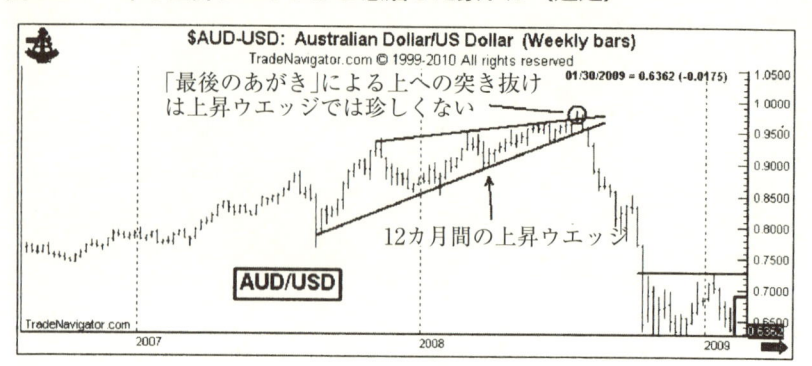

図4.2　１年の上昇ウエッジから急落した豪ドル（週足）

7月21日にそのパターンが完成した（図4.3を参照）。注意して見ると、ウエッジの最後の８週間が対称トライアングルの形になっているのが分かる。小さなパターンから大きなパターンが始まることは珍しくない。このため、私が探すシグナルのひとつは、ブレイクアウトの可能性がある大きなパターンに対して先行する小さなパターンになる。

　９月５日に下落した大豆油は４月初めの安値を下に抜けることで、大きなダブルトップによる反転パターンを完成させた（図4.4を参照）。９月後半に再度の試しがあった点に注意しよう。この上昇はアイスラインを上抜けることができなかった。思い出してほしいが、ブレイクアウトした日に完成したパターン内でほとんど値動きがなかった場合、私はブレイクアウトの前日の足を使ってラスト・デイ・ルールを決める。ブレイクアウトの日は９月５日だったが、ラスト・デイ・ルールは９月４日だった。目標値の32セントには10月後半に達した。

砂糖の反転パターンでのトライアングル

　図4.5は2007年12月後半の上昇によって、砂糖が６カ月の対称トラ

図4.3　15週間の上昇ウエッジの仕上げとなる大豆油の8週間トライアングル（つなぎ足による日足）

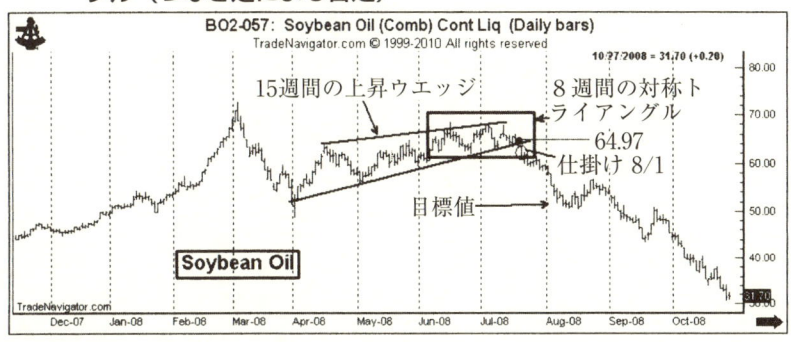

図4.4　7カ月のダブルトップから歴史的な下落をした大豆油（2008年12月限の日足）

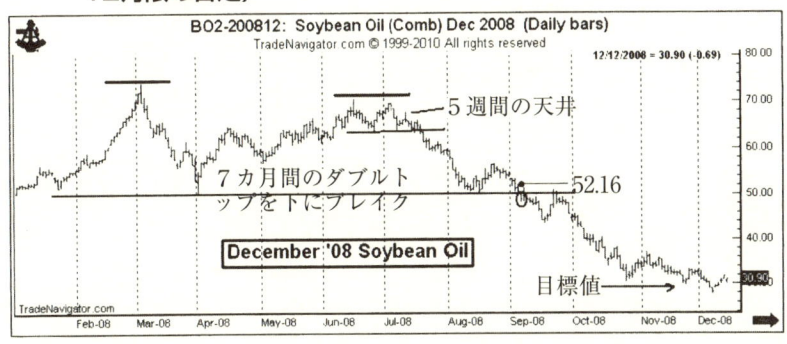

イアングルを底で完成させたことを示している。

米ドル/カナダドルの継続パターンと増し玉

2008年からのこの相場のチャートは2種類のパターンを示している

図4.5 砂糖の典型的な6カ月間に及ぶ対称トライアングル（つなぎ足による日足）

図4.6 7カ月間の上昇トライアングルから始まったドル/カナダドルの大幅上昇（日足）

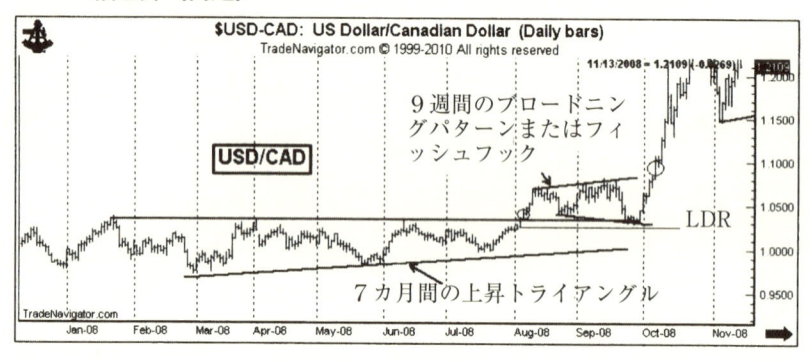

　（図4.6を参照）。8月初めの上昇によって、7カ月の上昇トライアングルを上にブレイクした。この相場は8月後半に抵抗線を再び試した。その後、9月下旬にも再び試しに行ったことで私は苦しくなり、実際にポジションを減らさざるを得なくなった。だが、この2回目の再度の試しでも、完成したトライアングルのラインを下に抜ける力は

ほとんどなかった。10月2週目の上昇によって9週間の継続のブロードニングパターンが完成し、増し玉をする機会となった。

銀の天井

　銀相場は気弱な人には向かない。この銘柄は粘り強いトレーダーに報いる前に、何度もじらす。3月に非常に小さな3週間に及ぶダブルトップができた点に注意しよう。私は普通、それほど短期の反転パターンではトレーディングを行わない。この銘柄は4月、5月、6月に支持線にぶつかったあとに、上昇を始めた。この上昇が4月と5月の高値を上抜いたために、本当に私は惑わされた。

　7月11日に私はこの値動きを3カ月に及ぶラウンドボトムと解釈して、買いポジションを取った。しかし、それはブルトラップ（強気の落とし穴）だった。相場は急に反転して、8月の初めに6カ月に及ぶ天井から反転した（**図4.7**を参照）。パターンが本当に完成する前にブルトラップやベアトラップを生む相場は、たいてい強いトレンドになる。理由は、本物の値動きの前のトラップによってトレーダーは含み損を抱え込んでしまい、簡単に抜け出せなくなるからだ。

　このチャートには大切な教訓がある。3月後半から7月初めまでの間、2～3日よりも長くポジションを持とうと考えて、強いところで買ったり、弱いところで売ったトレーダーは痛い目に遭っている。このちゃぶつきの時期には、おそらくトレーダーは非常に用心深くなっただろう。銀は損切り注文を巻き込んで手仕舞い売りによって下げているのではないという考えから、8月7日の下へのブレイクアウトで売るのはチャートトレーダーには非常に難しかった。それでもチャートが示すように、たとえひどく売られ過ぎだったとしても、8月7日のブレイクアウトで売れば最も利が乗るトレードになっていた。感情的に最も仕掛けづらいトレードは、しばしば最もリターンが大きい。

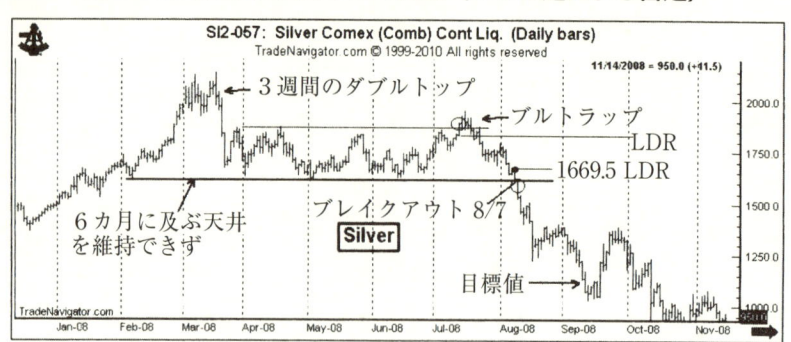

図4.7 銀の6カ月に及ぶ天井からの反転（つなぎ足による日足）

ラッセル1000の継続パターンのヘッド・アンド・ショルダーズ

　2008年に株式市場が暴落しているときに、ラッセル1000のチャートは8カ月に及ぶヘッド・アンド・ショルダーズによる継続パターンを形成した（**図4.8を参照**）。私はチャーチストが多くのパターンを確認するときに、あまりにも自分勝手に解釈しすぎるのを見てきた。ヘッド・アンド・ショルダーズのルールのひとつでは、左右のショルダーは重ならなければならない。9月半ばのネックラインの下へのブレイクアウトは人を非常に惑わすものだった。価格がすぐにネックラインの上まで上昇したからだ。最初のブレイクアウトは早すぎた。9月後半のブレイクアウトのほうが本物だった。そして、相場は11月に目標値に達し、2009年3月にようやく底を打った。

　8カ月に及ぶヘッド・アンド・ショルダーズのヘッドが、5週間に及ぶヘッド・アンド・ショルダーズのパターンになっていることに注意してほしい。

図4.8　ヘッド・アンド・ショルダーズの継続パターンから2008年後半の株式暴落へ（ラッセル1000ミニのつなぎ足による日足）

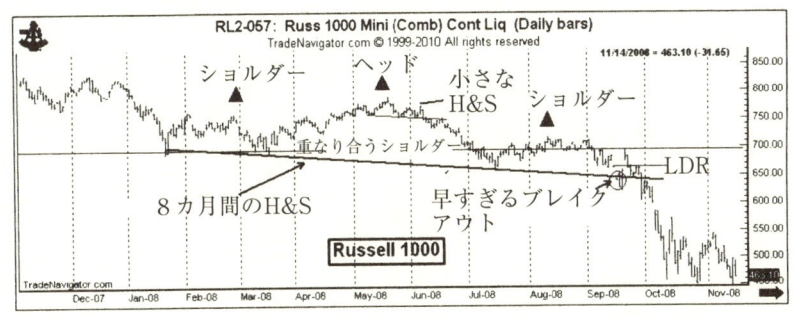

ヘッド・アンド・ショルダーズが本物でないとき

　CNBCなどの金融関連のメディアでコメンテーターがチャートの解釈をすると、笑ってしまうことがよくある。自称「専門家」が解釈を最もゆがめるパターンのひとつは伝統的なヘッド・アンド・ショルダーズのパターンだ。一般に、本物のヘッド・アンド・ショルダーズには３点の特徴が必要となる。

1. ヘッド・アンド・ショルダーズはほとんどの場合、反転パターンであることを思い出せば、それらの解釈が有効であるためにはトレンドが反転しなければならない。
2. 左右のショルダーは重ならなければならない。多く重なるほど望ましい。左右のショルダーが重ならなければ、ヘッド・アンド・ショルダーズのパターンではない。
3. ヘッド・アンド・ショルダーズを有効と認めるためには、ショルダーの期間か高さに対称性がなければならない。

> **最後のポイント** 私はネックラインが水平なものか、予測しているトレンド方向に傾いたものを大いに好む。天井でのヘッド・アンド・ショルダーズで右肩上がりのネックラインや、底での逆ヘッド・アンド・ショルダーズで右肩下がりのものは好まない。

カンザスシティー小麦のボックス

　2008年3月から5月までの強い下降トレンドのあと、相場は14週間のボックスという形で調整した。2008年9月中旬にこのボックスが完成したあと、相場は下の境界線のアイスラインを再び軽く試した。相場は12月初めに目標値に達した。このボックスを週足と日足のチャートで示す（**図4.9**と**図4.10**を参照）。

原油のボックスとペナント

　2008年まで続いた原油の歴史的な上昇期間中に、トレーディングの機会が何度か生まれた。2月の上昇によって、4カ月に及ぶボックスが完成した。3月初めの強い再度の試しでは、ボックスの上側のアイスラインを終値で割り込むことは一度もなかった。再度の試しの過程で3週間のペナントが作られ、増し玉をする機会が生まれた。最終的な目標値には5月初めに達した（**図4.11**を参照）。

　ボックスの上へのブレイクアウトは、あとから見ると明白だが、3月後半にあった強い再度の試しのために、当時はとても人を惑わすものになった。

図4.9　カンザスシティー小麦にできたボックス（つなぎ足による週足）

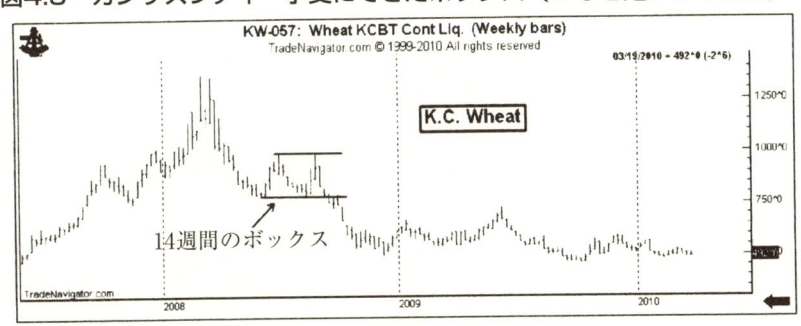

図4.10　カンザスシティー小麦にできたボックス（つなぎ足による日足）

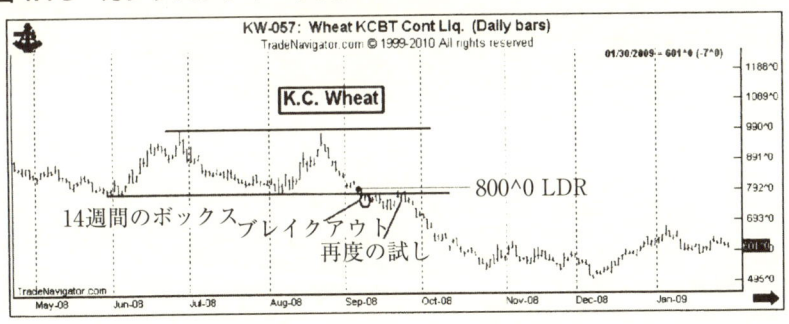

図4.11　原油での4カ月間のボックスと3週間のペナント（つなぎ足による日足）

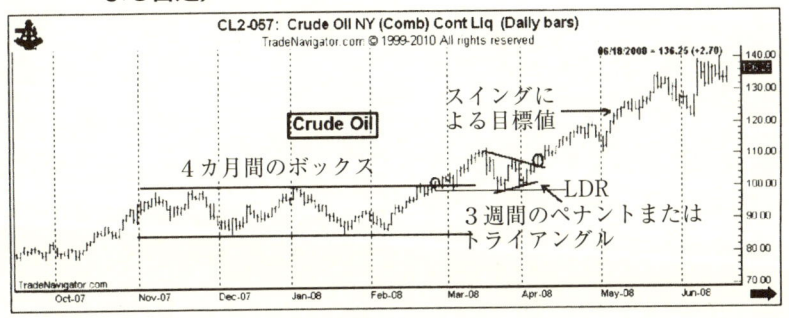

図4.12 ３カ月間のヘッド・アンド・ショルダーズから2008年の大暴落に至ったダウ公共株（日足）

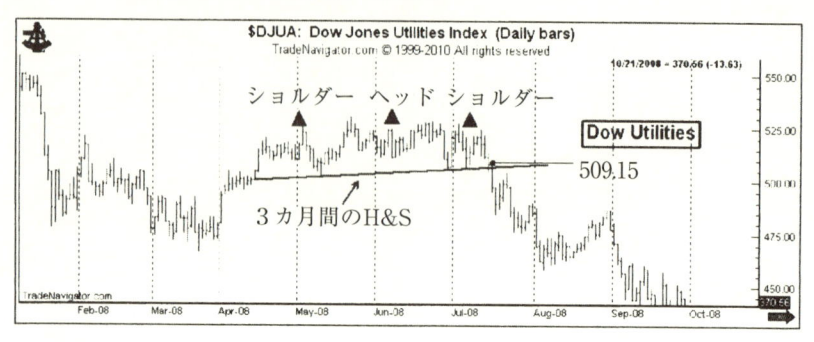

ダウ公共株のヘッド・アンド・ショルダーズの継続パターン

図4.12は2008年の大幅な下落の間にできた継続パターンで、７月のダウ公共株のチャートにできた３カ月に及ぶヘッド・アンド・ショルダーズ（ヘッドは２つ）を示している。

ユーロ/ドルでのトライアングルとＭトップとフラッグ

次の３つのチャートはユーロ/ドルのものだ。

長い上昇トレンドの最終段階で、トライアングルができるのは珍しいことではない。これらの最終段階にできるトライアングルでは、接点が６つあることが多い。対照的に、カンザスシティー小麦（図4.11を参照）のトライアングルのように、トレンド中盤に現れるトライアングルでは、接点が４つになるのが普通だ。ユーロ/ドルの週足チャートでのトライアングルは、すぐに目標値に達した（図4.13

第4章　理想的なチャートパターン

図4.13　ユーロ/ドルのトライアングルとダブル（「M」）トップ（週足）

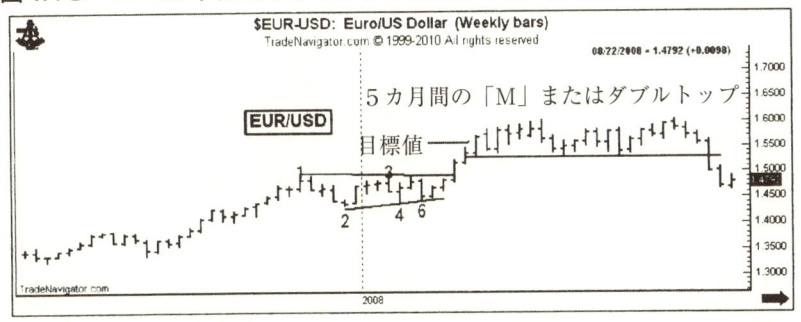

図4.14　2008年前半のユーロ/ドルの3カ月間のトライアングル（日足）

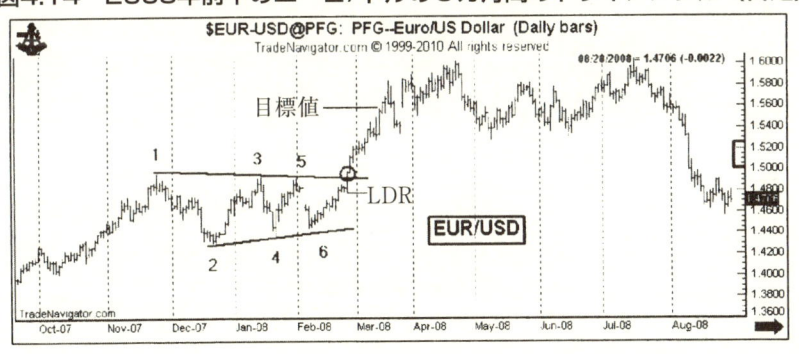

図4.15　ユーロ/ドルでの5カ月間のダブルトップと2週間のフラッグ（日足）

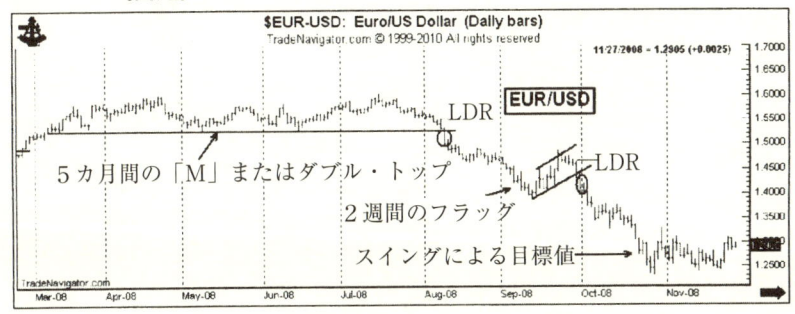

105

を参照)。日足チャート(図4.14を参照)では、このトライアングルに6つの接点がある点に注意してほしい。それから相場は5カ月に及ぶ「M」トップを形成した(図4.15を参照)。ユーロ/ドルで新たにできた弱気トレンドでは、9月に10日間に及ぶフラッグができた。フラッグやペナントのような短期的なパターンは増し玉をする素晴らしい機会となることが多い。

ポンド/円のヘッド・アンド・ショルダーズと3つの継続パターン

2008年のポンド/円の週足チャートにはいろいろなものがあった。メジャーパターンの天井と、弱気相場で3回連続して現れた一連の継続パターンだ。図4.16はこれらのパターンを週足で見たものだ。1月初めに、相場は13カ月に及ぶヘッド・アンド・ショルダーズを完成させた。1月から2月にかけて、レバレッジを上げる(つまり増し玉をする)のに役立つ5週間に及ぶトライアングルが形成された。3月の安値から7月初めまでは上昇ウエッジが形成された。7月の高値から2009年初めの安値までの大幅下落の途中では、4週間に及ぶフラッグが形成された。ここも、売り乗せする良い機会となった。図4.17はこれらの3つの継続パターンを日足チャートで示したものだ。

豪ドル/円の対称トライアングルの反転パターン

図4.18は豪ドル/円の週足チャート上で2008年9月に完成した14カ月間に及ぶ対称トライアングルだ。ここでも、最初のパターンが完成した2週間後に再度の試しが起きた点に注意しよう。パターンのブレイクアウトが有効な場合はたいていそうなるが、この再度の試しでも境界線のアイスラインを上に抜けることはできなかった。これはメ

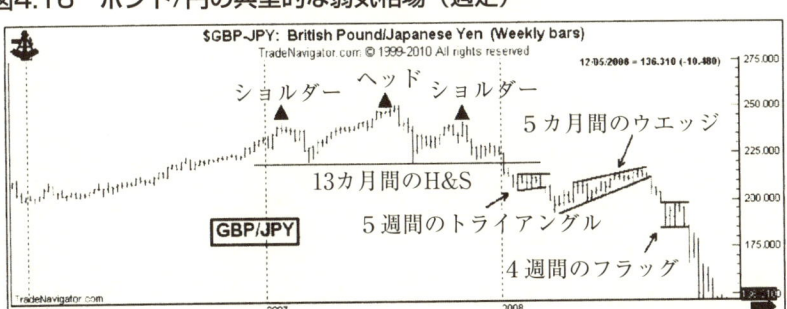

図4.16　ポンド/円の典型的な弱気相場（週足）

図4.17　ポンド/円の弱気相場での一連のパターン（日足）

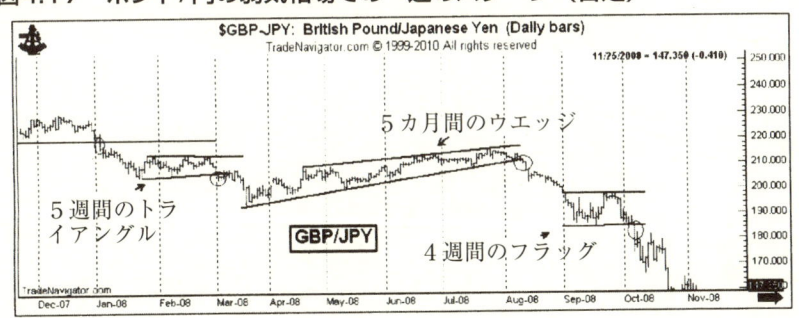

ジャーパターンが完成したときに非常によく見られる特徴である。これらのパターンの日足チャートについては**図4.19**を見てほしい。

　豪ドル/円の下落について注目に値することを付け加えておきたい。18カ月に及ぶ天井を作って下にブレイクアウトし、小さな再度の試しをしたあとに見せた下落の動きは、全体でもたったの2週間だけだっ

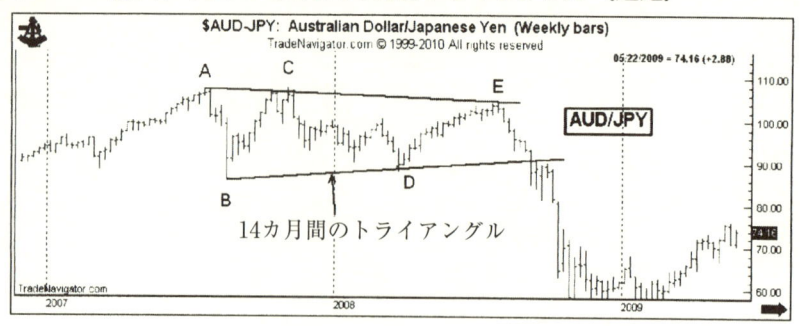

図4.18　豪ドル/円の14カ月間の対称トライアングル（週足）

図4.19　再度の試しを見せた豪ドル/円（日足）

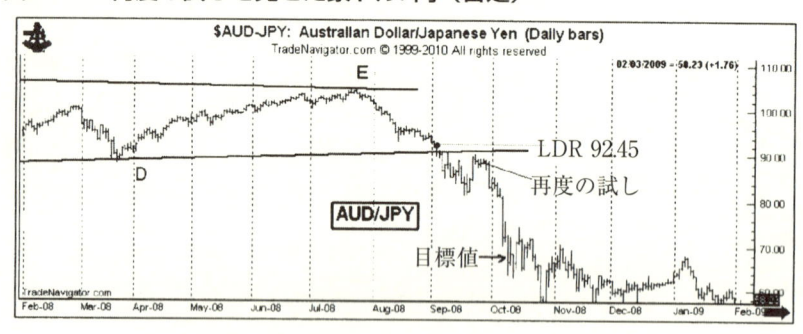

た。実際、９月後半の再度の試しのあとで起きた下落の大半は、数日の間に見られたものだった。パターンの完成まで18カ月も待った揚げ句、数週間で目標値に達してしまうというのは、非常にやりにくいトレーディングだった。

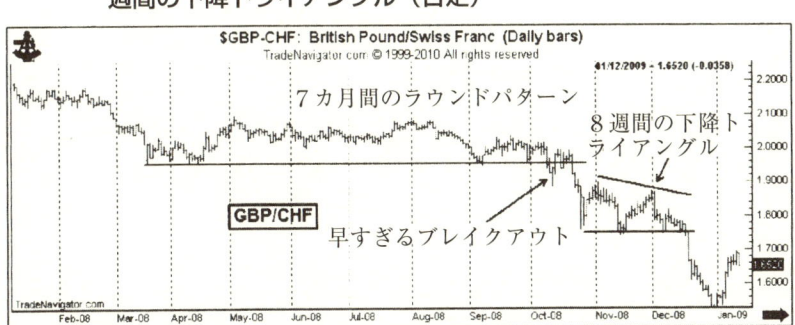

図4.20　ポンド/スイスフランの７カ月間のラウンドトップとその後の８週間の下降トライアングル（日足）

ポンド/スイスフランの２つの継続パターン

　2008年のポンド/スイスフランでの弱気相場では、継続パターンの優れた例が２つ見られる（**図4.20**を参照）。最初は７カ月のラウンドパターンだ。この継続パターンは10月初めに早すぎるブレイクアウトをしたあと、再びアイスラインより上まで上昇し、10月後半にはっきりとブレイクアウトした。ラウンドパターンは明白できれいなブレイクアウトをしないことで有名だ。もうひとつは、８週間のペナントまたは下降トライアングルが12月中旬に完成した。

砂糖のトライアングルとウエッジ

　2009年のファクター・トレーディング・プランでは、利益の圧倒的な割合は砂糖の相場から生み出された。**図4.21**はぴったり５月１日にパターンを完成させたところまでの14カ月を週足チャートで示している。砂糖はこのパターンから28年で最も大幅な上昇を始めた。**図4.22**は最も活発にトレーディングが行われた2009年10月限の日足チ

図4.21　砂糖の対称トライアングル（週足）

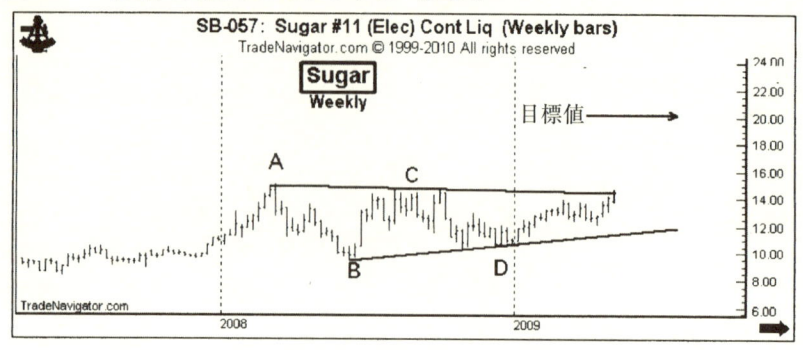

図4.22　砂糖の6カ月間の継続ウエッジ（2009年10月限の日足）

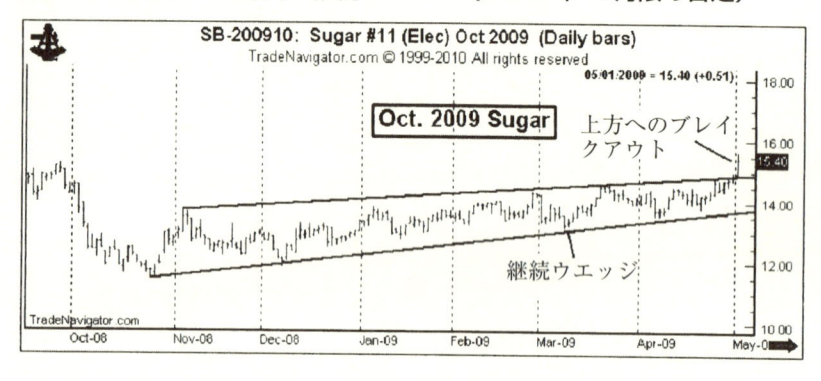

ャートを示している。同時に、このチャートでは6カ月間に及ぶ上昇ウエッジまたは継続ウエッジが5月1日にブレイクアウトしたところも示している。

　株式市場に適用される典型的なチャートの原理では、上昇ウエッジを弱気のパターンとみなす。ところがFX市場と商品先物市場では、

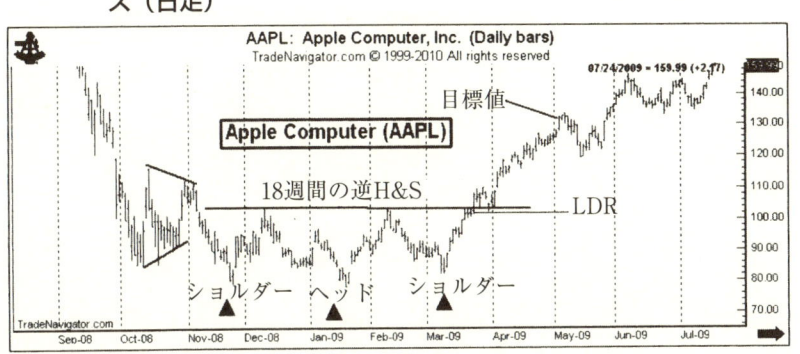

図4.23 アップルコンピュータの完全な逆ヘッド・アンド・ショルダーズ（日足）

多くの重要な価格の上昇は上昇ウエッジから上方へのブレイクアウトによって始まっている。私はこの種のチャートパターンを継続ウエッジと名づけている。

アップルコンピュータの逆ヘッド・アンド・ショルダーズ

本書で取り上げた唯一の株のチャートが図4.23で、アップルコンピュータが3月23日に日足チャート上で素晴らしい逆ヘッド・アンド・ショルダーズを完成したことを示している。この相場は3月30日にアイスラインを再び試したが、ラスト・デイ・ルールを突き抜けなかった点に注意してほしい。

メジャーパターンの金のヘッド・アンド・ショルダーズと対称トライアングル

この相場は3つのパターンの優れた例だ。図4.24は週足チャート

図4.24　金の逆ヘッド・アンド・ショルダーズ（つなぎ足による週足）

で見た18カ月間に及ぶ逆ヘッド・アンド・ショルダーズの継続パターンである。ついでに言っておくと、これを書いている現在、このパターンの最低限の目標値である約1340ドルにはまだ達していない。何らかの目標値に達しなければならないというルールはない。チャートパターンが暗示したとおりの値動きを見せないのは、いつものことだ。

　テクニカル分析の世界では、このパターンについてかなりの論争があった。私が大いに敬意を払っているある有名なエリオット波動のリサーチ企業は、このパターンを逆ヘッド・アンド・ショルダーズの継続パターンと名づけるなんて、お笑いぐさだと述べた。それでも、典型的なチャートの原理の「バイブル」である『**マーケットのテクニカル百科 入門編・実践編**』（パンローリング）で、エドワーズとマギーは次のように述べている。

　　時として、価格は一種の逆さまのヘッド・アンド・ショルダーズを作り、その後に前のトレンドを継続するという一連の変動を見せる……。上昇相場で生じるこれらのパターンのひとつは逆ヘッド・アンド・ショルダーズの形を取る。

第4章　理想的なチャートパターン

図4.25　金の大きな対称トライアングルと失敗した小さなヘッド・アンド・ショルダーズ（つなぎ足による日足）

　図4.25は、週足でのヘッド・アンド・ショルダーズの右ショルダーが、日足チャートでは大きな6カ月間に及ぶ対称トライアングルの形になっていることを示している。また、トライアングルが9月初めに形成されたあとの短い休止で、5週間のヘッド・アンド・ショルダーズが失敗パターンになっている点にも注意してほしい。この種の小さなパターンは増し玉するのに非常に役に立つ。さらに、この小さなパターンでは、ストップを6カ月のトライアングルでのラスト・デイ・ルールから、5週間続いた継続パターンのラスト・デイ・ルールまで動かすことができた。

銅の一連の強気パターン

　図4.26は2009年3月から12月末までの銅の上昇相場で見られた素晴らしい一連の継続パターンだ。各パターンのラスト・デイ・ルールは一度も試されなかった点に注意してほしい。もっとも、階段状に上昇する性質は心理的には扱いづらかった。一般に、需要増による上昇

図4.26　多くの継続パターンを含む銅の上昇相場（つなぎ足による日足）

相場では多くの逆行や窓埋めの動きがある。ところが、厳しい供給不足からくる上昇相場ではずっと急な値動きになる。ほとんどの弱気相場でも、値動きが極めて急だ。前の強気トレンドで得られた上昇分はその半分の時間で全部を失う。

ドル/カナダドルでの上昇トライアングルの失敗

　直角三角形（上昇トライアングルと下降トライアングル）では、水平な境界線を抜ける傾向が強い。実際、水平なアイスラインのブレイクアウトはほとんど予想できることだ。それでも、時には**図4.27**の週足チャートで示されるように、直角三角形の斜めの境界線のほうを、普通はしぶしぶとブレイクアウトすることもある。

　ドル/カナダドルの７カ月間に及ぶ上昇トライアングルは強気に向かう可能性のほうが高かった。**図4.28**の日足チャートで示されるように、この上昇トライアングルは４月中旬に下の境界線を試した。だがそのときでさえも、私の考えでは、下の境界線は傾斜が緩やかになって定義し直されているだけで、上方へのブレイクアウトが遅れてい

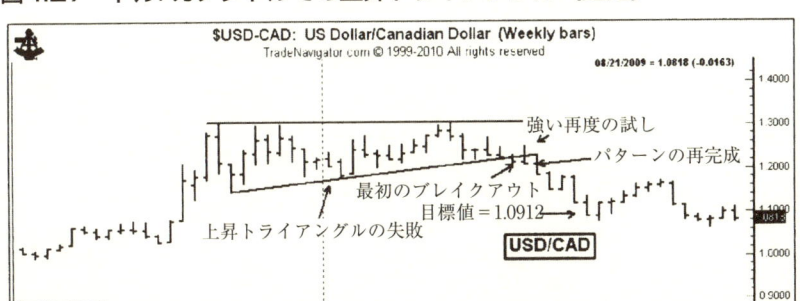

第4章 理想的なチャートパターン

図4.27 ドル/カナダドルでの上昇トライアングル（週足）

図4.28 ドル/カナダドルでの人を惑わすブレイクアウト（日足）

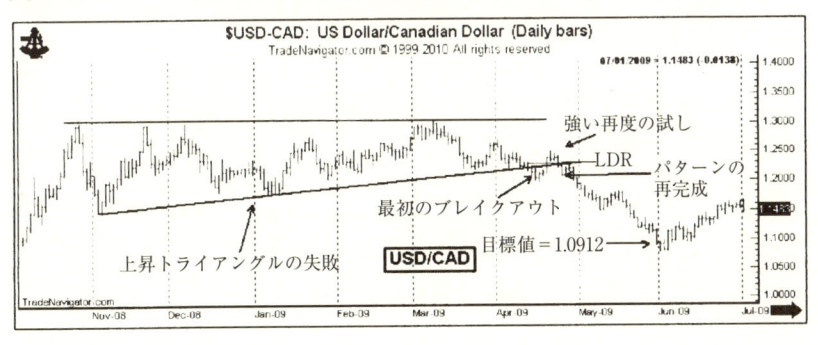

るにすぎないと思っていた。それにもかかわらず、私は４月14日に空売りを仕掛け、４月13日のラスト・デイ・ルールによって置かれた損切りに引っかかった。

４月29日と30日の下への突き抜けで上昇トライアングルの失敗が確実になり、最低でも1.09カナダドルまでの下落が予想された。この目

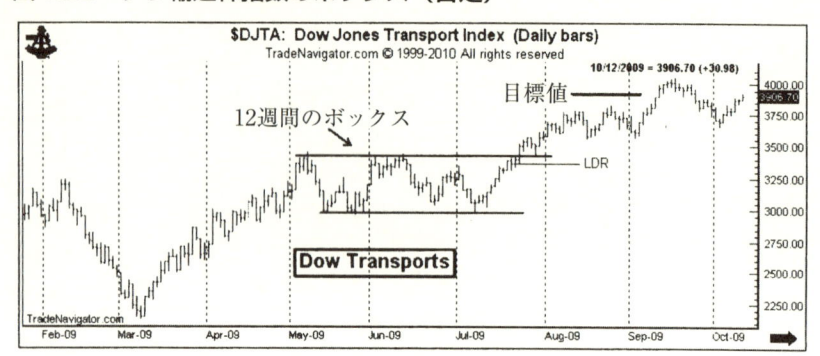

図4.29　ダウ輸送株指数のボックス（日足）

[チャート：$DJTA: Dow Jones Transport Index (Daily bars)、12週間のボックス、目標値、LDR]

標値には６月初めに達した。この相場は、最初に一方向に偏っているパターンが反対方向への良いシグナルになり得る良い例だ。

ダウ輸送株指数での12週間のボックス

12週間に及ぶボックスが７月後半に完成した。７月23日からのラスト・デイ・ルールによって置かれた損切りはけっして試されなかったことに注意してほしい（**図4.29**を参照）。

ブレント原油での珍しいホーン

図4.30で見られるように、主要な安値とそれよりも高い２つの安値、それらの間に付けた２つの高値という一連の値動きで、ホーンによるボトムが形成された。このパターンはバイキングのかぶとの角の形をしている。このパターンであるためには、パターンの２カ所の上昇部分が重なる必要がある。エドワーズとマギーは、ホーンというパターンを取り上げていない。しかし、シャバッカーはホーンを典型的

第4章 理想的なチャートパターン

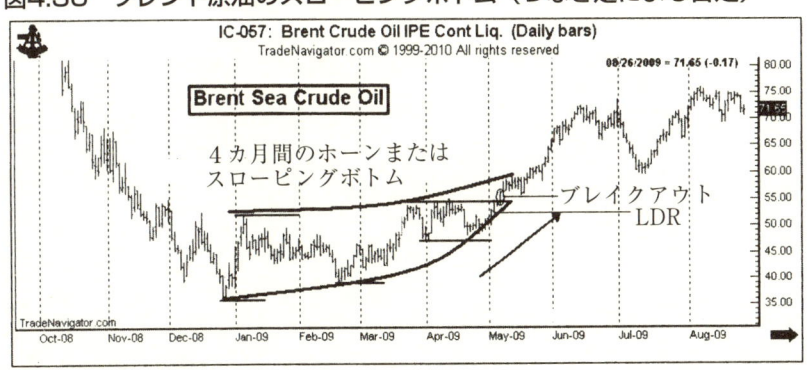

図4.30 ブレント原油のスローピングボトム（つなぎ足による日足）

なパターンと認めている。私はホーンによるボトムをスローピングボトムと呼ぶことが多い。

4月の高値を上抜けた5月初めに、買いシグナルが出た。ここで、ラスト・デイ・ルールによって置かれた位置を一度も割り込まなかった点に注意してほしい。

2009年に逆ヘッド・アンド・ショルダーズから上昇を始めたS&P

2009年3月の安値から株価は上昇し始めていたが、私の気持ちは弱気に傾いていた。図4.31にある大きな逆ヘッド・アンド・ショルダーズを私は見たが、それを信じなかった。2009年の上昇中に、私は買い方側で時折、株に手を出していた。それでも、メジャーパターンの逆ヘッド・アンド・ショルダーズが暗示する意味を完全に受け入れる気にはならなかった。この逆ヘッド・アンド・ショルダーズの目標値1252は、2010年4月にほぼ達成された。

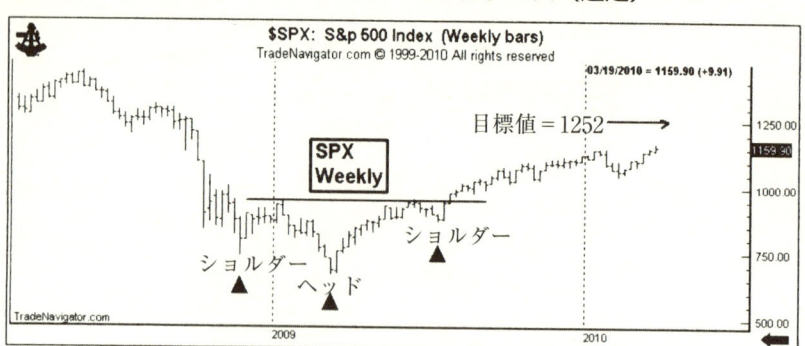

図4.31　S&Pの逆ヘッド・アンド・ショルダーズ（週足）

まとめ

　ここまで取り上げてきたチャートは典型的なチャート原理での教科書的な例を表している。これらのパターンは、私が「最もきれいな例」と呼ぶチャートパターン――チャートの形成を最もうまく例証するチャートパターン（または大きなトレンドを作る一連のパターン）――から成る。

　毎年末の私の純益は、振り返ってみたときに「最もきれいな例」に入るチャートパターンの多くをきちんと確認して、トレーディングを行ったかどうかでかなりの程度決まる。実際、長年のトレードで最大級の利益はここで示したパターンを含めて、それら最もきれいな例に似た相場状況で得られたものだ。

　現実には、この種の重要なパターンはリアルタイムでよりも、あとになってから明らかになる。夢の中では、トレードのすべてがこの種の相場状況に限られた1年を思い浮かべる。しかし、夢は夢であり、現実は現実だ。そして、現実には、私がトレードを行うパターンの多くは、これらのチャートのような展開をしない。著者によっては、

典型的なチャートパターンの資料を見せて、彼らはそういう状況でしかトレーディングを行っていないとほのめかす人もいるだろう。だが、私は何よりもトレーダーであり、著者ではない。私は認めるが、理想的なチャートパターンをとらえると、それまでに出した多くの損失をそれらが埋め合わせてくれるのだ。

覚えておくべきポイント

- トレーダーは何が理想的なトレードなのかをはっきりと理解しておくことが大切だ。
- チャートに基づく素晴らしいトレードが毎日できるわけではない。そういう状況になるまで、何週間も何カ月もかかることがある。
- 相場が明らかになるまで待って、待って、さらに待つ忍耐力を身につけるのが目標だが、それは最終目的地ではない。トレーダーとしての私が求めるのは完璧ではなく、今よりも向上し続けることだ。
- 私を含めてチャーチストはパターンを見るとすぐに飛びつくことが多い。だが、乗るべき時期が来たら、相場はたいていそれを十分に明らかにしてくれるものだ。

第5章

ファクター・トレーディング・プランはいかに機能するのか
How the Factor Trading Plan Works

　それでは、ファクター・トレーディング・プランの基本を説明することにしよう。図5.1はトレード機会を確認し、仕掛け、リスク管理、注文管理を含むファクター・トレーディング・プランの主要な4つの要素を示している。この章では各要素をひとつひとつ、詳しく取り上げていく。

トレード機会の確認

　私は、チャーチストになろうと考える前はトレーダーになりたいと思っていた。トレーディングは職業だが、チャーチストとは手段だった。私が商品先物トレーディングの世界に入ったとき、私の目標はトレーダーとしてお金を稼ぐことだった。だが実際にはそれが何を意味するのか、まったく分かっていなかった。
　自分流の仕事のやり方を探し始めたときに、チャートに基づくトレーディングは私にとって非常にうなずけるものだった。チャートパターンによるトレーディングには、私が実際に試みたり、考えたりしたことのあるほかの手法では手に入らない独自の利点があった。それは次の点だ。

- トレンドを理解する手段
- 相場方向の示唆
- タイミングを計る技法
- リスクを判断する手段
- 利益を確定するための現実的な目標値

　しかし、チャートパターンを見ることと、実際にそれらに基づいてトレーディングを行うこととはまったく違うということがすぐに分かった。ありがたいことに、ロバート・エドワーズとジョン・マギーによる著書である**『マーケットのテクニカル百科 入門編・実践編』**（パンローリング）は、チャーチストが直面する問題に対して解決策を提供してくれていた。それでも、大きな問題のひとつはその本で説明されていなかった。その大きな問題とは、私がチャートを付け始めたとき、どこを見てもパターンが見つかってしまうということだった。トレードを始めるためには、いったいどのパターンを探せばよいのかについて、私自身がもっと明確に定義する必要があった。また、すべての典型的なチャートパターンはそれぞれに同じ重要度を持つのだろうか？　私の性格やリスク許容度、資金水準に合うパターンがあるのではないだろうか？　これらを調べる必要があった。

チャートパターンの継続期間にかかわる現実的な問題

　今になってみれば、昔に私が苦労していたジレンマとは時間枠で定義できることが分かっている。典型的なチャート原理には、すべての真剣なチャーチストが直面しなければならない現実が2つある。
　まず、あとから見れば、パターンは簡単に分かるというものだ。さまざまな投資顧問業者の販促用資料には、ある相場でどのようなトレーディングを行えたかを後知恵で説明するチャートであふれている。

図5.1　トレーディングプランで必要な要素

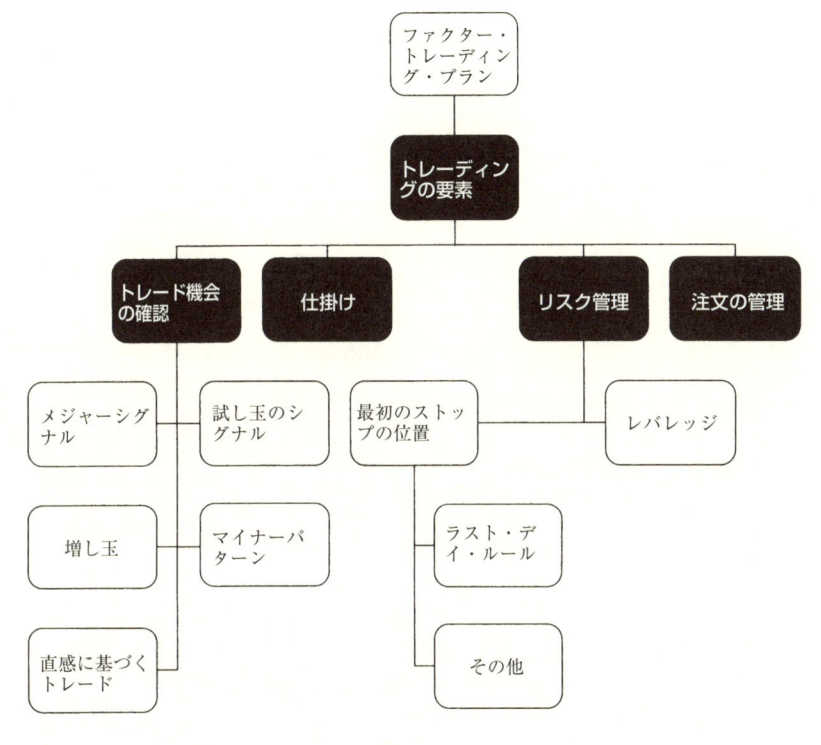

```
ファクター・トレーディング・プラン
            │
       トレーディングの要素
            │
   ┌────────┼────────┬────────┐
トレード機会  仕掛け   リスク管理  注文の管理
の確認
   │         │         │         │
メジャーシグナル     最初のストップ   レバレッジ
          試し玉のシグナル  の位置
   │         │         │
 増し玉    マイナーパターン  ラスト・デイ・ルール
   │                   │
直感に基づく           その他
 トレード
```

　だが、私はリアルタイムでトレーディングを行う。あとから考えるとはっきり分かるパターンでも、リアルタイムではそれほど明らかでないことも多い。チャート上のパターンは絶えず変化していく。最終的に利益の出るトレンドを提供するパターンは、多くの小さなパターンから成ることがある。そして、それらの多くは教科書的には動かないものだ。さらに、大きな値動きへと導かれる前に、出だしで何度かダマシに遭うこともある。

　第二は、上のことに関連するが、トレードの瞬間には明らかだと思

えたパターンの多くは完成しないまま、はるかに大きなパターンにのみ込まれてしまうということだ。

大豆の「大きな」値動きの話

　CBOT（シカゴ商品取引所）で働き始めた年に、私は大豆のトレーダーと友だちになった。この男性はエバンストンの大邸宅に住み、高級ドイツ車を乗り回し、成功を示唆するあらゆるものがあった（だけでなく、実際に成功していた）。ある日の午後、彼は大豆にどれくらい強気でいるかを私に話した。そのとき、大豆は約5.40ドルで取引されていた。彼は非常に大きなポジションを持っていると言った。そこで私は2～3日間、相場を見守っていた。価格は約5.60ドルまでじりじりと上がっていった。私は大急ぎで大豆を1枚買った。だが、翌週には再び5.40ドルに下げてしまった。トレードで損を出し、励ましの言葉を掛けてもらおうと思った私は、ピットでその友人を見つけだして彼の考えを尋ねた。そして、彼の発言に打ちのめされた。「かなり、儲かったよ。素晴らしい値動きだったよな？」と、彼に言われたのだ。私の友人は結局、スキャルパーであり、10分以上ポジションを持つことはめったになかった。彼がポジションを翌日まで持ち越すことは普通ではなかったのだ。彼の場合、2～3セントの値動きが目標だった。彼が最初に私に話をしたとき、彼は大豆が1～2日のうちに10セント上昇しそうだと直感していた。そのため、彼はその利益を取るために、翌日までポジションを持ち越したのだ。だが、彼は事前にそのことを私に説明しなかった。

　結局、私は非常に貴重な教訓を学んだ。「強気」や「弱気」と言われても、その言葉がどういう時間枠や値動きを頭に置いての

ものか分からなければ、何の意味もないのだ。

チャート上のパターンは時間を経るなかで定義し直されていく（長い調整期間では特にそう言える）。そのため、トレーダーはどの時間枠でトレード候補を決めるつもりか、理解しておくことが極めて重要だ。トレーダーが買いポジションを持っていると話したら、いくらで買い、目標価格がいくらで、どのような時間枠で考えているのか、価格がどこまで下げたら間違っていたと認めるのか尋ねる。強気か弱気かという考えには何の意味もない。

時間枠の一例としてのポンド/ドル

ポンド/ドルの４つのチャートが時間枠を考えることの重要性と厄介さを示している。

図5.2は2009年１月から2010年３月までのポンド/ドルの週足チャートだ。このチャート上の値動きで大きなものは、2009年前半の上昇、2009年５月後半から2010年２月までのダブルトップ、そのダブルトップから生じた下降トレンドだ。また２つの小さなパターンも見られる。ひとつは19週間に及ぶヘッド・アンド・ショルダーズ（H&S）で、2009年９月後半に完成したあとで失敗した。もうひとつは17週間に及ぶトライアングルで、2010年２月初めに下にブレイクアウトしてダブルトップの完成につながった。

図5.3は2009年４月から2010年３月までの11カ月間のポンド/ドルを日足で示したものだ。これは**図5.2**の週足チャートの日足版だ。

この日足チャートでは８週間以上続く典型的なチャートパターンを示しているが、長期的な調整局面がいかに多くの小さなパターンから

図5.2　ポンド/ドルでのダブルトップ（2009/6～2010/3、週足）

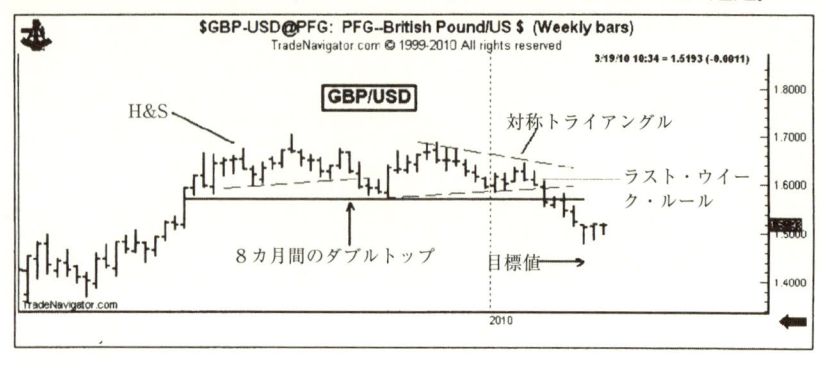

図5.3　ポンド/ドルでのダブルトップ（2009/6～2010/3、日足）

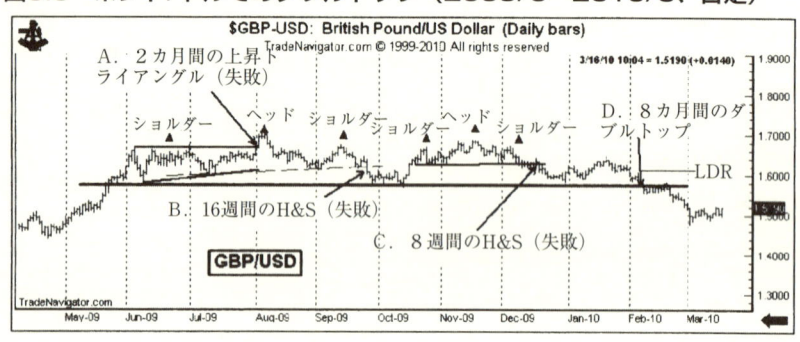

成り立っているかが分かる。そして、それらの小さなパターンができた時点では、相場の動きを予想する重要な指標に見えることも分かる。このチャート上のパターンをできた順に並べると次のようになる。

　２カ月間の上昇トライアングル（パターンＡ）は７月後半に完成した。このパターンは３日以上、上昇しなかった。このトライアングルの高値からの短い上昇は、16週間に及ぶヘッド・アンド・ショルダー

ズ（パターンB）のヘッドになった。このヘッド・アンド・ショルダーズから9月後半に相場は下にブレイクアウトしたが、これもすぐに失敗した。

　10月前半の安値からの上昇は8週間に及ぶ複雑なヘッド・アンド・ショルダーズ（パターンC）へと続いた。このパターンが完成すると、初めは下げそうな勢いだったが、12月の安値で動きが止まり、そこから4週間は横ばいのあとで少し上げた。私は8週間に及ぶヘッド・アンド・ショルダーズに基づいて空売りをしていたが、この過程で損切りをさせられた。

　これらのパターンのすべてを合わせたものが、2月初めに完成した8カ月間に及ぶ大きなダブルトップで、その目標値は1.440～1.470ドルだった。

　私の見方では、これらの4つのパターン（A～D）はすべてトレーディングを行う価値があった。実際にも、私はそれらすべてに基づいてトレーディングを行った。最初の3つのパターンのいずれかがうまくいっていたら、それらは典型的な日足チャートパターンの教科書的な例と考えられただろう。

　図5.4は2009年9月から2010年3月までを調べたものだ。それは**図5.3**で見た期間の最後の7カ月で、短期のパターンを確認しようとしている。実際、7つのパターン（A～G）は、典型的な短期のチャーチストにとってはシグナルになっていただろう。さらに**図5.4**は、小さなパターンがもっと大きなパターンの一部になり、それがさらに大きなパターンの一部になるところを示している。

　最後に、**図5.5**は2010年1月から3月までのポンド/ドルの日足チャートである。これは**図5.2**で見た15カ月の最後の3カ月だ。ここでも、この通貨ペアのチャートの一部をなす、さらに短期のパターンが見られる。非常に短期のチャーチストなら、これらの小さなパターンに基づいてトレーディングをしようと考えたかもしれない。

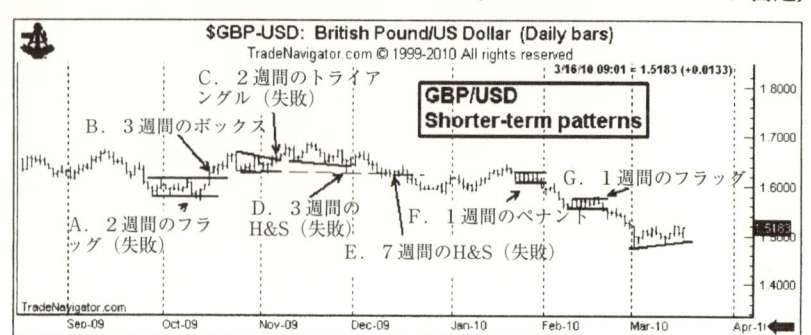

図5.4　ポンド/ドルのより短期のパターン（2009/10～2010/3、日足）

　このポンド/ドルの例では、トレーディングを予測するに当たって、四半期チャートに基づくことも、月足、週足、日足チャートに基づくこともできただろう。あるいは、時間枠をさらに短くして、4時間足チャート、2時間足チャート、60分足チャートなどにもできただろう。

　ポンド/ドルの例を使って、言いたいことがまだ2つある。まず、ある時間枠でのシグナルは、ほかの時間枠では何の意味も持たないこともあるという点だ。もうひとつは、短期のパターンが失敗して、もっと大きなパターンの一部として定義し直されてしまうことはよくあるということだ。

　チャートは価格の過去の動きを記録したものだ。しかし、トレーディングは将来に目を向けながら、リアルタイムで行う必要がある。チャーチストとして成功するためには、シグナルを出す時間枠についてのしっかりした理解が必要だ。

　時間枠に関連してもう一点、触れておきたい。トレーダーは仕掛けでもトレードの管理でも、似た時間枠を使うことが重要だと私は信じている。週足チャートに基づいて仕掛けて、時間足チャートでトレードを管理するとしたら、何の意味があるだろうか？　あるいは、日足

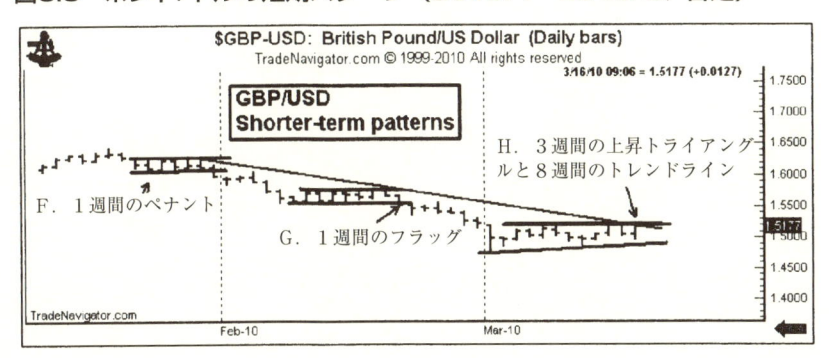

図5.5 ポンド/ドルの短期パターン（2010/1～2010/3、日足）

チャートのパターンで仕掛けておきながら、月足チャートでトレードを管理するのに何の意味があるだろうか？　私は時間枠を一貫させておくことがいかに大切か、自分の経験から分かっている。私がついそうしなかったときは普通、損をしている。

　私の理解では、エリオットの波動理論も大きさが異なるサイクルや波を確認しようとするために、時間枠の問題に敏感である。しかし、私はエリオットの波動理論についてこれ以上の知識はない。

　ファクター・トレーディング・プランはシグナルを探して、それに従ってトレーディングを行う。そのシグナルを紹介するための必要な前提として、時間枠についての考えを検討してきた。

　ファクター・トレーディング・プランの手法を最も簡潔に要約すると、非常に単純にまとめられる。

●はっきりと定義された週足チャートパターン（に加えて、日足チャートでも一致するか補助となるパターン）を確認して、『**マーケットのテクニカル百科　入門編・実践編**』（パンローリング）で定義された典型的なチャート原理のうちで、毎年のベスト10に入るような

トレード機会を探す。
- いったん使えそうな週足チャートパターンを確認したら、そのパターンの完成が間近に迫った段階で試し玉を建ててみる。
- 問題のパターンがブレイクアウトによって完成したら、そこでレバレッジを上げる(増し玉する)。
- 前に述べたように、週足チャートパターンから始まる重要なトレンドの範囲内で、より短い継続パターンを利用して、レバレッジを上げるか増し玉をする機会を少なくとも1回は探す。
- 監視している銘柄において、その年で最も良い2～3の日足チャートパターンを確認する。
- パターンの境界線がブレイクアウトによって突破されたときに、日足パターンで仕掛ける。
- さらに、過去のデータから短期(2～3日)の時間枠で成功する確率が高いと分かっているトレード機会を、非常に限られた数だけ探す。
- 各トレードで資産の0.8％しかリスクをとらずに、論理的な場所に損切りの逆指値注文を置く。
- すぐに利益を手にできるトレードでも、もっと大きな利益を得るためのあらゆる機会を残しておく。

単純そうではないだろうか？　もちろん、神は細部に宿る。私の5カ月間に及んだトレードを記録したこの本を読み進めると、あなたはおそらくこの神に出合うだろう。

4種類のトレード

ファクター・トレーディング・プランは長年の間に発展し、4種類に分類できる7つのトレードを確認して、トレーディングを行うよう

になった。

メジャーパターン

週足チャートで少なくとも10～12週間続くパターンで、対応する日足チャートでも同じか、わずかに異なるパターンが見られるもの。メジャーパターンには3種類のトレードが含まれる。

1. **試し玉**　パターンの最高値や最安値かその近くで、試しにポジションを取る。
2. **パターン完成によるポジション**　パターンの境界線をブレイクされたときに取る。
3. **増し玉**　最初のパターンよりもずっと短期の継続パターン（おそらく3～4週のフラッグかペナント）を使う。

マイナーパターン

マイナーパターンには2種類のトレードが含まれる。

1. **継続パターン**　少なくとも4～8週間続く日足チャートのパターン。
2. **反転パターン**　少なくとも8～10週間続く日足チャートのパターン。

マイナーパターンは週足チャートによる確認を必要としない。

直感トレード

直感に基づくトレードはメジャーパターンにもマイナーパターンにも当てはまらないが、その相場に非常に強い直感を感じるものだ。これらは普通、非常に短期のトレードだ。間違っていたら小さな損失で

すぐに手仕舞うし、正しければ1日か2日以内に利益を確定する。

トレーディングを長年続けるうちに、私はいつ相場が2～3日間、急上昇か急下落をしやすいかについて第六感が働くようになった。私はこの種のトレードをやりすぎないようにしている。私の全体的な相場分析があまりにも短期的にならないようにしたいからだ。

その他のトレード

その他のトレードは主に現在のトレンドの枠組みのなかで、短期的なモメンタムに基づいてなされるものだ。

前にも述べたように、チャートパターンはあとから見れば、いつもはっきりと分かる。しかし、リアルタイムでは私のトレーディング手法で選んだパターンを確認することも、それに従ってトレーディングを行うことも難しい。

あるパターンが失敗に終わって、もっと大きなパターンの一部になってしまうことは何度もある。また、パターンが完全に失敗して、反対方向にトレンドが向かうこともある。

さらに、パターンを正しく確認できても、最初のブレイクアウトが早すぎる場合もある。最後に、私の方針があまりにも短期的になっていて、シグナルと信じていたものを振り返って見ると、吟味に耐えない場合もある。チャートに基づくトレーディングとは不完全な科学である。

不完全な相場でトレーディングを行っているのに、完璧でいることは難しい。すべての解釈が正しく、すべての仕掛けも正しいということはあり得ない。その結果、多くのトレードはやる必要のないものになる。私がパターンをピタリと解釈できたときでも、うまくポジションを取るまでに試し玉をしてみる必要があるかもしれない。

表5.1は典型的な年において、ファクター・トレーディング・プランで理想とする構成だ。

表5.1　種類別およびシグナル別のトレード

トレードシグナル	年間目標（勝ちトレード数）	年間目標に達するための総トレード数
メジャーパターンでのブレイクアウト（週足）	10回	30パターンのそれぞれで平均1.5回仕掛け、そのうち10回で成功（45回のトレード）
メジャーパターンでの試し玉（日足）	10回	週足で試し玉の機会を提供する20パターンそれぞれで1.5回仕掛ける（30回のトレード）。メジャーパターンのすべてでこの機会があるわけではない
メジャーパターンでの増し玉（日足）	10回（うまくいっている各トレンドで1回の増し玉）	進展中の15のトレンドで2回の増し玉（損切りになるときも含めて30回のトレード）。すべてのメジャーシグナルで増し玉の機会があるわけではない
マイナーパターン（継続または反転）	20回（20銘柄をモニターし、明確なパターンで各1回成功）	ダマシか早すぎるシグナルのため、20銘柄で3パターンのトレードが必要（60回のトレード）
直感に基づくトレード	20回	20の勝ちトレードのため40回のトレード
その他のトレード	あとになって考えると、まったく無意味なトレード	30回のトレード（そのうち5回のトレードで運良く利益も）

　表5.1をまとめると、トレーディングの年間目標を達成するためには235トレードが必要だということになる。これは1カ月につき約20トレード、あるいは1銘柄につき年間8トレードに当たる。資金10万ドル当たりのトレードについて平均1枚の先物取引で、資金10万ドルについて合計235枚のトレーディングが毎年行われる（または100万ドルにつき2350枚）。

表5.1に示す235トレードに対して、典型的な年（それがどんなものであれ）に利益を生むのは75トレード（または32％）だろう。ただし、期間がもっと短くトレード数が少なければ、勝率は15～20％の可能性もある。

ボトムライントレードの定義

私はボトムライントレードと自分で呼んでいる考え方を用いる。私がこれまでに行った全トレードの損益計算書を積み重ねている、とちょっと想像してみよう。30年分を積み重ねると、相当の高さになるだろう（私の推測では１万～１万5000枚）。これら全期間で、トレーダーとしての私の純最終損益がいくらになるか、私は知っている。

さて、この損益計算書から最大利益をもたらした１枚、次に大きな利益をもたらした１枚という具合に、利益の大きかったものから順に１枚ずつ取り去っていくとしよう。取り去った各損益計算書の総額が私の純運用成績の総額と等しくなる場所を、私は純ボトムライントレードと呼ぶ。これまでの平均では、トレードの上位およそ10％で私の純最終損益と等しくなる。**表5.1**で示した年間トレードの枠組みでは、約20トレード（または１カ月当たり２トレード未満）が、どんな特定の年でも私の最終損益に等しくなるだろう。その他の１年につき215トレードの損益は相殺されてしまう。これらのトレードは行わなくてよいものになる。

トレーディングの月次、四半期、年次分析を行うときに、私が見る重要な測定基準のいくつかを次に示す。

- 各分類でのトレードの割合と各分類での損益レシオ
- 総トレードのうち利益が出ている割合
- 純ボトムライントレードの測定

●利益が出ているトレードでの平均利益と利益が出ていないトレードでの平均損失

　これで、ファクター・トレーディング・プランのカギとなる要素を説明した。だが実行されるまでは、プランはプランにすぎない。次に、戦術の実行にかかわる問題を見ていく。

仕掛け

　仕掛けは極めて重要な要素なので、第6章ではこの話題だけを扱う。ここでは、全体の流れを説明するために、仕掛けについて簡単に触れておく。実際の仕掛けの例は第6章で説明する。
　私はほとんどすべてのトレードを、逆指値注文を用いて仕掛ける。つまり、高値を買って安値を売る。もっと正確に言えば、私の定義を満たすチャートパターンをはっきり確認できたら、パターンが完成する方向にポジションを取る。言い換えると、ブレイクアウト方向に注文を入れる。
　私は、パターンがどう動くと思われるかについては経験に基づいて、長年の間にトレーディングのルールや指針をいくつか作り上げてきた。これらのルールは魔法の薬ではなく、私自身に規律を課すための「模範例」である。そうした規律がなければ、私はたぶん何をしでかすか分からなくなり、ワンパターンで感情的な策を用いることになるだろう。私にとって、相場は抵抗し難いものなのだ。自分のトレーディングをきちんと見張っていないと、私はすぐに木を見て森を見ずという状態に陥る。木を見て森を見ずという状態、つまり短期的なパターンに集中しすぎて、本当に大きなパターンが生じるまで待つ忍耐力がないのが、トレーダーである私にとっての唯一最大の欠点だ。

リスク管理

リスク管理とは、トレードをいったん仕掛けたあとにトレーディングを管理する方法である。トレードの管理にはいくつかの要素がある。

レバレッジ

レバレッジは10万ドルの資金ユニット当たり何枚を仕掛けるかに関係する。心に留めておいてほしいのだが、私は1トレード当たりのリスクを資産の0.8％に制限している。また、資産のわずか0.5％に制限することもよくある。レバレッジは仕掛けの価格と最初のストップの価格によって決まる。例えば、私がTボンドを仕掛けると、私の当初リスクは1ポイントを超える（121.00ドルで空売りを仕掛け、122.08ドルに最初のストップを置くとする）。これは先物1枚当たり、1250ドルのリスクを表す。私が10万ドルにつき1枚のトレーディングを行えば、リスクは資金の1.25％に等しくなり、私のリスク管理の指針を上回る。私の選択肢のひとつは20万ドルにつき1枚のトレーディングを行うこと（0.6％のリスク）で、もうひとつの選択肢は1枚につき約700ドルのところにストップを置いて、10万ドルの資金ユニットにつき1枚のトレーディングを行うことである。

　リスク管理は、特定のトレードでリスクをとろうと考えている資金の割合、レバレッジ（決めた資金ユニット当たりの取引枚数）を決める方法や、最初の損切り注文をどこに置くかによって変わってくる。これらを決めることで、特定のトレードでとる最大リスクが導かれる。

最初に置く損切りのストップ注文の位置

私の好みはストップをどこに置くかを決めるために、ラスト・デイ・

ルールを使うことである。ラスト・デイ・ルールの説明と例については第3章を読み返してほしい。私はラスト・デイ・ルールとは異なる位置に最初のストップを置く場合がある。これらについて詳しく説明することは、本書の範囲を超える。

ストップを動かしてトレードを手仕舞う

ポジションを取って最初にストップを置いたら、トレードを手仕舞うためにファクター・トレーディング・プランで用いるテクニックはいくつかある。

ほとんどすべての場合で、トレードを仕掛けたときのパターンが示す目標値に達したら、利食いする。またストップをポジションの順行とともに有利な方向に動かす方法は、再度の試しによる失敗パターンのルール、トレイリングストップのルール、調整パターンのルールを含めていくつかある。ストップを動かすこれらの説明や例は第3章を見てほしい。

注文の管理

リスク管理では、トレードやトレードの組み合わせによるリスクやレバレッジをどうするかを決定する。一方、注文の管理は実際のトレードの仕掛けや仕切りをどこに置くかなどについて扱う。

私の仕事は、実はトレーダーとは名ばかりで、注文を出す仕事以外の何物でもない。これ以上は単純化できないという水準で言えば、トレーディングとは基本的に注文を入れる過程である。相場の動きはコントロールできない。トレーディングで本当に難しいのは、管理できる要素を確認して、管理できるものを管理するための手段をトレーディングの過程に組み込むことだ。私が買おうと、売ろうと、ポジショ

ンを持っていようと、何もしないでおこうと、相場は動きたい方向に動くだけだ。結局、私が唯一コントロールできることは、私が入れる注文だけだ。

　この項目は、新しく仕掛けようと考えているポジションの注文管理と、現在持っているポジションの注文管理に分けて説明する。

新規注文

　私は毎週１回、普通は金曜日の午後遅くか土曜日の朝早くに、約30銘柄の週足チャートを再検討する。この再検討をすることによって、相場で新しい展開が起きているかや、新しいトレード機会が近づいているかについて良い考えが浮かぶ。

　私がトレーディングを行いたい週足チャート上のパターンは、生じるまでに非常に長い時間がかかる。実際、トレードができる重要な週足チャート上のパターンは１銘柄について、１年に２つか３つぐらいしかない。強いトレンドがある年でさえ、特定の銘柄のパターンを週足チャートで３つ以上見つけたら、チャートで必要でないものまで読んでいる可能性がある。

　土曜日の午後早くまでには、何らかの銘柄で翌週に新規トレードを行う機会が生まれそうか、かなりはっきりと分かる。普通、実際にパターンが完成するまでに、私は週足チャート上のパターンが完成に近づきつつあるのを何週間も、時には何カ月も見ている。これには問題がある。いったんパターンが生じているのを見ると、トレードを始めたくなるからだ。ここが忍耐のしどころだ。

　私は翌週にトレーディングの機会を与えてくれそうな週足チャートと、それに伴う日足チャートを印刷する。私はオンラインで利用できる多くの素晴らしいチャート用ソフト（ネットで利用できる３つの別々のプログラムを使用）に加えて、ポジションを今取っているかこ

れから取りたいと考えている銘柄のチャートも印刷して保存し続けている。こうする理由のひとつは、私が紙のチャートへの愛着を捨てられないからだ。更新されたチャートをネット上でスクロールするよりも、実際に手で毎日、価格を描くほうが相場とよくつながっていると思えるのだ。

次に私は日足チャートに注意を向ける。私はトレード機会があると思う全銘柄について、中心限月の日足チャートを見る。しかし、特に注意を払うのは、週足チャートを検討したときに確認した銘柄だ。

私は週足チャートに焦点を合わせる傾向があるが、日足チャートのほうが週足チャートよりも多くのトレーディングの機会を提供してくれる。

週の途中に、日足チャート上でトレーディングの機会が生まれたら、私はそのチャートを印刷する。日曜日の午後2時ごろに、前日に印刷したチャートを集める。そのときになって初めて、パターンのブレイクアウトが起きるという前提で、それぞれの銘柄で使う仕掛け戦略とリスク変数とレバレッジを決める。私はオンラインのトレーディング用プラットフォームを立ち上げて、仕掛けの注文を入れる。そして、注文のどれであれ、執行されたら自動的に通知されるようにアラートを設定する。

私は仕掛けでも仕切りでも、一般にキャンセルされるまで有効なGTC（グッド・ティル・キャンセル）注文を使う。いくつかの市場は夜間取引中でもストップ注文を執行されることがよくある。私は、貴金属ミニ、穀物、ソフト（砂糖、ココアなど）、ファイバー（綿花、木材など）、畜産のような銘柄については夜間取引中にGTC注文でストップを置かないように気をつけている（いずれにしろ、私はこれらの銘柄のトレーディングはめったに行わない）。私はこれらの銘柄では当日限りの注文を使う。そして、日中の取引時間が始まったら毎日、仕掛け注文を入れ直す。

日曜日の午後に市場が開くころには、私は新規にポジションを取るための注文をほぼすべて入れ終えている。私が日曜日の午後に入れない注文（例えば薄商いの電子市場でのストップ注文）は、月曜日の早朝に入れる。私は山岳部標準時の午前３時半（ニューヨークでは午前５時半）ごろまでには通常起きていて、アジア市場とヨーロッパ市場を確かめている。私はなかなか眠れない。
　トレーダーが何時に仕事をするかが重要なのではない。私がある方法で、ある時間にあることをするのは、それが私にとってうまくいくからだ。大切なのは、規律ある決まった手順を作っておく必要があるということだ。いつ行動するかは、行動そのものほど重要ではない。
　トレーディングに加えて、私は自家用機を操縦する。パイロットは飛行前から飛行後まで、飛行の各段階で決まったチェックリストを調べる。トレーダーにもこれと似た決まった手順が必要だ。
　一般的に、１週間で新規に仕掛ける機会はほんの二〜三度しかない。私が週の間（月曜〜金曜）に「発見した」トレード（すなわち、私が前週末に検討したときには現れると見ていなかったトレード）は、おそらく長期で見れば純損失になっている。これが厳しい真実だ。
　オンラインのトレーディング用プラットフォームはそれぞれ、できることが異なる。私は非常時に備えて注文を入れられるプラットフォームを使うのが好きだ。つまり、逆指値による仕掛け注文が約定したら、私が直接かかわらなくとも自動的に損切りのストップ注文を置けるという意味だ。非常時のための注文を置けないと、立ち会い時間中に相場に注意を払わなくてはならない。私は本書で、取引日には私と銘柄の間に距離が必要だと繰り返し強調することになるだろう。
　取引時間中に相場を追いかければ追いかけるほど、トレーディングプランを無視して、感情に突き動かされた決定をしがちになる。私は自分をよく知っている。日中の取引で感情的な反応をしてしまうと、いつでも私の純最終損益が不利になることが分かっている。自分の感

情をコントロールすることが、トレーダーとしての私が直面する最大の問題だ。そして、これはけっして終わりのない闘いである。

未決済のポジション

これは私のトレーディングの全分野で、最もイラ立ちとストレスをもたらすものだ。私の考えでは、予想どおりの方向にすぐに動くトレードをどう取り扱うかが、トレーディングで唯一最も難しい。私はこの難問でいつも眠れなくなる。私が直前に行ったトレードに基づいて、いつでも最もいじりたくなるのはこのことだ。

私にとって、仕掛けは簡単だし、絶対にうまくいかないトレードを少しの損失ですぐに損切るのも難しくない。増し玉も、目標値で利食いすることも簡単だ。だが、仕掛けポイントと目標値の間にあって、含み益のあるトレードの扱いは非常に難しい。

未決済トレードの管理を煎じつめると、最も基本的なレベルでは、利益を守ることと、完成したパターンが示唆するとおりにトレンドに沿って進む機会を与えることとのバランスをどう取るかという問題になる。

ポジションを手仕舞うために注文を入れる過程は、新規注文の流れと似ている。手持ちのポジションごとに、2つの注文を置く。目標値で利益を取るための指値注文と、自分に不利益な方向に動いた場合にトレードを手仕舞うためのストップ注文だ。これらの2つの注文は、OCO（ワン・キャンセル・アザー）注文という名前で一般に知られている。私は新規トレードを仕掛けた直後に、これらの仕切り注文を両方とも置く。

午後になると毎日、私がポジションを持っている銘柄の日足チャートを見直して、注文のどれかに修正すべきものがあるか判断する。ほとんどの修正は終値が決まる日中取引の終了時間と夜間取引が始まる

間に行う。そして、それが翌日のトレーディング日程の始まりとなる。

第6章では実際の事例研究を検討し、トレード管理で用いる戦術について多くの具体例を示す。

最良のトレーディング習慣

最良の習慣とは、長期にわたって常に従えば純最終損益にとってプラスになる習慣だ。逆に言えば、最良の習慣を実行しないと利益はおそらく減るだろう。最良の習慣のリストを作って見直し続ければ、トレーダーは正しい考え方をして、現実的でいられる。最良の習慣はトレーダーによって異なる。私の場合、注文管理に関しては次のとおりだ。

- 市場が閉じている土曜日にのみ、週足チャートの見直しをする。
- トレーディングを行おうと考えるすべての銘柄を確認する。先物市場の場合、中心限月の週足チャートに加えて、つなぎ足の週足チャートを使う。
- 毎日一度だけ、取引時間外に日足チャートを見る。
- どの日でも一度しか仕掛け注文を入れない。また、いったん場が開いたら、最初の注文をあとで考え直さない。
- 日中足チャートを使わない。取引時間中に相場を見ない。
- ほかのトレーダーやアナリストに注意を払わない。自分の手法に基づいてトレードを行う。

覚えておくべきポイント

- トレーダーには、何がシグナルになるかを分析するための組織的な方法が必要だ。適切な時間枠を決めることは、すべてのトレーダーが一貫して成功するために乗り越えなければならない高いハードルだ。
- どうやって仕掛け、どうリスクをとるかを含めて、トレーダーは総合的なトレーディングプランを決めるための枠組みを持つ必要がある。ほとんどのマネーマネジャーは各トレードで1％しかリスクをとらない。
- トレードの手仕舞い戦略も、トレーディングプランの一部でなければならない。
- トレーディングプランはリスク管理の問題を扱わなければならない。つまり、特定のトレーディングでリスクをとる資金の割合はどれぐらいかを決める必要がある。
- トレーディング、特に分析と注文における決まった手順を作って、それに従うべきだ。

第6章

ファクター・トレーディング・プランを使った3つの例の研究
Three Case Studies Using the Factor Trading Plan

　この章では、2009年にファクター・トレーディング・プランに基づいてトレーディングを行った実際の相場の事例を示しながら、前の章で紹介したルールや指針や原理について説明する。

　この章では以下のような疑問に答えるために、完成したパターンを使う。

- トレーディングシグナルはどのように見えるのか？
- トレーディングプランでシグナルはどのように点灯するのか？
- 最初にストップを置くとき、どのようにしてそれを決めるのか？
- どうやって取引枚数（トレードでのレバレッジ）を決めるのか？
- どういう指針に従って、含み益の出ているポジションに対してストップ注文を動かすのか？
- 増し玉をするためにどんな準備をするのか、そしてそれはどうすれば機能するのか？
- どのように利食いをするのか？

　この章の3つの事例では、特に忘れ難く、重要なチャートパターンから生まれたダウ先物の2つのトレードと、丸1年にわたる金のトレード、同じく丸1年にわたる砂糖のトレードを取り上げる。

これらを選んだのは、私が2009年に活発に取引した銘柄だったことに加え、さまざまなトレーディング状況が見られるからだ。金と砂糖は2009年の典型的な相場ではなかった。実際のところ、金はその年の最良のトレードのひとつだったし、砂糖はその年に最大の利益をもたらした銘柄だった。私はユーロ／ドルのような銘柄の事例を取り上げることもできたが、そうしないことにした。すべてを開示しておきたいので言っておくが、2009年にはまったく失望させられた銘柄もいくつかあった。

テクニカル面で注目に値するダウ先物のトレード

　ダウ平均では、将来の典型的なチャート原理の教科書で取り上げられるような空売りトレードができ、その後に買いトレードができた。空売りとは価格の下落に賭けるトレードだ。買いトレードとは価格の上昇に賭けるものだ。FXや商品先物では、トレーダーが売買する順序は重要ではない。最初に売って、安くなったときに買い戻して利益を取ろうと考える場合には、売りポジションを取る。買いポジションではその反対で、安いときに買って、高くなったら売ればよい。

売りトレード──2009年7月6日

　トレード候補の基準に当てはまるパターンをいったん確認したら、私はプラットフォームに仕掛け注文を入れる。**図6.1**は2009年9月限のミニダウ先物を示したものだ。7月2日に、私はヘッド・アンド・ショルダーズ（H&S）が完成しそうだと確認した。相場がネックラインと右ショルダーの安値を下に抜けたとき、すぐに私は空売りの注文を入れた。私の売りの逆指値注文は8182ドルだった。それは7月6日に約定した。

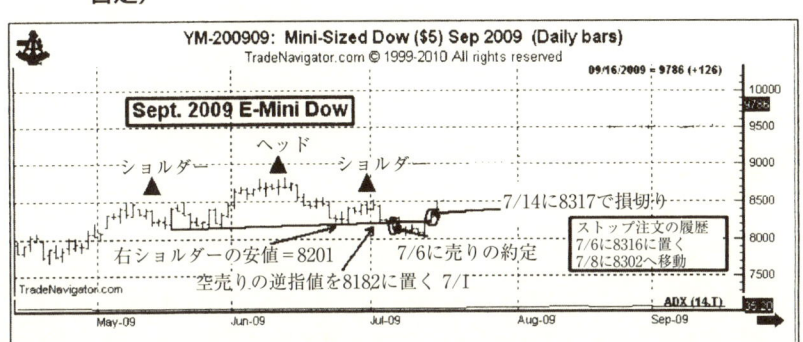

図6.1　ミニダウ先物のヘッド・アンド・ショルダーズ（2009年9月限、日足）

[図：Sept. 2009 E-Mini Dow のチャート。ショルダー、ヘッド、ショルダーのマーク。右ショルダーの安値＝8201、7/6に売りの約定、空売りの逆指値を8182に置く 7/1、7/14に8317で損切り。ストップ注文の履歴：7/6に8316に置く、7/8に8302へ移動]

　最初にストップを置くために用いる第一の方法はラスト・デイ・ルールだ。このルールは、ブレイクアウトの日は神聖だという仮定に基づいている。そして、下方へブレイクアウトした日の高値か上方へブレイクアウトした日の安値は、そのパターンでの取引レンジと新たに確認したトレンドの始まりとの境界だと考えている。私にとっては極めて一般的なルールになっているが、空売りでのリスクを、ブレイクアウトが起きた日の高値よりも少し上までとる（逆の買いの場合は、上方へブレイクアウトした日の安値よりも少し下までとる）。ブレイクアウトした日の日足が境界線よりもわずかしか上に出ていない場合、私はブレイクアウトした日の前日に戻ってラスト・デイ・ルールを決めるかもしれない。

　9月限のミニダウ先物が7月6日に下にブレイクアウトしたとき、ヘッド・アンド・ショルダーズのネックラインよりも上は30ポイントしかなかった。それで、私は前日の高値を使うことに決めて、8316ドルにストップを置いた。これは1枚につき670ドルの損失を出す可能性があることを表している。

　私は通常のリスク許容度である約0.6～0.8％に基づいて、10万ドル

の資金につきミニダウ９月限を１枚空売りしたのだ。

　私はエドワーズとマギーが『マーケットのテクニカル百科 入門編・実践編』（パンローリング）で詳しく述べた目標値の決め方を使っている。すなわち、パターンをブレイクアウトした相場では、そのパターン自体の高さと等しい距離まで動く。ヘッド・アンド・ショルダーズのヘッドの高値は8828ドルだった。右ショルダーの安値は8194ドルだった。8194ドルから634ポイント分を下に投影すると、目標値は7560ドルになる。売り注文が約定したとき、その売り注文を7560ドルで手仕舞うために、買い戻しの注文をすぐに置いた。

　私が売りを仕掛けたまさにその日は逆行して引けた。これはけっして良い兆候ではない。含み損で引けたトレードをすぐに手仕舞っていれば、私のこれまでの最終損益は大いに良くなるだろう。それでも翌日の７月７日には日中を通して下げ、ヘッド・アンド・ショルダーズのネックラインよりもはっきり下で引けた。このせいで、私は再び楽観的になった。さらに、ストップ注文を７月７日の高値のすぐ上の8302ドルまで動かすこともできた。ラスト・デイ・ルールの修正だ。しかし、私は７月14日に損切りに引っかかった。これによって、最初のヘッド・アンド・ショルダーズの解釈に疑いを持ち、買いポジションを取るきっかけとなった。

　私はヘッド・アンド・ショルダーズが疑わしいと知るべきだった。というのも、このパターンについてはCNBCでしばしば取り上げられていたからだ。テレビで取り上げられ、多くの人に知れ渡ったようなパターンは、たいてい予定どおりには動かない。

買いトレード──2009年７月15日

　私が商品先物やFXの市場で確かに取引可能だと分かったパターンは、ヘッド・アンド・ショルダーズの失敗パターンである。私はこれ

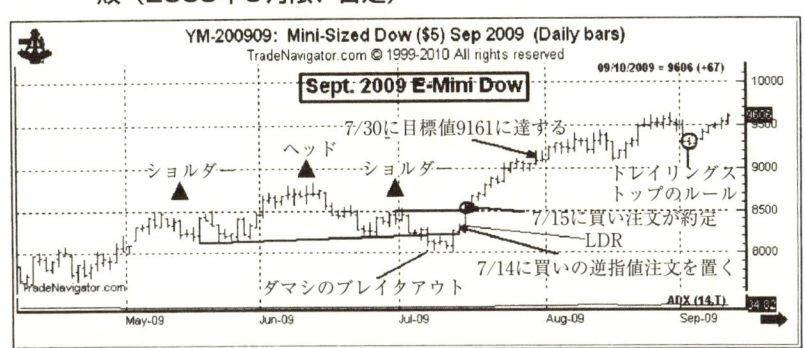

図6.2 ミニダウ先物での教科書的なヘッド・アンド・ショルダーズの失敗（2009年9月限、日足）

[図6.2: YM-200909: Mini-Sized Dow ($5) Sep 2009 (Daily bars) のチャート。ショルダー、ヘッド、ショルダーのマーク、7/30に目標値9161に達する、トレイリングストップのルール、7/15に買い注文が約定、LDR、7/14に買いの逆指値注文を置く、ダマシのブレイクアウトなどの注釈付き]

を、例外的なパターンと考える。ヘッド・アンド・ショルダーズの失敗パターンは、ヘッド・アンド・ショルダーズが認識できるところから始まる。ダウの場合のように、ヘッド・アンド・ショルダーズが完成したあとに最低限のフォローの動きを見せるか、右ショルダーができ始めてもネックラインをブレイクしない場合、相場が右ショルダーの高値よりも上まで上昇（または逆ヘッド・アンド・ショルダーズの右ショルダーの安値よりも下まで下落）した場合に、シグナルが出る。

　7月14日に私が空売りした9月限のミニダウ先物が損切りになったあと、すぐに私は右ショルダーの高値よりも上に買いの逆指値注文を入れた。**図6.2**で分かるように、それはまさにその次の日の7月15日に8568ドルで約定した。

　ラスト・デイ・ルールは7月14日の安値である8327ドルに基づいている。私は8319ドルにストップを置いた。8568ドルから8319ドルまでのリスクは先物1枚につき1245ドルに相当し、10万ドルの資金ユニットにつき約700ドルという私の望むリスクよりもはるかに大きかった。そこで、私は2つの選択肢のどちらかを選ぶ必要に迫られた。ラスト・デイ・ルールではなく金額によるストップを使うか、20万ドルにつき

１枚にレバレッジを制限するかだ。私は後者を選んだ。10万ドルにつき２分の１枚のポジションで、8319ドルまでリスクをとることによって、私のリスクは約0.6％（1245ドル÷２）になった。

ヘッド・アンド・ショルダーズの失敗パターンでの目標値は、ヘッド・アンド・ショルダーズの高さを右ショルダーの高値から上へ投影して決める。この場合、最初のヘッド・アンド・ショルダーズの高さ634ドルを７月１日の右ショルダーの高値8527ドルから上へ投影すると、9161ドルの目標値が得られた。この目標値には７月30日に達し、利益を確定した。このダウの買いトレードの場合、利益は１枚当たり3100ドルあまり、または10万ドルの資金ユニットにつき1550ドルだった。

見事な利益を生んでくれた相場では、またトレードを続けたいという強い誘惑に駆られるものだ。残りの利益を取り逃がさないために、すぐにまた仕掛けたいという抑え難い強欲の感情がわき起こる。この感情に直面したら、新しい機会は来週、来月、来年にもあると自分に言い聞かせなければならない。規律では、いったんトレードを手仕舞ったら、別の銘柄を探すことになっている。ところで、私は目標値で利食いするよりもトレイリングストップのルールを適用することもできただろう。そうしていたら、９月２日に執行されていただろう。

１年に及ぶ金のトレード

ファクター・トレーディング・プランでは2009年に金のトレードを７回も仕掛けた。これは別々の限月でトレードを行ったのだが、簡単にするために、つなぎ足の週足と日足チャートでトレーディングの履歴をたどることにしたい。**図6.3**は金のトレーディングを行った１年の全体像を示したものだ。

逆ヘッド・アンド・ショルダーズと2008年７月から続くトレンドラ

第6章 ファクター・トレーディング・プランを使った3つの例の研究

図6.3 2009年の金のトレード（つなぎ足による週足）

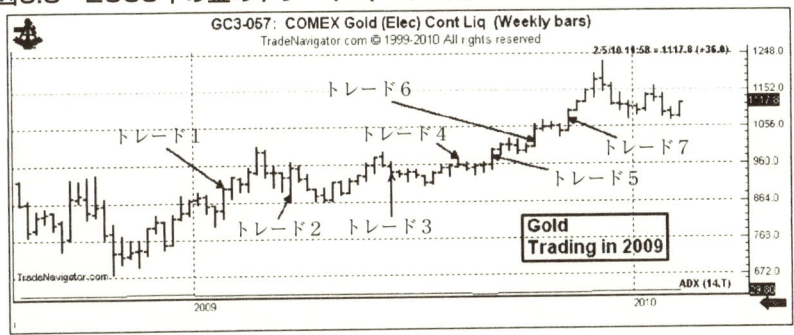

図6.4 金のトレード1――1月に逆ヘッド・アンド・ショルダーズの完成（つなぎ足による日足）

インが1月23日に上にブレイクされたので、私は金に買いを入れた。図6.4を見てもらいたい。私は10万ドルの資金につき884.2ドルで4月限のミニ金を1枚（合計33トロイオンス）買った。私は最初のストップをラスト・デイ・ルールのすぐ下の853.8ドルに置いた。このトレードのリスクは資産のおよそ1％だった。

私は、このトレードで間違いを犯した。私の解釈には大変な不備があった。ヘッドと両方のショルダーが、疑いもなく「大口投資家」がポジションを解消しているか積み上げているときに、ヘッド・アンド・ショルダーズは本物のパターンとなる。振り返ってみると、1月の右ショルダーはおそらく2008年9月の左ショルダーとは関係ないだろう。私はたぶん、金の買いポジションを取るための言い訳を探していた。ヘッド・アンド・ショルダーズがもっと大きな取引レンジの一部にすぎない場合は、常に疑いの目で見なければならない。私はチャートを解釈するときに、続けて同じパターンを見てしまう傾向がある。あるときチャートを調べると、ほとんどのチャートでヘッド・アンド・ショルダーズが見えてしまうのだ。そしてその次のときには、あらゆるところにウエッジが見えてしまう。さらにその次にはトライアングルが見え、またその次にはチャネルが見えてしまうというようなことが起こるのだ。

　私はトレイリングストップのルールを用いて、2月25日に958.2ドルでトレードを手仕舞った。図6.5と図6.6はこのルールの3段階の過程を示している。

政府報告書がもたらしたボラティリティですぐに損失を出す

　私は1年に何度か、何が起きているか分からないうちに相場から振るい落とされる。図6.7のアウト・オブ・ラインの動きが示すように、これもちょうどそうした事例だった。

　3月18日の寄り付き後まもなく、相場が政府発表に反応してヘッド・アンド・ショルダーズのネックラインを切ったとき、888.7ドルで空売りの逆指値が執行された。

　約定時のラスト・デイ・ルールは916.3ドルだった、しかし、私は10万ドルにつきミニ先物2枚までレバレッジを上げるために、900.7

図6.5　金のトレード１──金でのトレイリングストップのルール（2009年4月限、日足）

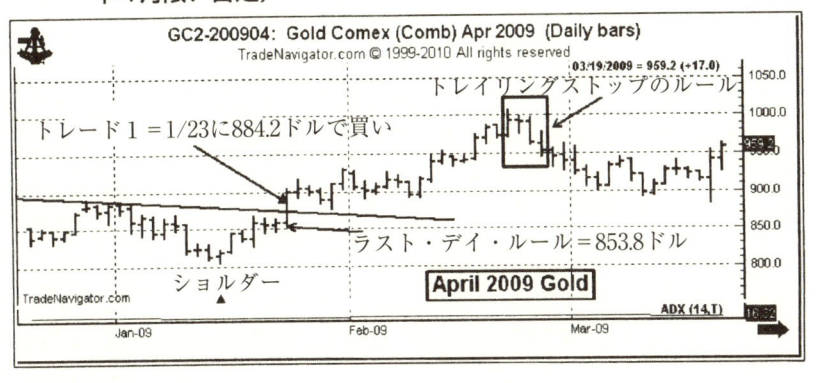

図6.6　金のトレード１──トレイリングストップのルール（2009年4月限、日足）

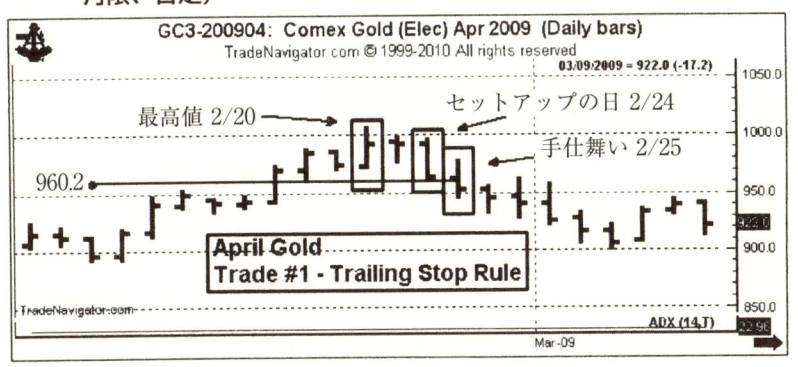

ドルの金額によるストップを置いていた。私がこのトレードでとっていたリスクは約0.8％だった。私は文字どおり数分で損切りのストップに引っかかった。ピットでトレーディングをしていた「古き良き時代」のころは、仕掛けた注文が約定する前に損切りのストップ注文を取り消したことがときどきあったものだ。これはまさに踏んだり蹴ったりだった！

図6.7 トレード2──金のアウト・オブ・ラインの動き(2009年4月限、日足)

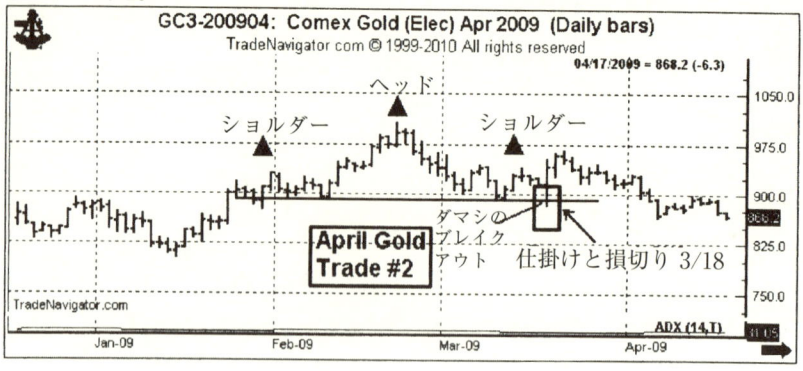

小さなパターンでの空売り

　私はヘッド・アンド・ショルダーズのパターンに取り付かれていたので、6月12日に8月限のミニ金を1枚、942.4ドルで空売りした（**図6.8**を参照）。これは私がトレーディングを行うにはあまりにも小さなパターンで、私の基本的な指針にも反していた。
　これは良いトレードではないと分かったので、私は6月24日にストップ注文を動かして、非常に小さな利益でトレードを手仕舞った。私は日足チャートで反転パターンと認めるためにある一定の期間が必要であるというルールを持っているが、それを破ったことを考えると、幸運だったと思う。

ヘッド・アンド・ショルダーズのもうひとつの失敗パターン

　ヘッド・アンド・ショルダーズの話題を続けると、私は8月4日にミニ金の買いポジションを取った。これは**図6.9**に示すように、ネックラインが少し右肩上がりになっている7週間に及ぶ逆ヘッド・アン

図6.8 トレード3——金の小さなヘッド・アンド・ショルダーズ（2009年8月限、日足）

ド・ショルダーズの完成に基づいた仕掛けだった。8月6日に、このパターンは強い再度の試しを日中に受けた。私は再度の試しのルールに基づいて、8月6日の安値のすぐ下にストップを動かした。このストップは8月7日に執行され、0.6％の損失が出た。

これらの事例を研究することによって、私がはっきりと送りたいメッセージ——仕掛けのシグナルは私の成功にとってあまり重要ではない——が伝わったと思う。私がトレーディングを行うところ——実は、私が仕掛けのシグナルと呼ぶもの——は資金管理とリスク管理にとってあまり重要ではないのだ。どういうトレードのチャンスを見つけるということがあまりにも過大評価されていると私は思っている。

大きな動きを見つける

金について何か大きなことが起きそうだということが、8月の初めには明らかになりつつあった。図6.10に示すように、週足チャートは大きな逆ヘッド・アンド・ショルダーズの継続パターンを示していた。この珍しいパターンはエドワーズとマギーが『マーケットのテク

155

図6.9 トレード4――もうひとつの金の失敗したヘッド・アンド・ショルダーズ(2009年10月限、日足)

ニカル百科 入門編・実践編』(パンローリング)で簡単に説明している。また、それ以前にシャバッカーが『テクニカル・アナリシス・アンド・ストック・マーケット・プロフィット(Technical Analysis and Stock Market Profits)』で取り上げている。

　さらに、ヘッド・アンド・ショルダーズの右ショルダーは、6カ月間に及ぶ対称トライアングルを形成していた。トライアングルには重要な接点が6つ(**図6.11**の点Aから点F)あった。こんなに素晴らしいトレード機会が現れたのを見て、私はとても興奮した。

　9月2日の上昇はトライアングルの上辺を突き抜けた。これは、トライアングルパターンの直近の高値とされる点Eを上抜いたことを意味する。私は12月限の金を978ドルで買った。目標値の1094ドルはBからCまでの距離を、Eから上方に延長して決めたものだ。AからBまでの距離で計算しても問題なかっただろう。私は11月4日に目標値で利食ったが、トレイリングストップにしていたら12月7日までトレードを続けられていただろう。その場合、私はさらに45ドル儲けていただろう。「そうできたのに」「そうなっただろう」「そうすべきだったのに」という状況は常にある!

図6.10　トレード5とトレード6──金のヘッド・アンド・ショルダーズ（つなぎ足による週足）

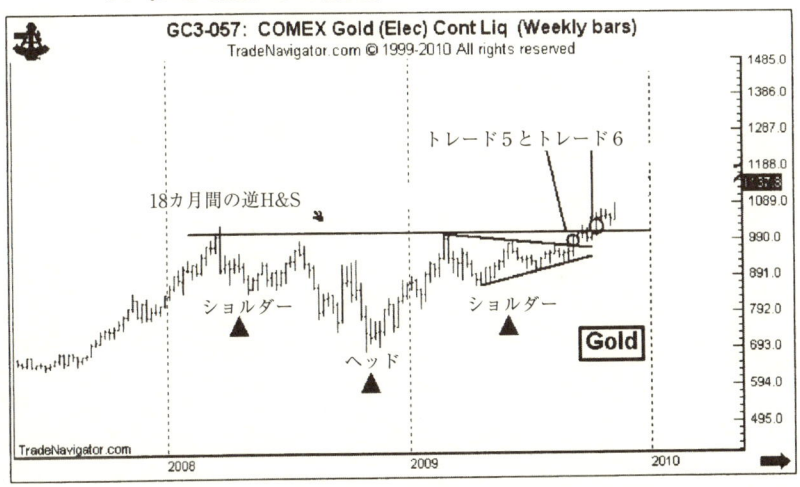

図6.11　トレード5とトレード6──金での右ショルダーの役目をしている大きな対称トライアングル（2009年12月限、日足）

ブレイクアウトした9月2日の安値と、E点を上抜いた9月3日の安値が共に試されることがなかった点に注意しておくことは重要だ。こういうことは相当に大きくて有効なブレイクアウトではよくあることだからだ。ブレイクアウトの直後に相場は1カ月間、横ばい状態だ

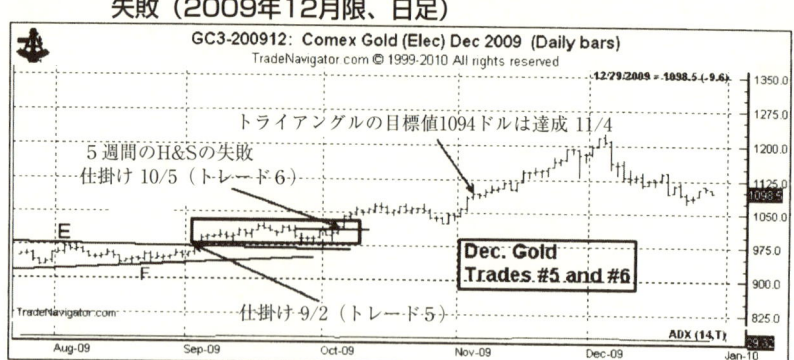

図6.12 トレード6——金での小さなヘッド・アンド・ショルダーズの失敗（2009年12月限、日足）

った。この過程で相場は小さなヘッド・アンド・ショルダーズを形成しているように見えた。私は買いポジションのストップ注文を、この小さなパターンのネックラインの下まで上げた（**図6.12を参照**）。相場は10月5日にこの小さなパターンの右ショルダーの高値を抜き、1014ドルで増し玉のシグナルを出した。このときの目標値は1050ドルで、10月8日に早くもそこに達した。私はこの目標値で利食いしないことに決めた。また、ラスト・デイ・ルールである10月5日の安値がけっして試されなかった点にも注意しておいてほしい。

意表を突いた金相場

　困難さも問題もなく、仕掛けから目標値へ進むトレードはめったにない。普通は計画どおりには行かないものだ！　10月5日のブレイクアウトで5週間に及ぶヘッド・アンド・ショルダーズが失敗パターンになり、増し玉を建てたときも、そういう状況だった（トレード6）。私はこのトレードでは1050ドルで利食いしないことにした。すると10月26日の下落によって、小さなダブルトップが完成した。これは栄光

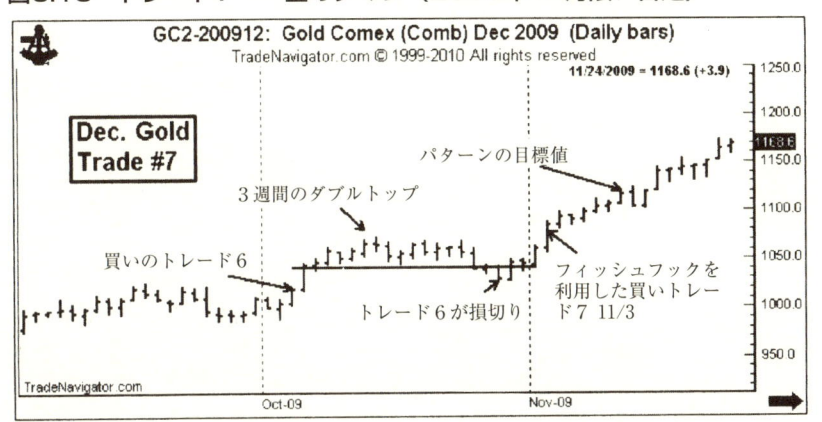

図6.13 トレード7──金のダマシ（2009年12月限、日足）

に至る上昇に疑問を投げかけた。この10月26日の下落は私のトレイリングストップのルールにおけるセットアップの日だった。10月27日はこのルールでのトリガーの日になる。だが、私がストップ注文をそこに置いたのは翌日になってからだった。**図6.13**で分かるように、その日に私は上昇相場での押し目の安値近くで手仕舞いさせられた。

この状況は、トレーダーが直面する最も難しい問題のひとつを含んでいる。はるかに大きな目標値を達成する前に、うまくいっているトレードがストップに引っかかってしまった場合にどうすべきか、という問題だ。残念ながら、この難問に対する簡単な答えはない。だが、教訓とすべきものはいくつかある。

3週間に及ぶダブルトップが完成して数日以内に、相場はメジャートレンドの方向に戻った。これによって、この小さなトップが本当はベアトラップ（弱気の落とし穴）だという可能性が出てきた。さらに、フィッシュフックを利用した買いシグナルが点灯している可能性も出てきた。これはマギーとエドワーズが述べたパターンではなく、私がチャートパターンに基づいて長年、トレーディングを行うなかで観察して得たものだ。あるパターンが完成してすぐにそのパターンが失敗

159

に終わり、トレンドが以前の方向に戻ったとき、フィッシュフックのシグナルが現れる。フィッシュフックを利用した買いシグナルの背後で働いている力学は、確信のない買い方は振るい落とされるということだ。

振るい落とされた買い方のほとんどはトレンドを追おうとする。フィッシュフックによる買いシグナルが初めて本当に点灯しそうになったのは11月2日だった。その日は安値も3週間に及ぶダブルトップの境界線を上回っていて、最後はその日の高値近くで引けた。私はそこで買い戻すこともできた。だが、私は11月3日に新高値を付けるまで、かたくなに待った。

ほとんどのフィッシュフックのシグナルでは、スイングを用いて目標値を決めることができる（**図6.14**を参照）。

10月2日の安値から10月14日の高値までの上昇は約85ドルだった。この額を10月29日の安値1027ドルから上に投影すると、目標値1112ドルが得られる。11月12日にはその目標値に達した。

2009年の金のトレーディングから得られた教訓

私は相場で引きずり回されるのが嫌いだ。レンジのトップで買ってボトムで売るのはいやだ。ダマシのブレイクアウトは大嫌いだ。

相場の方向は正しく判断しているのに、途中に現れる突然の逆行のせいで損するのを恐れる。買っても相場が弱くて損切りをさせられ、相場が強くなったところで再び買いを入れたら、また弱くなって損切りをさせられたり、こうしたことはよく起こる。金の20ドルのトレーディングレンジで、50ドルの損を出したのに、あとから見ればトレンドの方向は正しかったということがあり得る。

ちゃぶついた相場では本当に損をする。ちゃぶついた相場は感情面でも自信に対しても非常に悪い影響を及ぼすことがある。私は大きな

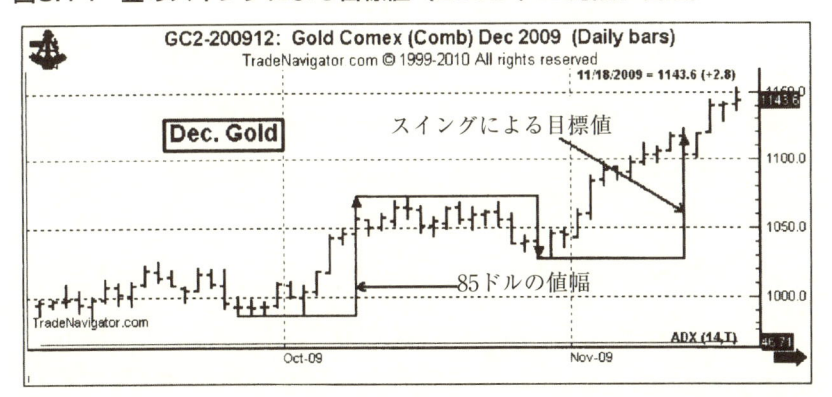

図6.14 金のスイングによる目標値（2009年12月限、日足）

動きが現れる前のちゃぶつきの時期に弱気だったために、大きな動きを逃したことが実に数え切れないほどある。

ストップによって早く振るい落とされたあとの最も大きな誘惑は、しっかりしたシグナルをもう一度受け取る前に、すぐに相場に戻りたいと思うことだ。こういうことを何度も繰り返すと、規律と忍耐がなくなってしまう。金のトレード7で、私は運が良かった。このトレードで往復びんたを食らっていたら、私の頭は誤った方向にねじ曲げられていただろう。

第二の教訓は、小さなダブルトップのような小さい反転パターンは、しっかりしたパターン（金の場合はトライアングル）から強く進み始めたトレンドに対して深刻な脅威にはなりにくいということだ。特に、パターンが暗示する目標値までの距離がまだ相当ある場合にはなおさらだ。

表6.1は2009年の金のトレーディングでのシグナルをまとめたものである。

この原稿を書いている2010年1月現在では、18カ月間に及ぶ週足チャートでの逆ヘッド・アンド・ショルダーズのパターンから得られた

表6.1　2009年の金のトレーディングにおけるシグナル

シグナル番号	パターン	買いか売りか（限月）	仕掛け日と価格	仕切り日と価格	値幅
1	6カ月間の逆H&S	買い（4月限）	1/23に884.2ドル	2/25に958.2ドル	+74ドル
2	6週間のH&S	売り（4月限）	3/18に888.7ドル	3/18に916.4ドル	−28ドル
3	4週間のH&S	売り（8月限）	6/12に942.4ドル	6/24に938.7ドル	+4ドル
4	7週間の逆H&S	買い（12月限）	8/4に967.2ドル	8/7に955.4ドル	−12ドル
5	6カ月間の対称トライアングル	買い（12月限）	9/2に978ドル	11/4に1094ドル	+116ドル
6	5週間のH&Sの失敗	買い（12月限）	10/5に1014.4ドル	10/28に1028.6ドル	+13ドル
7	6カ月間の対称トライアングル、3週間のダブルトップの失敗、新高値	買い（12月限）	11/3に1076.2ドル	11/12に1112ドル	+35ドル
合計					+202ドル

目標値の1320ドルには達していない。このため、私は金の先行きに対して強気に傾いている。

　私は決定的なブレイクアウトを待たずに、幅広いレンジ内でトレーディングを行って多くの資金を無駄にした。これが2009年の金で行った最初の4つのトレードの状況だった。トレード5とトレード6になって初めて、相場はメジャーパターンから本当にブレイクアウトした。最もきれいな例に値するのは、実はトレード5だけだった。

手仕舞い

いったん仕掛けたら、それを手仕舞うための一般的な6つの条件がある。損失が出たトレードの場合の2つの条件と、利益が出たトレードの場合の4つの条件だ。

損失が出ている場合

1. **トレードを仕掛けるために使ったパターンのブレイクアウトがダマシに終わるか、早すぎるブレイクアウトの場合** 相場は反転して、ラスト・デイ・ルールによるストップに引っかかる。リスク管理で、ラスト・デイ・ルールの代わりに金額によるストップを置いた場合はそれに引っかかる。例については**図6.7**を参照。
2. **ブレイクアウト後すぐに、仕掛けた方向に相場が動かない場合** おそらく1週間かそこらにつき数日以内に、パターンは強い再度の試しに遭い、仕掛けで用いた境界線を一時的に抜ける。強い再度の試しが起きたら、私はその日に合わせてストップを調節するかもしれない。例については**図6.8**を参照。

利益が出ている場合

1. **目標値に達した場合** 私は普通、最初に仕掛けたために用いたパターンが示す目標値で利食いする。例については**図6.11**と**図6.14**を参照。
2. **うまくいっているトレードでトレンドの途上で小さなパターンができる場合** これらの継続パターンの性質と期間次第では、増し玉さえも行うかもしれない。また、私はラスト・デイ・ルールを用いて、最初に仕掛けたときに置いたストップをトレンド方向に動かす。
3. **目標値に達する前に逆行を暗示するパターンが現れる場合** 調整

パターンによっては、トレンドが反転する可能性を示す。私はこの調整パターンに合わせて、ストップを動かそうと決めることがある。例については図6.13を参照。
4．トレンドの途上でトレイリングストップのルールを用いる場合
例については図6.5を参照。

１年に及ぶ砂糖のトレーディング

　砂糖は2009年に私が最も集中した銘柄だった。2009年の砂糖に関する私の見解に接すれば、チャーチストである私は客観的に相場を観察していないという事実が明らかになるだろう。私は先入観に基づいたチャート分析を行うことがよくある。

　また、砂糖は2009年の私のトレードで、最も利益が出た銘柄でもあった。すべてを開示するために強調しておきたいのだが、2009年の砂糖のトレーディングは、ほとんどの年の多くの銘柄についての私の経験から見ても典型的なトレードではない。これが典型的なトレードだったらよいのに、と思うだけだ。実際、2009年の純利益のほぼ40％は砂糖によるものだった。

　それでも、その年の最初の４カ月間、私の強気傾向は完全に裏切られた。私がトレードを仕掛けるたびに損をしたからだ。相場が動きそうだと私が身構えているからといって、相場にそういう用意がそのときにあるわけでも、今後あるわけでもない。私が強気であろうと弱気であろうと、相場はそんなことは一切気にかけない。実際、私が強気として買いポジションを取れば、あとは売るしかないので、私が唯一影響力を発揮できるのは弱気としての立場でしかない。

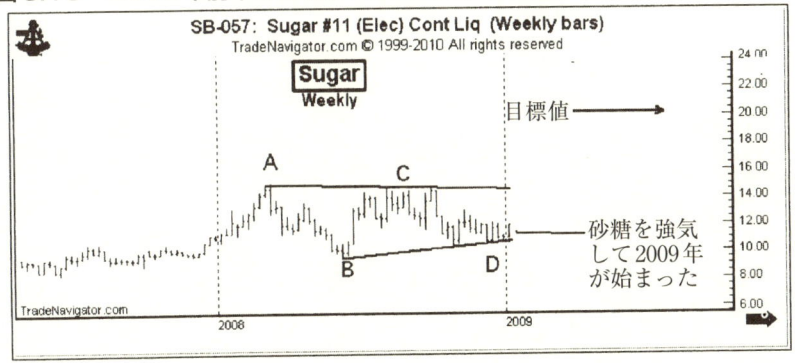

図6.15 2009年前半の砂糖（つなぎ足による週足）

図6.16 2009年の砂糖の11回のトレード（つなぎ足による日足）

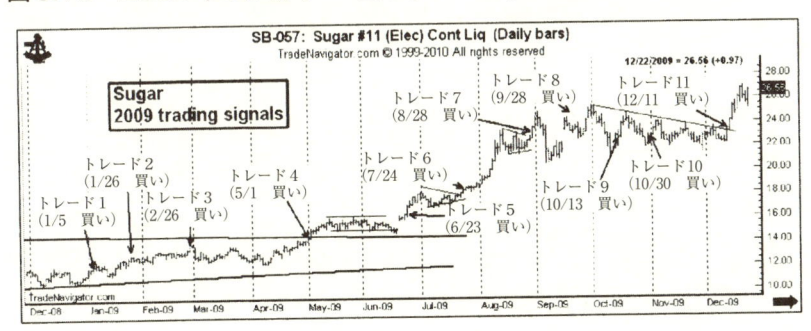

強気で1年が始まる

　私は2009年の大発会から砂糖に強気だった。**図6.15**は私が当時見ていた週足チャートで、9カ月間に及ぶ対称トライアングルになりそうなことを示していた。2009年、始まったばかりのこの相場はこのト

図6.17　トレード１～３──砂糖の失敗トレード(2009年５月限、日足)

ライアングルの下の境界線にあった。それで、私はまず試し買いをしたいという気になった。

　私はその過程でどれほど失望させられるか、まだまったく分かっていなかった。**図6.16**は2009年にファクター・トレーディング・プランで出た11個のシグナルをすべて載せたつなぎ足の日足チャートである。砂糖について強い思い込みがあったので、私は多くのトレードをした。強い思い込みのためにトレードをしすぎることは以前にもあったし、今後もあるに違いない。

その年は３回連続の負けトレードで始まった

　図6.17は砂糖の2009年の最初の３回のトレードを示している。私は大いに強気だったし、相場も上昇していた。それにもかかわらず、３回のトレードはすべて負けトレードになった。上昇相場の買い方側でトレーディングを行って損をすると、トレーダーは忍耐力や分別を

試される。

　1月5日の上昇によって、2カ月間に及ぶ対称トライアングルが完成した。私は丸1日の値動きがすべてパターン内に入っている直近の日である12月30日を使って、ラスト・デイ・ルールを決めることにした。私は67ティックの損失で、1月14日に決済させられた。

新高値での買い

　私は固い決意で上昇相場に乗ることを目指して、新高値で買い続けた。通常、これは私のスタイルではない。私は見覚えのあるパターンを待つほうが好きだ。私は1月26日に買いポジションを取り（トレード2）、2月26日にさらに新高値を付けたときに増し玉をした（トレード3）。3月2日の急落でこれら両方のトレードともストップ注文に引っかかり、合計で94ティックの損失となった。1月23日のラスト・デイ・ルールに従って置いていたトレード2のストップは、再度の試しのルールに従って2月19日の安値の下に動かしていた。

しっかりしたパターンを待つ

　新高値で買ってやけどをしたあと、私ははっきりしたパターンを待つことにした。そして、4月後半に確実なものを見つけた。
　何十年間も、私は10数人のチャーチスト仲間同士で電子メールをやりとりしている。私たちはアイデアやチャート分析を共有している。次のメールは、私が4月30日に彼らに送った電子メールだ。

2009年4月30日
おいしいトレーディングの機会

長期のチャートを見ると、砂糖が2009年で最大のトレード機会になり得ることを示している。注目に値するテクニカル分析による観察がいくつかある。

　週足チャートは2008年３月から続く、まったく教科書的な対称トライアングルを示している。この14カ月のトライアングルは、期近の７月限で14.72セントを上回る値動きがあれば完成する。

　この週足チャートでのパターンの底辺は、1981年までさかのぼった歴史的な視点で見るべきだ。2006年の高値である19.75セントをはっきり終値で上回れば、ポイント・アンド・フィギュアの目標値は60セント台になるだろう。

　７月限は今日、９週間に及ぶボックスの上側アイスラインを抜けた。こういう比較的小さなパターンの完成から、大きな値動きが始まることはよくある。さまざまなトレード機会をひとつの合成パターンで表すためには、日足チャートを週足チャートや月足チャート、そして四半期チャートとさえ組み合わせる必要がある。

翌2009年５月１日の電子メール改訂版

　期先の2010年３月限は今日、６カ月間に及ぶウエッジの上限を抜けて、大きく上昇した。このパターンは砂糖の強気の値動きを加速させる役目を果たしそうだ。このチャートパターンは比較的大きなポジションを取っても、リスクが非常に低いことを示している。

　それから２日の間に砂糖先物はすべて、決定的なブレイクアウトを見せた（７月限、10月限、３月限、およびつなぎ足のチャート）。つなぎ足の日足と個々の限月の日足では、パターンがわずかに異なっている。７月限では２カ月間に及ぶボックスが完成している。一方で

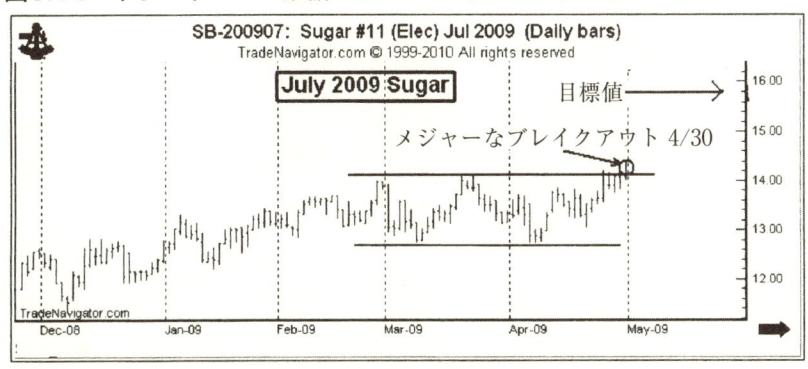

図6.18 トレード4——砂糖のボックス（2009年7月限、日足）

図6.19 トレード4——砂糖のウエッジ（2009年10月限、日足）

10月限では、6カ月間に及ぶウエッジが完成している（**図6.18**と**図6.19**を参照）。砂糖10月限は6月24日に、最初の最も保守的な目標値を達した。

図6.20は週足チャートでトライアングルを示している。週足チャートと日足チャートで同じころにメジャーパターンが完成するのは、

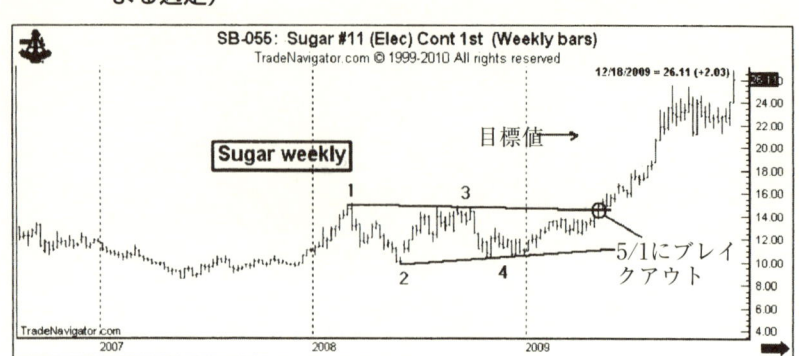

図6.20 対称トライアングルから砂糖の強気の動きが開始（つなぎ足による週足）

いつでも良い兆候だ。

　砂糖は素早く動き出した。重要なことだが、砂糖は強気トレンドの初期だったので、リスクは小さかった。ラスト・デイ・ルールから導き出したリスクは7月限では31ポイントで、10月限では38ポイントだった。このため、私は普通よりも大きなレバレッジを取ることができた。週足チャートを見て、私はさらに勇気が出た。多少の疑いがあるとしても、5月1日の大きなレンジの上への突き抜けは金曜日で、週末ルールに当てはまっていたからだ。金曜日に週足でのパターンを完成させた相場が失敗になることはめったにないのだ。

相場が一息つく

　図6.21に示されるように、相場は5月に最初の急上昇を見せたあと、およそ5週間にわたって横ばいだった。それから6月23日に、10月限が5週間に及ぶ「フィッシュフック」による買いシグナルを点灯した（トレード5）。これによって、私は再びラスト・デイ・ルールによる比較的小さなリスクで増し玉ができた。相場は7月30日に目標

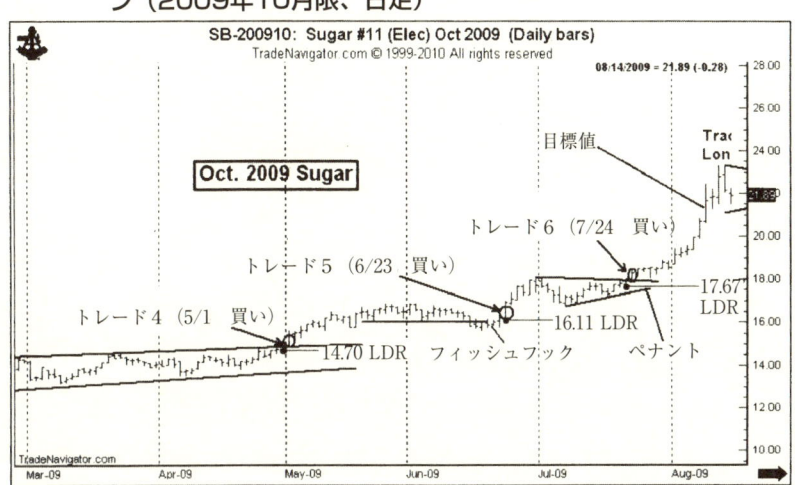

図6.21　トレード5とトレード6――強気のなかでの2つの継続パターン（2009年10月限、日足）

値に達した。

　トレード6は典型的なペナントになった。7月24日に相場は強気トレンドで新高値を付け、3週間のペナントを上に抜け、再びレバレッジを増やす機会となった。今回も、ラスト・デイ・ルールは一度も試されなかった。私は大きな動きをとらえたようだった。

　週足チャートでの目標値21.22セントには10月限が8月10日に達した。私はポジションを手仕舞った。私はあるときには日足チャートの目標値を使い、あるときには週足チャートの目標値を使い、さらに別のときにはスイングによる目標値やトレイリングストップのルールを使う。なぜそうするのかについて、私はうまく説明できない。これを決めるための公式というものはない。決定をしてその水準に達したら、結果を甘んじて受け入れるしかない。

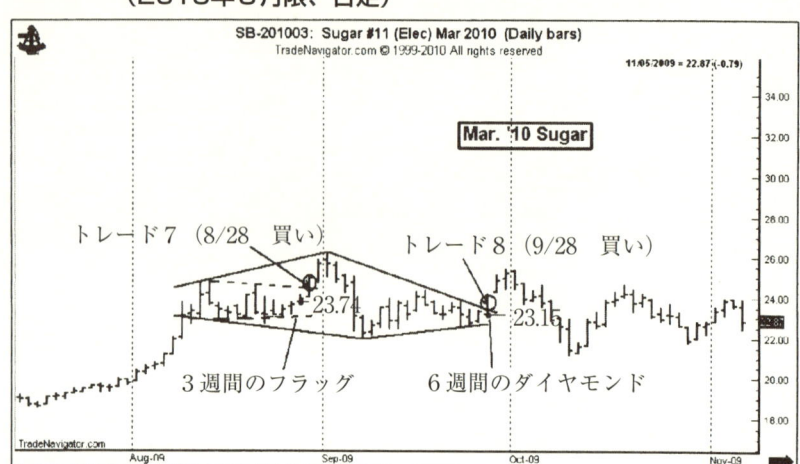

図6.22　トレード6とトレード7――砂糖相場での大きな揉み合い
　　　　（2010年3月限、日足）

[チャート図：Mar. '10 Sugar、トレード7（8/28　買い）23.74、トレード8（9/28　買い）23.16、3週間のフラッグ、6週間のダイヤモンド]

ちゃぶついた時期に仕掛ける

　8月中旬までには、私は5月1日から積み上げてきたポジションをすべて手仕舞った。私は相場に戻る言い訳を探していた。砂糖が私を置き去りにして60セントに向かって上昇するのではないか、と心配するようになっていた。相場は私を長く待たせなかった。
　それでもトレーディングの巡り合わせで、欲求不満が4カ月続く状況になった。**図6.22**で分かるように、動きの良かった相場がちゃぶついてきて、ダマシのシグナルが出る時期に入ることは珍しくない。
　8月28日に3週間に及ぶフラッグが完成し、トレード7を仕掛けた（破線の境界線を参照）。当時の私の考えでは、そのフラッグは半旗のパターンで、相場は一直線に30セントに向かっていると思われた。価格は2日間、急上昇したあとで反落し、ラスト・デイ・ルールによるストップに9月4日に引っかかった。私は再び砂糖の相場から引き

離され、まるで親友が死んだように感じた。

9月28日に、6週間のダイヤモンドと私が解釈した継続パターンが完成した。私は再び買いポジションを取った（トレード8）。だが、10月7日にラスト・デイ・ルールによるストップに引っかかった。私はまた元気をなくした。

砂糖の買いポジションに集中

この時点で、私は砂糖の買いポジションを持つことに取り付かれていた。相場に注目しすぎると、ほとんどの場合、愚かなトレードをしてしまう。愚かなトレードは損失を生む。図6.23に示すように、トレード9とトレード10はチャートパターンの完成を待たないで仕掛けたものだ。これらのトレードを行ったのは、値動きを逃すのではないかという恐れからだった。恐れと強欲という2つの感情はトレーダーに損失をもたらすものである。

両トレードを仕掛けたのは砂糖が上昇していた10月13日と10月30日だった。レンジ相場内で上昇したら買ったり、下落したら売ったりするのはあまり良い考えではない。トレード9は11月27日にラスト・デイ・ルールによるストップに引っかかった。トレード10はそれ以前の11月10日に、ラスト・デイ・ルールによるストップに引っかかっていた。私はこれらのトレードをするための理由をでっち上げただけでなく、トレード9で明らかなように資金管理でも規律を守らなかった。

上昇相場で1年を終える

砂糖の相場は12月11日に元のトレンドに戻り、その年を上昇で終えた。11日の上昇は15週間に及ぶチャネルの上側の境界線を上に抜け、4週間に及ぶ逆ヘッド・アンド・ショルダーズが完成した。そこ

図6.23　トレード9とトレード10──明確なパターンなしに行った砂糖のトレード（2010年3月限、日足）

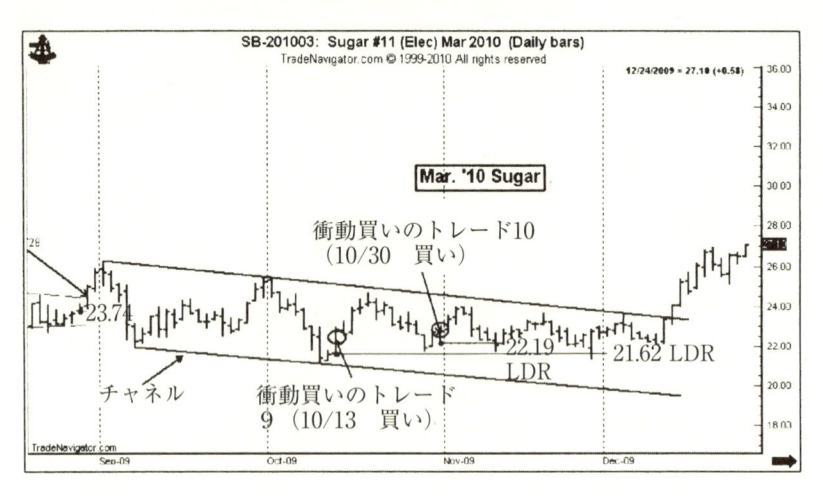

図6.24　トレード11──砂糖の重要な買いシグナル（2010年3月限、日足）

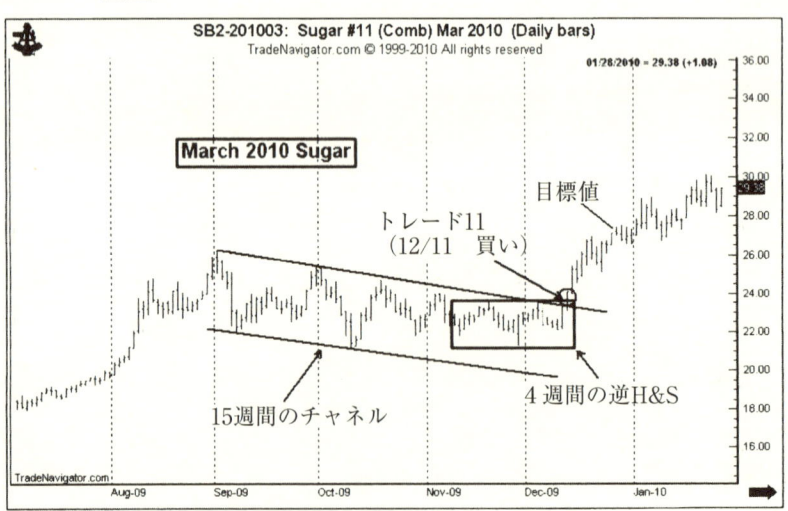

表6.2　2009年の砂糖のシグナルとトレード

シグナル番号（買・売）	パターン	仕掛け日	仕切り日	値幅
1（5月限、買）	2カ月間のトライアングル	1/5	1/14	−0.67セント
2（5月限、買）	新高値	1/26	3/2	−0.59セント
3（5月限、買）	新高値	2/26	3/2	−0.35セント
4（10月限、買）	7カ月の継続ウエッジ	5/1	6/24	+2.22セント
5（10月限、買）	5週間のフィッシュフック	6/23	7/30	+2.06セント
6（10月限、買）	3週間のペナント	7/24	8/10	+3.09セント
7（3月限、買）	3週間のフラッグ	8/28	9/4	−0.98セント
8（3月限、買）	6週間の継続ダイヤモンド	9/28	10/7	−0.92セント
9（3月限、買）	モメンタム	10/13	11/27	−0.76セント
10（3月限、買）	モメンタム	10/30	11/10	−0.59セント
11（3月限、買）	15週間のチャネル	12/11	12/28	+3.65セント

11回のトレードのうち負け7回、勝ち4回

で、トレード11を仕掛けた（**図6.24**を参照）。

本書ですでに指摘したように、小さなパターンができると同時に、大きなパターンができることがよくある。今度もブレイクアウトは金曜日だった。これは重要な事実だ。目標値には12月28日に達した。もっとも、トレイリングストップのルールにした場合には1月11日まで引っかからなかった。

表6.2は2009年の砂糖の相場でのシグナルをまとめたものだ。

2009年の砂糖のトレードから得られる教訓

残念ながら、私には来る年も来る年も学び直さないとならない同じ教訓がいくつかある。2009年の砂糖で思い出したのは、相場の動きは私が時に持つ強固な意見よりも大きく遅れがちだということだった。

トレンドが生まれる前に、何か大きな形がチャート上に出来上がるのが分かることも多い。だが、相場は私の考えにすぐに報いる義務などない。私には週足チャートで持つようになった考えに合わせて、日足チャートを解釈しようとする傾向がある。初めのころの2つのトレード（トレード2とトレード3）は、はっきりしたチャートパターンが完成していないのに、相場のモメンタムに基づいて仕掛けてしまっている。年後半の2つのトレード（トレード9とトレード10）も、パターンが完成していないのにモメンタムに基づいて仕掛けている。というわけで、11のトレードのうち4つは問題が多く、仕掛けるべきではなかった。私は毎年、忍耐力を大いに高めるという新年の誓いを立てる。たぶん、いつかはその誓いを達成することもあるだろう。

覚えておくべきポイント

- 最も良いトレードのいくつかはトレーダーの最初の思い込みとは反対方向に動くものだ（例えば、ダウ平均の場合）。
- どんな銘柄でも、トレーディングプランは負けトレードの時期を経てしか、宝を見つけられない。粘り強く待たないと報われない。
- 値動きを予想してトレードを行っても、失望に終わることが多い。レンジ内でポジションを取ろうとしていると、本物の動きが現れたときに二の足を踏んでしまうことがある。
- ほとんどの場合、相場は本物の値動きが始まるときにシグナルを出す。重要なパターンが完成するのを待てば、利益を手にできる。

第7章

成功するトレーダーの特徴

Characteristics of a Successful Trader

　図7.1は第7章の内容を図解したものだ。総合的なトレーディングプランには機械的に行う作業のほかに、トレーディングで一貫して成功するために欠かせない見えない要素もある。私がこれらを見えない要素と考えるのは、トレーディングという物理的な過程に毎日、直接かかわっていないからだ。ほかのプロのトレーダーは異なるリストを作るか、私のリストに何かを付け加えるかもしれないが、私は次のものを見えない要素と考えている。

- シグナルについての深い知識
- 一貫して正しくシグナルどおりに実行する規律と忍耐
- トレーディングの結果を分析して、その方針を修正する場合に何が必要かを判断するための情報のフィードバック
- ひたすら信じること――トレーディングプランに対して感情的、心理的に「すべて」を賭けるだけの信頼感

　これらの見えない特質や要素を正しく作り上げることが、私の取り組むべき最大の挑戦だと思っている。この過程にはけっして終わりがない。トレーディングで成功するためには、まさにこういった面で感情の誘惑に打ち勝たなければならない。トレーディングプランで、し

図7.1　成功するトレーダーの特徴

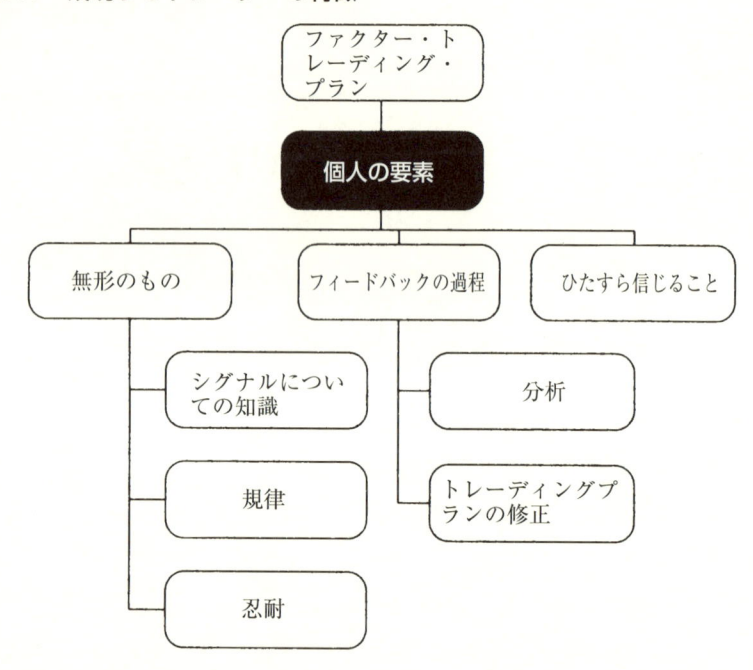

```
                ファクター・ト
                レーディング・
                  プラン
                     │
              ┌──────────────┐
              │   個人の要素   │
              └──────────────┘
          ┌──────────┼──────────┐
      無形のもの  フィードバックの過程  ひたすら信じること
          │              │
    ┌─────┤         ┌────┤
  シグナルにつ         分析
   いての知識
          │              │
        規律       トレーディングプ
                    ランの修正
          │
        忍耐
```

っかりした資金管理の原則を作り上げたら、トレーダーは見えない要素を扱う場で闘うことになる。だが、投機に関する本でこの主題を十分掘り下げて扱っている著者はほとんどいない。

シグナルについての深い知識

　チャートを見てもトレードのセットアップが整っているかどうかはっきり分からないなんて、私には想像できない。もし私にそのようなことがあったら、死にたいくらいだ！　私は自分の手法で長くトレーディングを行ってきたので、もうすぐトレードができそうかどうかなんて、ほんの５秒もチャートを眺めれば十分だ。
　同じチャートをさらに10秒眺めれば、シグナルが点灯するために何が起きなければならないか、どれだけのポジションを取ることになり

そうか、仕掛けるならどれだけのリスクをとるかについて、具体的な考えが固まる。

　私の経験では、裁量トレーダーであれシステムトレーダーであれ、プロのトレーダーになれば自分のトレーディングプランについては同じように深い知識を持っている。彼らは自分のシグナルがどのようなものか分かっている。彼らは自分のルールを正確に理解しているので、きちんとそのルールに従っているかどうかも分かっている。

　私がチャートを長く見れば見るほど、その相場でトレードのチャンスがある可能性は低くなる。私にとって、シグナルとは一目で分かるものである。だが、そのシグナルで利益が出るかどうかは別の話だ。

　初心者のトレーダーは最初に本物のお金をリスクにさらす前に、1～2年つもり売買をしたほうがよいと私は思う。何がシグナルで、どのようにシグナルが出るのか、どういうリスク管理の技法を使うべきかについて理解できるようになるまでには、相当の時間がかかる。

　トレーディングプランは時間をかけて、あるときには微妙に、またあるときには大きく進化するものだ。私のなかではトレーディングプランの大きな変化と思っていることでも、それを深く知らない人にとっては取るに足りないものに見えることもあるだろう。しかし重要なのは、仕掛けにしろ仕切りにしろ、今自分が行っているようにトレードを行うのはなぜなのかを、トレーダーは理解する必要があるということだ。

規律と忍耐

　規律と忍耐は同じコインの表と裏だ。何がトレーディングのシグナルで、何がそうでないかをきちんと理解しないで、規律と忍耐を持つことはできない。規律と忍耐を持ってトレーディングを行う前に、何が適切なシグナルなのかを知る必要がある。

利益が出たかどうかは、トレードをすべきだったかどうかの判断基準にはならない。特定のトレードで利益を出せたかどうかで、イラ立つわけにはいかない。どのトレードの結果も私にはコントロールできない以上、利益そのものに焦点を当てるべきではない。私がコントロールできるものは唯一、注文を入れることについてだけなのだ。

私は何がトレードできるチャンスで、何がそうでないかを、正確に分かっている。私にとっての難問は、望みどおりの球が来るまで待つ忍耐と、そういう球が来たときに打つ規律を保ち続けることだ。バットの芯以外で打つと、私にとって大きなトラブルの元になる。もちろん、私が芯と考えるところで打ったからといって、ヒットになる保証はない。だが当然ながら、意思決定をするうえで忍耐と規律が重要な要素になっていなければ、損をする可能性が非常に高い。

自分自身とトレーディングプランの分析

私はトレーディングの運用成績を絶えず調べて分析をしているが、それには大きな理由が2つある。私のトレーディングプランが今のマーケットに合っているかどうかと、私自身がそのトレーディングプランに合っているかどうかを判断するためだ。これら2つの考えは非常に異なっているが、どちらも実際に問題があると分かる場合がある。

ここでも、トレーディングを正しく行うことと、利益を上げることとをはっきり区別しなければならない。トレーディングプランを正しく実行していなくても儲かることがあるのと同じように、正しくトレーディングを行っているのに利益が出ないこともある。

私自身、非常にまずいトレーディングを行いながら、利益を出した時期（数週間あるいは数カ月）が何度もあった。また、トレーディングプランを忠実に実行したのに損をしたことも、何度もあった。私の目標は、機会があるたびに何週間も何カ月も正しいトレーディングを

行い続ければ、資産の変動は対処できる範囲に収まり、純益はプラスになるという確信を持って、正しくトレーディングを行うことだ。だから私は月、四半期、年ごとのトレーディング分析を行う。

私が最初に問うことは、トレーディングプランが全体として今のマーケットに合っていたかどうかだ。ルールを修正していたら利益が増えたかどうかを調べる気にはならない。この種の最適化にはあまり熱心になれないのだ。最適化は愚か者のゲームだ。パターンがちょうど完成した期間を基準にしてトレーディングのルールをいじれば、トレーダーは次の期間でそのことに悩まされる可能性がある。

私は1980年代から自家用機を操縦していて、長年にわたって飛行機を何機か乗り継いできた。飛行機には昇降計という計器がある。この計器は、飛行機がそのときにちょうど終えた上昇と降下の率を測定する。だから、これは追跡する指標だ。

昇降計に従って飛べば、飛行機は常にその曲線を後追いすることになる。最適化について考えるとき、私はよく飛行機の昇降計を頭に浮かべる。過去は過去だ。ある四半期で最適だったことも、次の四半期では最適でないかもしれないのだ。

それでも、相場に今後も続きそうな変化が現れたら、私も関心を持つ。どんなトレード手法も、絶えず作っては捨てるというものではない。成功するトレーディング手法はすべて、トレーディング状況の変化に基づいて常に進化してきた結果、得られたものだ。

長年にわたって私のトレーディングプランは相場のある面に対処するために進化してきた。しかし、今日のチャートパターンは20年前や30年前ほど信頼できない。パターンのブレイクアウトも有効ではあるけれども、昔に比べればかなり怪しいところがある。パターンの価格目標については、私がチャートをもとにトレーディングを始めたころに比べて、はるかに信頼できなくなっている。

それで、私は相場の動きに関する全般的な傾向に基づいて、トレー

ディング手法に修正を加えてきた。しかし、私は先月や前の四半期の結果に基づいて最適化し、手法の修正をすることには関心がない。

そして2番目だが、これははるかに重要な問いである。それは、私の実際のトレーディングが私のトレーディングプランと合っていたかどうかだ。あるいは、いつでも多少はあることだが、私がトレーディングプランをごまかしたかどうかだ。純粋にメカニカルシステムだけを使うトレーダーはこの質問に非常に簡単に答えることができる。しかし、私はトレーディングを行うときに、いろんな判断をもとにして実行する裁量トレーダーだ。私は実際のトレーディングが全体的な戦略から外れているかどうかを知る目安——それは9つの質問から成っている——を作っている。これらは以下のとおりである。

1. その期間にどれだけのトレードを行ったか？ 1カ月で16～18回以上のトレードを行っているのであれば、私はチャートから多くのものを読み取りすぎていて、短期的なパターンを受け入れすぎている。また、1カ月のトレードが10～12回に満たなければ、私は用心深くなっており、もっと積極的な態度を取る必要がある。
2. トレードが全体としてどういう種類の分布を示したか？
3. 利益が出たかどうかにかかわらず、行ったトレードのすべてが歴史の吟味という試練に耐えるものなのか？ その仕掛けも仕切りも、今から1年後に検証しても論理的で妥当なものとしてトレードすべきときだったと言えるものなのか？
4. 私がトレーディングを行ったパターンは、過去12カ月にトレーディングをした相場で、典型的なチャート原理に基づいた最も良い4～5例のうちに入っていたか？ それとも、私はそうでないパターンでトレードをしていたのか？
5. 取引時間中に注文を入れたか？ それとも、ほとんどのトレーディングは取引時間外（午後遅く）に決めて、注文を入れたか？

6．含み益を守るために、あまりにも早くストップ注文を動かしたのではないか？ トレーディングの判断は資産の変動ではなく、相場の動きによってコントロールすべきだ、と私は分かっている。
7．私のトレードの勝率はどのくらいだったか？ 「ボトムライントレード」の割合はどれくらいになったか？
8．1トレード当たりの平均リスクはどれくらいだったか？ 平均リスクが0.6％未満か1％を超える場合、全トレードのレバレッジを0.8％にするとトレード結果はどうなっていたか？
9．資金管理やトレード管理のルールを大局的に見て、今後修正が必要かどうか注意する点はあるか？

　私の知っている成功したトレーダーは皆、運用成績を評価するための基準を開発している。私自身の基準はほかのトレーダーが使う基準にはなり得ないし、基準になるべきでもない。私が言いたいことは、成功するトレーダーはだれもが説明責任と改善に役立つ技法を持っておく必要があるということだ。
　私は典型的なチャーチストだ。私はかなり明確な用語（問題となっている特定のパターンの期間と性質）で、トレーディングシグナルを定義している。私は振り返って、取るべきだった行動を簡単に確認することができる。私にとって大きな問題は、実際のトレーディングがどれくらい相場の現実の動きに近かったかということだ。この主観的な評価を完璧にすることはけっしてできない。それでも、私はこの点に基づいて自分のトレーディングを分析するための尺度を作っている。
　さらに、私はリスク管理とトレーディング管理をどれほどうまく実行できたかについて、四半期と年ベースで調べている。これらの要素については統計分析を行う。
　トレーディングの自己評価で、特に注意を払っておくべき点がもうひとつある。愚かな間違いはいつまでも続く可能性があるからだ。愚

かな間違いをするとそれが次の間違いを生み、そしてまた次の間違いというように続く可能性がある。トレーダーはつまらないことをしても、自分を許せるようになる必要がある。これはシステム運用のトレーダーとは対照的に、裁量トレーダーに特に当てはまることだ。裁量トレードのプランでは、感情的に意思決定をすることがよくあるからだ。裁量トレーダーは主観的判断の悪循環に陥っていると感じるときがあるかもしれない。それが起きたときには、トレーダーはその取引を中断する必要がある。思い出そう。トレードは来月でも、来四半期でも、来年でもできるのだ。

ひたすら信じること

　最後の要素は初心者のトレーダーにとっても、プロのトレーダーにとっても、最も難しいことだ。ここでは、ひたすら信じ、あらかじめ決められたトレーディングに専念するための自信を扱う。

　私は多くのトレーダーがトレーディングを戦争に例えながら説明し、さまざまなトレーディングの考えを戦闘用語で表現するのを聞いてきた。だが、私自身の経験では、トレーディングはプロスポーツのほうによく似ている。プロのアスリートは自分のやるべきことに打ち込むことについて、率直かつ正直に話す。アナウンサーが「このアスリートはゾーンに入っている」とか、「自信を持ってプレーしている」とか、「投球（ジャンプ、レースなど）に怖じ気づいている」と話すのを、私たちは何度、耳にしただろう？

　ひょっとしたら、あなたはトレーディングプランのすべての要素や非常事態について注意深く考えたのに、疑いを持っているか自信を失っていて、トレーディングに打ち込めないのかもしれない。ガンと心臓病がアメリカの二大死因（この２つで、全死者の半分を占める）であるのと同じように、疑いと迷いがトレーディングプランを台無しに

する二大要素だろう。

　この最後の要素（ひたすら信じること）は、おそらく初心者でもプロのトレーダーでも最も大変なものだ。私はこの問題を克服していると示唆すれば、ウソをついていることになる。ほかのトレーダーは、人間性に逆ってひたすら信じることを上流に向かう泳ぎに例えてきた。そして、実際そのとおりだ！

　どんな経験豊かなトレーダーでも、自分がトレーディングで過ちを犯すときには自覚がある。私はストライクゾーンから外れた球を打っていることが本能的に分かっている。それでもトレーダーが乗り越えるべき最後の難問は、自分の感情をいかにコントロールできるようになるかということだ。

　トレーダーは恐れや他人を出し抜くこと、強欲、空頼み、自信喪失などの人間的な感情と毎日戦っていなければならない。そういうなかで私は集中して、本当に重要なのは自分の戦略を実行することだけだという心構えを持ち続けなければならない。前回のトレード、あるいは最近の一連のトレードの結果がどうだったかなど関係ない。最近の10回のトレードで利益が出ていれば、トレーディングプランを信頼するのは簡単だ。だが、その10回のトレードが損失になっていれば、トレーディングプランに従うのはそう簡単ではない。

　私が最近の一連のトレードで負けていたら、何とかして次のシグナルは無視したくなる。最近のトレードで含み益を含み損にしていたら、その次の相場が順行したときには小さな利益で利食いすることの言い訳を見つけたい、という強い衝動に駆られる。

　恐れや強欲という感情が働くと、私がイメージしている「最高の例」からどんどん遠ざかってしまう。あなたがもしこういう面で苦労しているとしても、それはあなただけではない。

覚えておくべきポイント

　ファクター・トレーディング・プランは三大要素から成り、それぞれに重要な要素がある。

準備段階の要素
- 相場で一貫した性格と気質
- 適切な資金額
- 総合的なリスク管理の哲学と原理

トレーディングの要素
- トレード候補を確認する方法
- 仕掛けの指針とルール
- トレードごとにリスクを管理するための枠組み
- どのように損切りや利益確定をするかを決めるための手順

個人および性格の要素
- トレーディングプランと規律と忍耐を深く理解するということ
- 結果を分析して方針を修正するために、情報をフィードバックすること
- ひたすら信じること

第3部

5カ月のトレーディング日記——開始

A FIVE-MONTH TRADING DIARY : LET THE JOURNEY BEGIN

第3部は2009年12月から2010年4月までの私のトレーディングを毎日、毎週、トレードを行うたび、感情が変わるたび、利益や損失を出すたびに記録したものだ。時間枠と日付の選び方に規則性はなく、典型的なトレーディング期間を表せるように選んだだけだ。私はこの期間に利益を出せるかどうかに関して、何の見通しもなくトレーディングを始める。

　第8章～第12章は「月ごとの章」である。各章はそれぞれの月のトレーディング日記である。私はトレードについて仕掛けた順番に、リアルタイムにその場でコメントをした。そして私が2回以上、特定の銘柄のトレーディングを行うときには、仕掛けと仕切りを比べる。

　私はなぜそのトレードを仕掛けたのか、どうやってトレードを管理したのか、そしてトレード後にそれについてどう考えたかについての説明を試みる。トレードについてのコメントや教訓が不要な場合は解説を飛ばした。しかし、全シグナルの記録は付録Aに載せた。

　私は日記を付けることによって考える。1981年以降、私はトレーディングの日記を付けている。日記を書くことはトレーディングの過程に没頭する助けになる。それらが面白いか、意味があるか、教育的であれば、日記を付ける。私の日記ではトレーディングのテクニック、可能なトレード、トレーディングプランでの難問、感情に逆らった試み、あるいはその他の面白い、とっておきの話を扱うこともある。私は各月と四半期の終わりにトレーディングを分析し、それぞれの分析の抜粋を載せた。

　トレーダーとしての私の大きな問題はファクター・トレーディング・プランの要素を実際のトレーディングに変換することだ。すべてのプロのトレーダーは最大の成功を勝ち取るためにいったい何をすべきか知っている、と私は信じている。それを実行することが難しいのだ。

　利益が出るトレードという意味ではなく、妥当なシグナルの基準は、チャート上に表示した仕掛けと仕切りをあとで吟味しても、その吟味

に耐えるものなのかどうかだ。あとでパターンの完成に気づくことと、現実のチャートに基づいてトレーディングを行うこととは大いに異なる。

これら2つの時間面——あとで見てパターンがはっきり分かることと、リアルタイムに反応すること——をぴったり合わせるのは難しい。私はどの時点のどんなチャートでも、多くを読みすぎるわけにはいかない。チャートが完全な形になるまで、待つ必要がある。

成功あるいは失敗の私の尺度は、主に私のトレーディングのルールと指針が相場に合っているかどうかによる。どんなトレーディング手法も完璧ではなく、相場とトレーディング手法は合わなくなる。重要なことは、私がトレーディングのルールと指針を正しく実行するかどうかだ。

それぞれのトレードで私は次の項目に言及する。

- トレードをしている銘柄
- トレードの種類（第5章に基づく）
  - メジャーパターン（ブレイクアウトのシグナル）
  - メジャーパターン（試し玉のシグナルか、早い仕掛け）
  - メジャーパターン（増し玉のシグナル、進展中の値動きでの継続パターン）
  - マイナーな反転シグナルか継続シグナル——週足チャートで確認できない日足チャート上のパターン
  - 直感に基づくトレード
  - その他のトレード（主として短期的なモメンタムかほかの要素に基づくもの）。これらのトレードは主として、すでに完成したパターンではなく、できるかもしれないパターンに反応したものだ。
- 確認されたパターン
- 使った仕切りルール（第3章と第5章に基づく）

- LDR（ラスト・デイ・ルール）または、LHR（ラスト・アワー・ルール）
- 再度の試しによる失敗パターンのルール
- トレイリングストップのルール
- 目標値
- 調整パターン——ラスト・デイ・ルールを置き直すか、トレンドの反転を示すもの
- その他

　また、それぞれのトレードが終わったら、1つか2つのチャートを付けて、適切な注釈を付ける。
　私がこれを始めるに当たって、何か期待があるだろうか？　まあ、そのとおりだ！　思い出そう。私は慎重なトレーダーだ。私が今日使っているレバレッジは、私がトレーディングで長年使ってきたレバレッジの3分の1だ。私は昔よりもはるかにリスクを嫌っている。私が今のトレードで使っているレバレッジは、特定のシグナルを私がどれくらい信頼しているかと、ブレイクアウトがどのように起きるかで決まるリスクとに依存する。
　思い出してもらいたい。ファクター・トレーディング・プランは1万ドルを100万ドルにするために作られたものではない。私の目標は資産の変動をある程度に抑えながら、年間利益率を一貫して2けたにすることだ。厳しい時期には、私はもっとレバレッジを下げる。相場がうまく動き始めたら、私はレバレッジ（外国人トレーダーの言い方では「ギヤリング」）を大きくする。経験豊かなラスベガスのギャンブラーなら、私のやり方は逆だと言うに違いない。負けトレードが続いている時期にはレバレッジを上げて、利益が出ている時期にはレバレッジを下げるべきだ、と言うだろう。
　ファクター・トレーディング・プランが用いるレバレッジは非常に

保守的だ。多くの読者は私が用いるレバレッジが低いことに驚くかもしれない。私は10万ドルを1トレーディングユニットと考える。私はこの日記を通じて、10万ドル単位で1トレーディングユニットと言う。レバレッジまたは先物の取引枚数は10万ドルのトレーディングユニットに合わせて表す。

　例えば、私は1トレーディングユニット当たり2分の1枚を売買したと言うことがある。これは20万ドル当たり1枚に等しい。FX市場では、トレードで取るレバレッジで表現する。私が1トレーディングユニット当たり3万5000ポンド/ドルを売ったと言ったら、これは10万ドルのトレーディング資金につき3万5000ポンド売ったことを意味する。

　今後5カ月で利益率10～15％を達成したら、私にとっては最高だ。トレードの機会がないか、戦略を実行してもうまくいかない場合は、資金に手を付けないでおくことが私のできる最善の策かもしれない。

　リアルタイムでトレーディング日記を付け始めるに当たって、大きな心配がある。私は相場から離れているときに最もうまくトレーディングができるのだ。日中の値動きに夢中になりすぎると、私はチャートからいろんなものを読み取りがちになる。

　この本を書くために、私は自分で望む以上に相場に近づかざるを得ないかもしれない。これが私の技術を使う能力にどういう影響を及ぼすかは分からない。だが、これは私のトレーディングの経験だけでなく、感情の動きをも伝える機会になる。

　プランを適切に実行し、私の心配は包み隠さないことにする。さあ、ゲームを始めよう！

第8章

1カ月目──2009年12月

Month One : December 2009

　私はここ2カ月の運用成績にかなり失望しながら、2009年12月に入った。10月と特に11月は私にとってひどい月だった。1年のうちには、トレードの良いチャンスがない時期もある。

　このひどい結果を考えてみよう。10月と11月の27回のトレードのうち、24回のトレードで損をし、3回のトレードで利益を出した（ただし、私はいくつか含み益のあるトレードを12月まで持ち越している）。トレーディングのわずか9％でしか利益を出していないというのは、統計の外れ値をはるかに超えるものだ。それでも、手仕舞ったトレードの90％で損を出しながらも、私の資金の損失はほんの数％だった。私のこれまでのトレーディングキャリアでは、トレードのおよそ3分の1で利益を出している。

　あなたが先物取引を知らなければ、勝率が33％ということに衝撃を受けるかもしれない。少なくとも、利益を出す可能性は半分くらいはあるべきではないのだろうか、と思うだろう。思い出そう。私は損切りのストップを比較的近くに置く。私は通常、1ドルのリスクをとって3ドルのリターンが得られるようなトレードを行う。3ドル対1ドルのリスク・リワード・レシオなら、勝率50％にはならない。

　また、比較的短期間に行ったトレーディングを見た場合、私は全トレードのわずか10〜20％でしか利益を出せないこともある。長期で見

て勝率が33％というトレーディング手法では、連勝や連敗が続いたときは思いもかけないような結果になることがある。そのような確率は正規分布によって示すことができる。

　直近27回のトレーディングのうち91％が負けトレードならば、それは正規分布の端にかろうじて位置している。これほどの標準偏差は極めて異常だ。だが、こいうこともあり得る。理由は、商品先物やFXの勝ちトレードと負けトレードのデータ分布は、コイン投げやサイコロ投げと同じようにはランダムにならないからだ。サイコロとコインには感情がない。だが、トレーダーには感情があるのだ！

　私が最近、連敗をしたのは自滅的なトレーディングのせいでもあった。そのために、ランダムな結果が得られるはずの統計上の確率をゆがめてしまったのだ。相場を怖がっているとトレーディングで守りの態勢に入ることがある。そして、そのためにドローダウンが長引く場合もある。それで、こいうことはいったいどういう結果をもたらすのだろうか？

　裁量トレーダーにとって、実行するのが感情的に最も難しいトレード——トレーダーの体の全細胞が避けろと叫ぶトレード——が実は最良のトレードだということは珍しくない。対照的に、実行するのが感情的に楽なトレードは、たいてい市場の常識と一致したトレードである。常識は普通、間違っている。システムトレーダーとは対照的に、裁量トレーダーは連敗中にたとえ無意識にせよ、安全と思えるトレードに戻ることがある。最近のトレードで負けが続いたあとはほとんどの場合、すぐに利益を確定する。私は昔から、1枚につき500～1000ドルの含み益を出したら手仕舞ってしまおうと考えることがときどきある。

　10月と11月の本書には示されていない私のトレーディングを分析すると、トレーディングをやりすぎていることが分かる。相場分析が短期的になりすぎていて、やるべきではないトレードを行っていた。

私がトレードをしすぎる場合、通常は３種類のことが関係している。

1. けっして起きないかもしれないブレイクアウトに先回りをしてポジションを取ろうとして、メジャーな試し玉のパターンのシグナルに何でも反応してトレードする。週足でのチャートパターンが完成するには長い時間がかかることもある。私は週足パターンができつつあるのを見ると、つい動いてしまいがちになる。
2. あまりにも多くの、質が劣るマイナーパターンのシグナルを受け入れる。マイナーパターンを見るときに私が常に問うべきことは、「私が日足を見ながらトレーディングを考えているときは、その銘柄で過去１年に現れたマイナーな日足のチャートパターンのなかで、最も良い２つか３つのうちに入るのか？」だ。答えがノーなら、私はトレードをやめておくべきだ。注意しておくが、私の手法でマイナーパターンのシグナルとは、日足チャート上だけに見られるパターンで、週足チャートでは確かめられないものだ。一般に、マイナーパターンのシグナルは継続パターンなら最低４～８週間続き、反転パターンなら８～10週間続くものでなければならない。
3. メジャートレンドが続いているときの、質が劣るメジャーパターンの増し玉のシグナルでトレードを行う。私は含み益が出ているトレードでは増し玉をしたいと思いすぎる傾向にある。

　これら３種類のことで相乗作用が起きると、自分のトレーディングプランが一時的に信頼できなくなることがある。

　12月に入って、私はトレーディングを行うパターンについて、もっとしっかり選ぶ必要があるという考えになった。月に18～20回ほどのトレード機会を見いだすのではなく、新規のトレーディング数を13～15回くらいにまで減らす必要があった。

私がもうひとつ考えに入れたことがある。12月はトレーディングが難しい月だ。大口のトレーダーは休暇が近づくと、押せ押せムードであまり攻めない。出来高は12月中旬に細り始める。休暇前は、薄商いを利用して価格の上や下に置いているストップ狩りをされることもある。私は普通、仕掛けでも仕切りでもストップ注文を用いるので、これには注意しなければならない。

　これらが本書を書き始めるときの背景だった。私は次のように思っていた。「ああ、まいった。最悪のトレーディングが続いている真っ最中に、トレーディング日記を始めるんだ。おまけに、昔から腹立たしい目に遭ってきた月に日記を書き始めるとは。まいった！」

トレーディングの記録

　12月中に、私は12銘柄で新規に13回のトレードを行った。2つのトレードのポジションは1月まで持ち越した。

ユーロ／ドル——日記で初めてのトレード
シグナルの種類——メジャーパターンの完成シグナル

　11月と12月を通じて、私は売りに関心を持ちながらユーロ／ドルを見ていた。実際、私は11月初めと11月中旬の2回、売りを試みて失敗していた。**図8.1**は2009年3月の安値からトレンドラインができていたことを示している。一般に、私はトレンドラインのブレイクではトレーディングを行わない。トレンドラインは、私が斜行パターンと呼ぶ種類に当てはまる。それでも、トレンドラインが多く試されれば試されるほど、最終的にブレイクされた場合には有効でトレード可能なものになる。トレンドラインがブレイクされる前に、はっきり分かるパターンが現れる場合は特にそのことが言える。

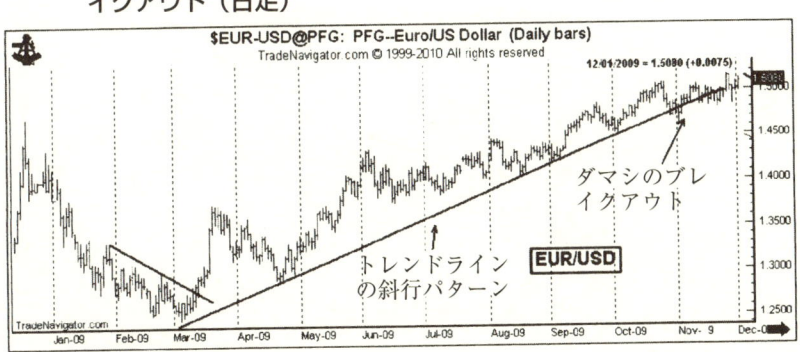

図8.1 ユーロ/ドルにおけるメジャーなトレンドラインでのダマシのブレイクアウト（日足）

ようやく、トレードできそうな天井が形成され始めた。11月25日と26日の新高値への上昇はすぐに失敗して、これがブルトラップ（強気の落とし穴）の目印となった。11月27日に相場は大きく下にブレイクしたあと、高値を再び試してブルトラップになった。**図8.2**で分かるように、このときの私はトレードを実行してもよいと思う4つのことをチャートから読み取っていた。

1．ブルトラップ
2．メジャートレンドラインを決定的に下に突き抜ける可能性
3．価格目標を提供する7月からのチャネル。相場でチャネルが完成すると、反対方向にチャネルの幅だけ動くという予測ができる
4．11月の安値によって引かれた二次的かつ下方のチャネル

メジャーパターンの下へのブレイクアウトは12月7日に起き、11月27日の安値を下に突き抜けた。これがこの日記のために行う最初のトレードとなった。12月7日の高値がラスト・デイ・ルールになるが、私は12月4日の高値の上までリスクをとるほうを選んだ。私のポジシ

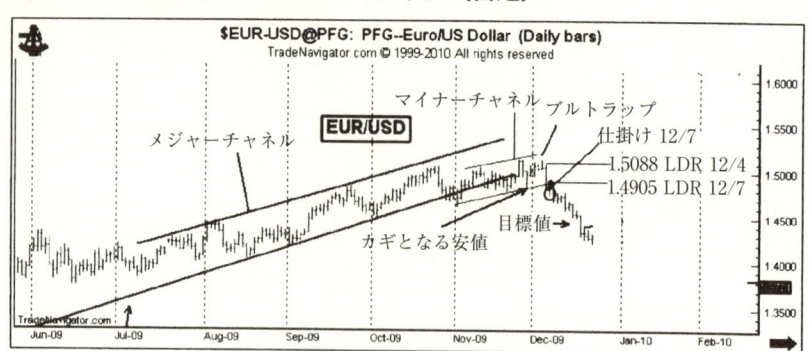

図8.2　弱気相場が始まったユーロ/ドル（日足）

ョンは10万ドルの1トレーディングユニットにつき3万5000ユーロ/ドルの売りで、リスクは資産のおよそ1％だった。私が12月7日の実際のラスト・デイ・ルールに基づいてストップを置いていたら、2倍のポジションを取ることができた。

1.4446ドルの目標値には12月17日に達した。

振り返ると

振り返ってみると、これが大きな弱気トレンドでの下げの第一段階にすぎないと気づく。私は目標値で利益を確定することで、もっと取れた利益を逃がしている。だが、私は底で買って天井で売ろうと躍起になることはない。ある意味では、私はゲームを味方のゴールラインから敵方のゴールラインの間で行っているのではなく、味方のゴールラインと30ヤードラインの間で行っているのだ。

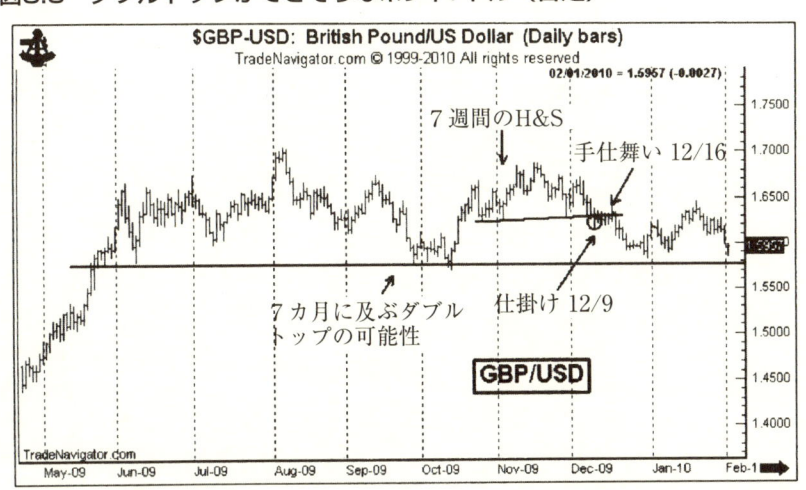

図8.3　ダブルトップができそうなポンド/ドル（日足）

ポンド/ドル――一時的に逆行したあと、完成したヘッド・アンド・ショルダーズ
シグナルの種類――マイナーな２つの反転パターン

　11月後半に、私はポンド/ドルが2009年５月中旬から始まった大きなダブルトップを作る可能性があると考えていた。私はダブルトップをよくＭトップと言う。10月の安値はこのパターンの中間での安値だった。これは本当にポンドの最もきれいなトレード例になる可能性があった。12月９日の下落で７週間に及ぶヘッド・アンド・ショルダーズ（H&S）が完成した。私は、これでダブルトップを完成する値動きが始まる可能性があると思った。
　私は12月９日に１トレーディングユニット当たり５万ポンド/ドルを売り、その日の高値をラスト・デイ・ルールに用いた。残念ながら、この損切りのストップ注文は12月16日の高値付近で執行された（図8.3を参照）。

結局、12月16日の高値がこの戻りでの高値だった。相場は私を置き去りにして、反落した。それが人生だ！　そんなことが起きるのだ！

相場は私に戻る機会を与えることもあれば、与えないこともある。この場合は機会が与えられた。そこにはひとつの教訓がある。

私はローソク足チャートの危険性を十分に知っている。週足のローソク足についての知識は私のトレーディングに役立つと信じている。だが、私は高値、安値、終値によるバーチャートを使う。だから、ローソク足のパターンを研究するだけの時間はない。

だが、親友でありチャートトレーダー仲間のダン・チェスラーのおかげで、ヒッカケという私の従うローソク足パターンがひとつある。彼は南フロリダのチェスラー・アナリティクス（http://www.chesler.us/）を主宰する独立系のマーケットストラテジストだ。彼は私がトレーディングを行っていることを知っている銘柄に、ヒッカケパターンがあると忠告してくれた。私は自分でトレーディングを行っている銘柄か、行おうとしている銘柄以外でのヒッカケには関心がない。

ヒッカケははらみ足によるダマシのパターンだ。はらみ足は当日の値動きが前日の値動きの範囲内にあるときのローソク足の形だ。ヒッカケによる売りシグナルの場合、はらみ足のあとにその高値を上回る上昇が1～2日続き、その後にはらみ足の安値を下回って下落する。弱気と強気のそれぞれのヒッカケのパターン例については**図8.4**と**図8.5**を見てもらいたい。

特定の銘柄に対する私の大局的な視点とトレーディング戦略に合うヒッカケが起きると、非常に興味がわく。私は12月16日にポンドでストップに引っかかったので、ヒッカケによる売りシグナルの可能性があると気づいていた。

12月17日の下落でヒッカケが現れ、ヘッド・アンド・ショルダーズのパターンが再び完成した。それによって、お互いが確かなものにな

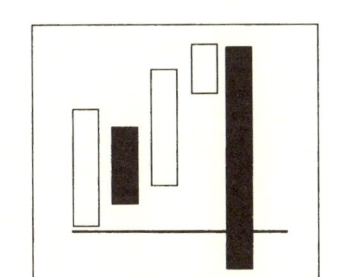

図8.4　弱気のヒッカケパターン

図8.5　強気のヒッカケパターン

った。私は12月17日の高値を新たにラスト・デイ・ルールとして用い、1トレーディングユニットにつき4万ポンドの売りを再び仕掛けた（**図8.6**を参照）。

　このストップに引っかかったことと、仕掛け直しには面白い点がある。わずか1取引日前に損切りしたところよりも160ポイント下で、再び売るのはつらかったか？　ある意味では「そのとおり」だが、ある意味では「そうではない」。160ポイントの利益を得る機会があったのに、それを逃すのはけっして楽しくない。その意味では「そのとおり」だ。だが、ラスト・デイ・ルールは私が長年にわたって最も頼りにしてきたチャートに基づく資金管理テクニックであり、その意味で

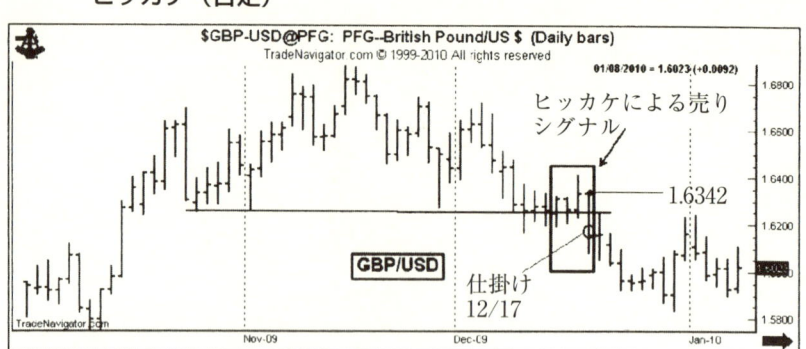

図8.6　ヘッド・アンド・ショルダーズを完成させたポンド/ドルの弱気のヒッカケ（日足）

は「そうではない」のだ。

　振り返ってみると、ヒッカケがあったことが分かる。だが、相場でヒッカケが完成しないで大きく上昇していたら、どうだろう？　ラスト・デイ・ルールを無視して、ヒッカケの可能性に従っていたら、私は自分を愚か者と思っただろう。覚えておこう。ヒッカケは絶対確実なものではない。どんなチャートを調べても、ヒッカケの失敗パターンを複数見つけることができる。

　このトレードには別の面がある。私はポンド/ドルを別のものとして2回のトレードを見ていた。ポンド/ドルの連続した売りと見えたかもしれないが、それぞれは独自のルールと指針に従っていたのだ。私のトレーディングルールと指針の観点からすれば、この2回のトレードがわずか1日しか離れていなくても、それは関係なかった。

　2回目のポンドのトレードでは、目標値は1.5668ドルだった。私は不安以外にもっともな理由もなく、12月30日に売りポジションを買い戻した（**図8.7**を参照）。

　そうしていなかった場合、トレイリングストップを使っていたら12月31日に決済され、ラスト・デイ・ルールを使っていたら1月14日に

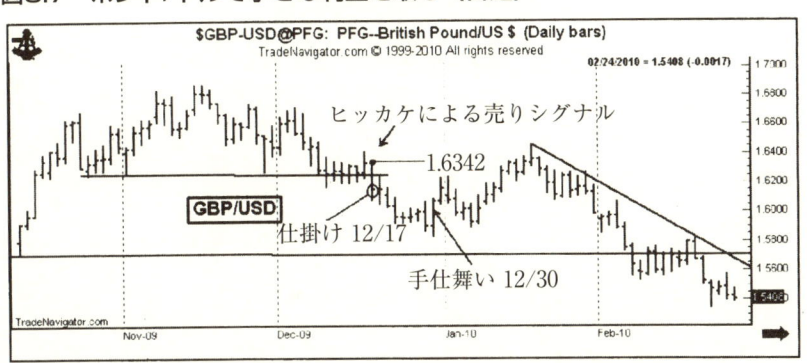

図8.7　ポンド/ドルで小さな利益を取る（日足）

決済されていただろう。このトレードでは指針とルールに従わないで良い結果に終わったが、そういうことは例外だ。

外国為替のスポット市場でのトレーディング

　私のキャリアはIMM（シカゴ・マーカンタイル取引所の１部門である国際通貨先物市場）での先物取引を通じて、外国為替のトレーディングを行うことから始まった。1980年代中ごろまでに、私は先物取引よりも、インターバンク市場またはディーラー市場につながるスポット取引を行い始めた。私は表8.1に示した両市場の長所と短所から、スポット市場のほうを好んでいる。為替取引についての予備知識を与えるのは本書の範囲を超えるが、両市場には良い点と悪い点がある（表8.1を参照）。それらを理解すれば、本章で述べるトレードがはっきり分かるだろう。
　IMMは一貫した方法で通貨ペアのレートを提示し、取引を行う。IMMのすべての主要通貨ペアは外国通貨の価格を米ドルで表示する。

表8.1　ディーラー市場でのスポット取引とIMM市場での先物取引

項目	ディーラー・インターバンク市場を利用したスポット取引	IMMの先物取引
通貨ペアの種類	スポットに有利。主要通貨もマイナーな通貨もすべてのペアがある	主要通貨のみで、ほとんどは米ドルとのペア
資金の保護	個々のディーラーの信頼と信用のみ	IMMの清算会社による
クオートとトレーディング	ディーラーやトレードプラットフォームによって、ビッドとオファーがわずかに異なることがある	標準化された単一市場
取引ユニットのサイズ	柔軟	標準化されている
出来高、流動性、取引時間	スポットのほうが有利	
規制監督	CFTCとNFAが関与するようになった	NFAとCFTC
証拠金の要件（またはレバレッジ）	ほぼ等しい	ほぼ等しい
決済	トレード後、スワップ金利の清算まで数日	当日

　例えば、現在、ポンドは1.5985ドル、スイスフランは0.9681ドル、円は0.010906ドル（1セントをわずかに上回る）、ユーロは1.4356ドルで、カナダドルは0.9625ドルだ。どの場合でも、シンボルは外国通貨単位を米ドルで割った形——ポンド/米ドル、ユーロ/米ドル、スイスフラン/米ドル、カナダドル/米ドル、円/米ドル——で表す。

　スポット市場での通貨ペアのレート提示と取引は、もっと複雑になることがある。例えば、ポンド/米ドルやユーロ/米ドルのように、

IMMと同じ形で通貨ペアの取引がなされる場合もある。しかし、スポット市場での取引はIMM価格を逆さまにして（逆数で）表される場合もある。

例えばスポット市場では、カナダドルは1米ドル当たりのカナダドルの数字として、つまり米ドル/カナダドルで表される。米ドル/カナダドルはカナダドル/米ドルの逆数だ。カナダドルは0.9625米ドルの価値がある（シンボルはカナダドル/米ドル）と言うのは、1米ドル当たり1.0390カナダドル（シンボルは米ドル/カナダドル）だと言うのに等しい。

カナダドル/米ドルから米ドル/カナダドルに変換し、それを元に戻す式は単純だ（前者は1÷0.9625＝1.0390、後者は1÷1.0390＝0.9625）。米ドル/カナダドルの価格が上がれば、カナダドル/米ドルの価格は逆数の値だけ下がる。私が米ドルはカナダドルに対して上昇しそうだと思えば、スポットで米ドル/カナダドルを買うか、IMMでカナダドル/米ドルを売ればよい。

外国為替のスポット市場でトレーディングをすることに関心がある先物トレーダーは、重要な一点に注意しておく必要がある。つまり、スポット市場の外国為替ディーラーやブローカーがすべて同じわけではないということだ。非常に大きな違いがひとつあり、先物トレーダーは滑りやスリッページという言葉でその違いを知っている。ストップ注文が不利な価格で約定するときに滑りが起きる。

スリッページがわずかか、まったくなく、ほぼいつも正確にストップ注文を約定させるブローカーもある。逆に、非常に大きな滑りが起きるブローカーもある。私はトレーダーにスリッページを強いるブローカーやディーラーは、トレーダーからだまし取っていると信じている。FX市場は世界で最も流動性の高い市場だ。大きな滑りは絶対に起きてはならない。問題の外国為替ブローカーにとっては、滑りは収益源になる。投機を行う顧客を食い物にする外国為替ディーラーの正

体は分かっている。私は彼らがだれか知っている。名前は挙げないが、挙げることだってできる。連中は小口投機家たちをいじめている。恥を知ってほしい！　いいかげんに、やめてほしい！　彼らは非常に大きな売買スプレッドをすでに投機家に課している。その売買スプレッドの稼ぎで満足してもらいたい！

砂糖3月限――4カ月のチャネルの解消
シグナルの種類――メジャーパターンのブレイクアウト

　さて次は私の12月のトレードで最も良かったもので、2009年の全トレードのなかでも良かったものだ。実際、これは2009年の最もきれいな例に入るトレードだった。

　私は8月から12月初めまで月足チャートに基づいて砂糖がさらに上昇すると考え、失望させられていた。実は、大きな上昇に備えて、この時期に試し玉を入れ、4連敗していた。

　相場は12月11日にメジャーブレイクアウトのシグナルが出て、ようやく3カ月間に及ぶチャネルが完成した。**図8.8**を注意して見れば、このチャネルの最後の4週間に逆ヘッド・アンド・ショルダーズのパターンができているのが分かるだろう。

　しっかりしたブレイクアウトでは普通だが、ラスト・デイ・ルールに引っかかりそうになることは一度もなかった。私は約0.8％のリスクで、10万ドルの1トレーディングユニット当たり1枚のポジションを取った。だが、私は度胸を据えて、もっと枚数を増やすべきだった。そのことは当時も分かっていた。

　私はトレイリングストップのルールによって、12月22日にポジションの半分（1トレーディングユニットにつき2分の1枚）を決済させられ、ポジションの残りは12月28日にパターンの目標値27.36セント

図8.8　4カ月のチャネルと1カ月の逆ヘッド・アンド・ショルダーズをブレイクアウトした砂糖（2010年3月限、日足）

で手仕舞いした。

振り返ると

　私はこの銘柄が最終的に天井を付ける前の2010年1月に、さらに2回仕掛けた。2009年に最も利益を出せた銘柄は砂糖だった。ここ1～2年、いやな思いをさせられた銘柄が、ある時点で非常な利益をもたらすことは珍しくない。また、1年間利益を出せていた銘柄が翌年には損失をもたらす元凶になることも珍しくない。チャートトレーダーは、私たちがトレーディングを行っているのは銘柄ではなく、チャートパターンなのだ、ということを覚えておくことが大切だ。チャートに付いている銘柄名は重要ではないのだ。

綿花3月限——トレードするには小さすぎるパターンでのトレード
シグナルの種類——その他のトレード

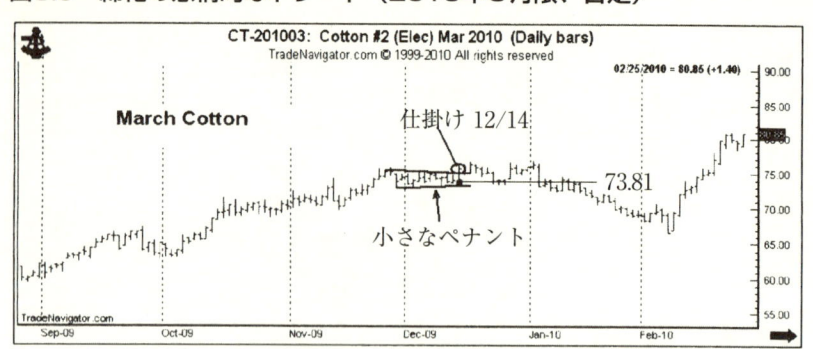

図8.9　綿花の感情的なトレード（2010年3月限、日足）

　次のトレードは私が大きなトレンドを逃しているときに、感情に左右されて判断を下した良い例だ。綿花には強いトレンドがあり、私はそれが上昇するのを毎日見た。

　私は3週間に及ぶ小さいペナントがあるのを言い訳にして、12月14日に買いポジションを取った。私は12月18日の再度の試しに基づいてストップを動かし、再度の試しによる失敗パターンのルールによって12月22日に損切りに引っかかった（**図8.9**を参照）。

　早めのシグナルを逃したあとで、その相場に乗る言い訳を見つけて仕掛けても、めったに良い結果は得られない。

大豆油3月限──両方向で打ち負かされた例
シグナルの種類──メジャーパターンのブレイクアウトと直感に基づくトレード

　11月16日の上へのギャップで、大豆油3月限のトライアングルによるボトムが完成した。私はトライアングルが再び試された11月16日か、

図8.10　続かなかった大豆油での対称トライアングルのブレイクアウト（2010年3月限、日足）

24日か、27日に買うべきだった。だが、私はどれでも動かなかった。もしも相場がすぐに上昇していたら、素晴らしいトレードを逃して悔しがっていただろう。それでも、このトライアングルで再び試しがあった12月15日に、ついに買いポジションを取った。11月16日のギャップは埋められないと信じたからだ（**図8.10**を参照）。

　図8.11に示すように、4週間に及ぶヘッド・アンド・ショルダーズが完成した12月17日に、ストップに引っかかった。そこで、私は今度はドテン売りにした。この売りは直感に基づくトレードだった。4週間のパターンは、私がトレーディングを行うパターンとしては十分ではない。12月28日に大豆油は再びネックラインを上回って引けたので、私はその売りポジションを損切った。大豆油のトレードをおよそ2週間に2回行って、得るものは何もなかった。

　2回のトレードでのリスクは1トレーディングユニットにつき0.7％だった。

豪ドル/ドル——ブレイクアウトとヘッド・アンド・ショルダーズの再度の試しで売り

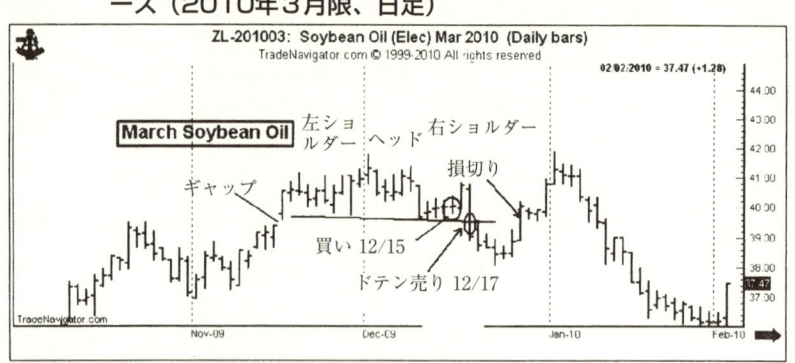

図8.11　ボトムから反転した大豆油の小さなヘッド・アンド・ショルダーズ（2010年３月限、日足）

シグナルの種類──２つのメジャーパターンのブレイクアウト

　豪ドル/ドルでの10週間に及ぶヘッド・アンド・ショルダーズは最もきれいな例に入りそうなパターンだった。このトレードでの唯一の問題は、右ショルダーの低いところが１日だけの突出した安値で作られているという点だ。それでも、私は「細かい形にこだわるべきではない」という原則に基づいて判断する。

　私は12月16日に豪ドルを売った。実は、これはブレイクアウトよりも１日早かった。私は１トレーディングユニット当たり４万5000豪ドルだった。図8.12で分かるように、私はトレイリングストップのルールによって、少ない利益で12月28日に手仕舞った。

　その後、12月31日の再度の試しで、また売った。結果は、最初のラスト・デイ・ルールによって１月４日にストップに引っかかって終わりとなった。

ダックス３月限──勝ちトレードで利食いできずに負けトレードになる

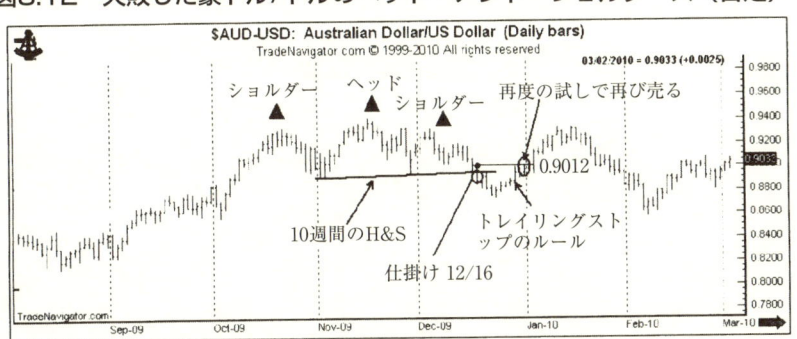

図8.12　失敗した豪ドル/ドルのヘッド・アンド・ショルダーズ（日足）

（チャート図：$AUD-USD Australian Dollar/US Dollar (Daily bars)、ショルダー、ヘッド、ショルダー、再度の試しで再び売る、0.9012、10週間のH&S、仕掛け 12/16、トレイリングストップのルール）

シグナルの種類――メジャーパターンのブレイクアウト

　12月16日に、ドイツのダックス指数は教科書的な上昇トライアングルを完成させた。相場は次の２日間横ばいだったが、ラスト・デイ・ルールの5810はブレイクされなかった。それから12月21日に、ダックスは大きく上昇するように見えた。そのとき私は２トレーディングユニット当たり１枚でトレードしていた。

　図8.13に示すように、ブレイクアウトは結局「行って来い」だった。私は１月21日にラスト・デイ・ルールによるストップに引っかかった。トレイリングストップのルールに従えば、１月15日に決済されることになっていた。だが、私は意地になった。

　このようなトレードをすると苦しみ、自分のトレーディングプランや判断に疑いを持つようになる。ダックスは１枚の金額が大きい。私は１枚につき2800ドル近い含み益があった。その後、相場は徐々に私を苦しめ始めた。私は含み益をすべて吐き出しただけでなく、含み損を抱えた。行って来いの相場を毎日、見守るのは楽しくないものだ。私はこれらをポップコーントレードと呼んでいる。

図8.13 ダックスの上昇トライアングルでの行って来いの動き（2010年3月限、日足）

大豆3月限——トレードで損をしても、そのことにとらわれない シグナルの種類——その他のトレード

　前の大豆油のトレードで述べたように、4週間に及ぶヘッド・アンド・ショルダーズによるトレンドの転換は、私がトレードをすべきパターンではない。私は実際にブレイクアウトがあった前日の12月17日に売った。相場は3日間、下落したあとに反転した。私はラスト・デイ・ルールによって12月28日にストップに引っかかった（**図8.14**を参照）。
　ここで、大豆チャートを使ってヘッド・アンド・ショルダーズについてもう一点、話しておきたい。10月の左ショルダーと1月初めの右ショルダーを見ると、もっと大きなヘッド・アンド・ショルダーズに描き直したいという気になるだろう。実際に、このパターンの下へのブレイクアウトで仕掛けていたら、仕掛け値への戻りに遭うこともなく利益を得られていただろう。だが、結果として利益が急増したにしろ、私は2つの理由から、この大きなパターンをヘッド・アンド・ショルダーズとは呼ばない。
　まず、ヘッド・アンド・ショルダーズによる反転では、何かが反転

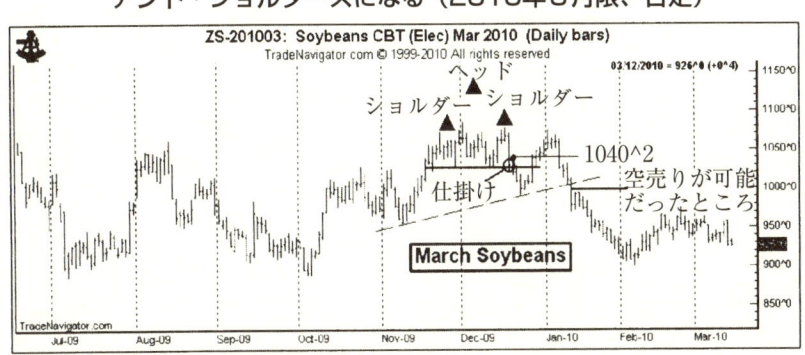

図8.14　大豆の小さなヘッド・アンド・ショルダーズが大きなヘッド・アンド・ショルダーズになる（2010年3月限、日足）

する必要がある。この大きなパターンは大きなトレーディングレンジの一部にすぎなかった。第二に、私はネックラインがもっと水平で、左右のショルダーの高さと長さももっと対称的なほうが良いと考えている。それでも私はこれを、急落を逃したトレードに数えた。

ミニナスダック3月限――利益を生んだ上昇トライアングル
シグナルの種類――マイナーな継続パターン

　12月21日の上昇で、3週間あまりの上昇トライアングルという継続パターンが完成した。それで、私はミニナスダックを1トレーディングユニットにつき1枚買った。このパターンは6週間に及ぶ逆ヘッド・アンド・ショルダーズによる継続パターンと解釈することも可能だった。だが、左ショルダーの形は不十分だった（図8.15を参照）。
　私は最初の解釈のほうを選んだが、それは目標値が小さかったからだ。そのころ株式市場の上昇トレンドでは、来るべき調整がかなり遅れていた。そのため、私は強気の目標値を使いたくなかったのだ。相場は12月28日に低いほうの目標値を達成した。

図8.15 ミニナスダックの上昇トライアングル(2010年3月限、日足)

ドル/カナダドル——1日だけのアウト・オブ・ラインの動き
シグナルの種類——マイナーな反転パターン

　私は12月29日に空売りしたが、結局それは1日だけのアウト・オブ・ラインの動きになった。私は翌12月30日に、ラスト・デイ・ルールによるストップに引っかかった(**図8.16を参照**)。

　ポジションを取ったその日に含み損になって引けるのは、あまり良い兆候ではない。含み損で引けたトレードをすべて手仕舞っていたら、長期で見た私の純最終損益はもっと良かっただろう。

まとめ

　負けトレードもあれば、損になる日や週や月や四半期もある。残念ながら、年間で損になることさえある。私はこれらのすべてを経験している。11月末にあった含み益が12月に手仕舞う前に消えてしまったことを考えると、12月は難しい月だった。しかし、この本では12月からの期間を取り扱っているので、具体的なコメントはこの期間のトレ

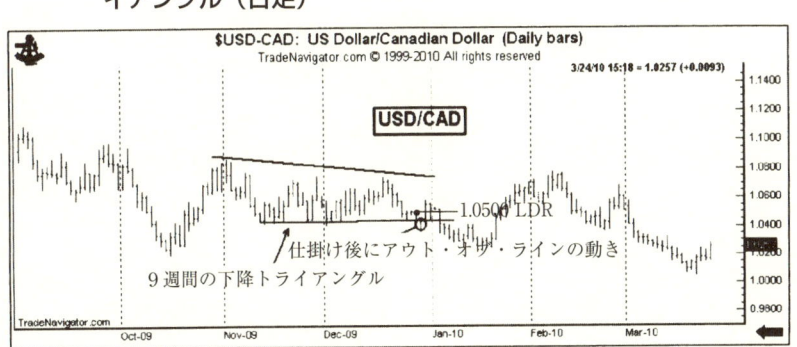

図8.16　少し停滞するものの、結局失敗したドル/カナダドルの下降トライアングル（日足）

ードに限定したい。

　ファクター・トレーディング・プランのベンチマークと比べると、12月に行ったトレードは**表8.2**のような特徴を持つ。

　1カ月間のトレードの特徴が過去のベンチマークから外れていても、私はあまり心配しない。私は四半期や年間の傾向が基準から外れていないかのほうに、もっと関心がある。

　12月中に仕掛けた13回のトレードのうち、11回は年末までに手仕舞った。そのうち、利益が出たのは5回、損失を出したのは6回だった。この勝率は、勝率がわずか30～35％という過去のベンチマークを上回っている。

　第4四半期のトレーディングの環境は私にとって厳しかった。トレードの多くは初めのうち良かったが、その後に反転して、最後には損失となった。また、損切りのストップを早く動かしすぎて引っかかったあと、相場が予想どおりの方向に向かうこともあった。CTA（商品投資顧問業者）全体の運用成績は、素晴らしい四半期とは言い難かった。**図8.17**はよく参考にされているリクソー短期CTA指数のチャートだ。

表8.2 2009年12月の種類別トレーディングシグナル

シグナルの種類	12月の仕掛け（トレード数と全体に占める割合）	過去データによるベンチマーク
メジャーパターン		
パターンの完成	6　（46％）	4　（19％）
試し玉のシグナル	0	2.5　（13％）
増し玉のシグナル	0	2.5　（13％）
マイナーパターン	4　（31％）	5　（26％）
直感に基づくトレード	1　（8％）	3　（17％）
その他のトレード	2　（15％）	2.5　（13％）
合計	13　（100％）	19.5　（100％）

　その指数は第4四半期に下げていた（6.2％）。しかし私は、ベンチマークが下げているのだから、自分がマイナスでも仕方がないと自らを慰めるつもりはない。私は自分の成績を他人とではなく、自分と比べなければならない。あとからうまく機能するようにトレーディングプランを修正するのは簡単である。

　終わったトレーディング期間を分析するとき、私はトレーディングについて3つに分けて考えるようにしている。

1．どんな種類の相場だったか（トレンドがあったか、ちゃぶついていたか）？
2．私のトレーディングプランやルールは相場の動きとどれくらい合っていたか？
3．私はプランをどれくらいうまく実行したか？

　自分の望みどおりに相場を動かすことはできない。相場の動きを変えるために、私ができることは何もない。ルールを変えて、特定のトレードや一連のトレード結果に合わせて最適化することはできない。

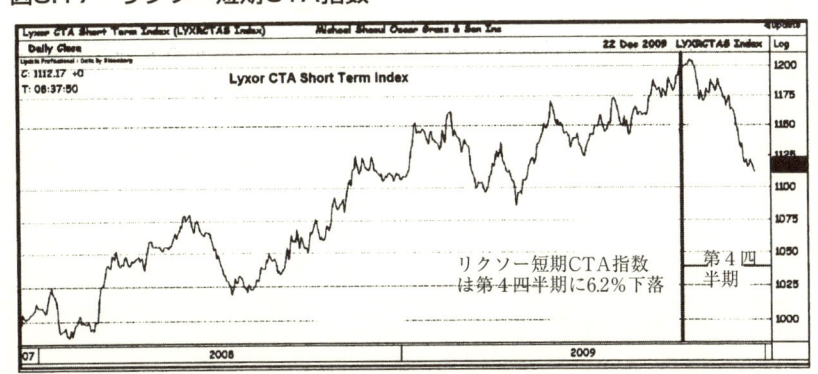

図8.17　リクソー短期CTA指数

```
Lyxor CTA Short Term Index
リクソー短期CTA指数
は第4四半期に6.2％下落
第4四半期
```

出所＝リクソー・アセット・マネジメント（www.lyxorhedgeindices.com/index.php）

　だが、プラン全般はある程度コントロールしている。もっとしっかりコントロールしているのは、自分がどの程度きちんとプランを実行するかだ。あるいは否定的な言い方をすると、どの程度ルールを破るかだ。
　トレードをうまく管理できなかったり、シグナルを十分に利用しなかったりしたのに利益が出たトレードよりも、あらかじめ決めておいた戦略を忠実に実行したのに利益を出せなかったトレードに私が満足するということは、十分あり得ることだ。
　12月に仕掛けたトレードは手仕舞ったときに1.5％の利益になった。これらの利益のなかには、1月中に手仕舞ったものもある。12月末の未実現損益した反映によるVAMI（月次純パフォーマンス指数）では、12月の私の成績は、0.04％上昇した。
　本書のために行ったトレードの完全な記録は付録Aに収めている。

第9章

2カ月目——2010年1月

Month Two : January 2010

　2009年の第4四半期が過ぎて本当にうれしい。これで、新しい年を迎えることができる。私は、2009年の最初の9カ月は自己勘定資金でしかトレーディングを行っていなかった。自己勘定口座は主に砂糖と金のトレードのおかげで、2009年には利益が出ていた。私は自分が主要な投資家になっている商品取引口座でトレーディングの準備をするために、ファクター・トレーディング・プランの一部を自己勘定資金で用いないことにした。口座が軌道に乗るまでに時間がかかったが、2009年10月になるとうまくいき始めた。そんな矢先にドローダウンに遭ったのだ。第4四半期は大きな屈辱を味わった。私は屈辱が好きになったことは一度もないし、これからもないだろう。その味は苦いものだ。

　ドローダウンはトレーダーの生活の一部だ。ドローダウンの期間は自己反省の日々になる。トレーディングがうまくいっているときは、二度とトレーディングで失敗なんてするもんかと思いやすい。一方、トレーディングがうまくいかなくなると、利益を出していた時期をなかなか思い出せなくなる。

　私はフルタイムの仕事として、自己勘定資金でトレーディングを行った17年間に大きなドローダウンを毎年、経験している（非営利事業を行うために2～3年、トレーディングを離れた）。**表9.1**は、私が

表9.1　ファクターLLCの最大ドローダウン

期間	月末時点のピークから最大ドローダウン*	ピークから谷までの月数
1981/12～1982/03	－33.7％	4
1986/04～1986/07	－32.2％	4
1987/09～1988/04	－27.2％	8
1982/07	－26.3％	1
1985/03～1985/06	－21.1％	4
2008/03～2008/05	－19.7％	3
2007/01～2007/03	－19.5％	3
1983/12～1984/02	－18.2％	3
1988/07～1988/12	－15.4％	6
1984/09～1984/10	－12.9％	2
1985/08	－11.8％	1
1989/04	－11.6％	1

*上記のデータは実際の自己勘定取引の運用成績を表す。ファクター・トレーディング・プランが現在使用しているレバレッジは、2009年10月以前の3分の1である（著者注――本書の最後に、ファクターLLCの過去の運用成績に関して重要事項の説明を載せている）

経験した最大ドローダウンを大きいほうから順に並べたものだ。

　私が言いたいのは、トレーディングは簡単ではないということだ。そうでなければ、だれでもがやっているはずだ。トレーディングは難しい仕事だ。表に示したドローダウンは私が今よりもはるかにリスクをとり、かなり高いレバレッジでトレーディングを行っていた時期もすべて含んでいる。現在のファクター・トレーディング・プランは仕掛けのシグナルと仕切り戦略に関してはそれまでの年の丸写しだが、レバレッジは3分の2に下げている。これだけレバレッジを下げると、大きなドローダウンを被るリスクも減る。一方、大きな利益を得る可能性も低くなる。私は今までもドローダウンと付き合ってきた。将来も、それと付き合い続けるだろう。

トレード機会の確認

新年の初めにまず、これからの月にかなりの利益を得る機会があると思われるトレードを確認しておきたい。2010年のために、私は6候補を選んだ。ポンド/ドルの売り、S&Pの売り、Tボンドの売り、金の買い、砂糖の買いだ。本書の終わりまでに、私がどれくらい正しいかが分かるかもしれない。

ポンド/ドル——いまだに展開中のメジャーパターンのダブルトップ

この相場の優勢なパターンはいまだに週足チャート上での7カ月間に及ぶダブルトップだ（**図9.1**を参照）。終値で1.5600ドルを決定的に下回ればこのパターンが完成し、目標値が1.440ドルに決まる。さらに、2009年の最安値1.3500ドルを達成する可能性も出てくるだろう。これは確実に2010年の最もきれいな例に入る値動きだと思う。問題は私のトレーディングルールがこの下落に合うかどうかだ。

S&P500——ブレイクアウトが近いチャネル

米国の株式市場は2009年3月の安値から歴史的とも言えるほど強気の上昇をしている。この上昇は息切れし始めている兆候がある。**図9.2**で分かるように、この相場は6カ月間に及ぶチャネルを形成している。価格はこのチャネルの上方のレンジを試せていない。これは勢いが失われつつあるという兆候だ。

最近、相場は2カ月の上昇ウエッジへと収まりつつある。これは弱気のパターンだ。上昇ウエッジはトレンドに逆行して上昇するときの特徴的なパターンだ。この相場での目標値は、下方ブレイクアウトす

図9.1　7カ月間に及ぶダブルトップができそうなポンド/ドル（日足）

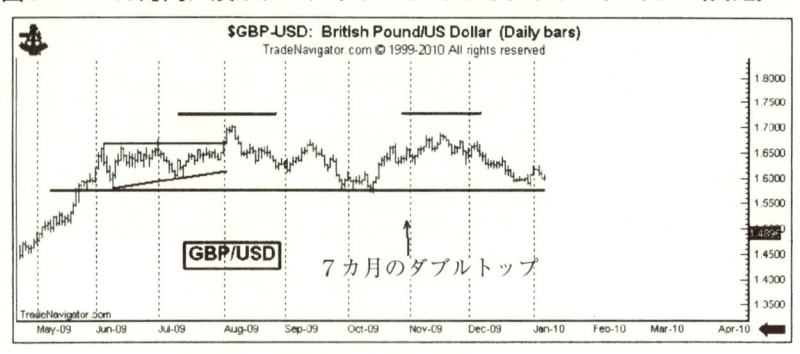

図9.2　S&Pの6カ月のチャネルと3カ月間のウエッジ（日足）

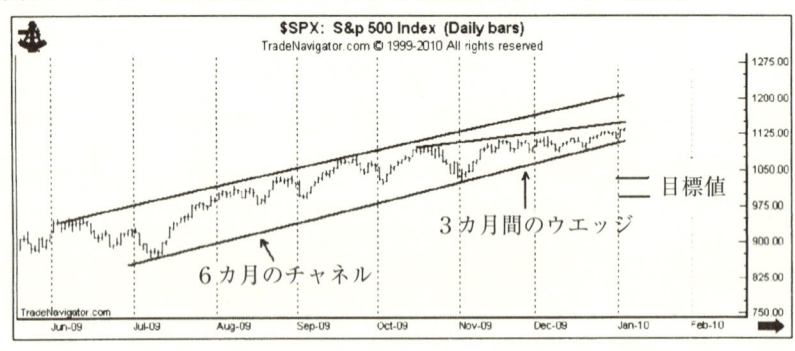

るまでは1030で、ブレイクアウト後には980だ。

Tボンド──すべての時間枠で出来上がりつつある弱気相場

政府がデフォルト（債務不履行）を起こしたらどうなるだろうか？

Tボンド市場の長期チャートは、大惨事が起きるのを待っているように見える。ここで3つのチャートを示す。まず**図9.3A**は1980年代初期からの四半期足チャートで、チャネルを形成している。ある時点でこのチャネルはブレイクされ、その後に価格はチャネル幅と等しい値だけ下げるはずだ。ありそうな目標値は1994年の安値の80ドルを試すところだろう。

　図9.3BはこのTボンドのつなぎ足による週足チャートだ。このチャートでは29カ月間に及ぶヘッド・アンド・ショルダーズ（H&S）のパターンが示されている。このパターンが展開するにつれて、価格は四半期足チャートで優勢なチャネルの下の境界線に近づいている。この時点では、右ショルダーは左ショルダーと対称ではないように見える。右ショルダーは2010年3月か4月に左ショルダーと等しい長さになるだろう。私は3月下旬に天井を付けると予想する。

　最後に、**図9.3C**は週足でのヘッド・アンド・ショルダーズの右ショルダーそのものが、日足チャート上では複雑なヘッド・アンド・ショルダーズになり得ることを示している。必要なことは、右ショルダーが121ドルを超えない水準まで上昇したあと、ネックラインを下に突き抜けることだ。

　この相場では、チャート上でパターンが続けて現れる可能性がある。日足チャートでヘッド・アンド・ショルダーズができると、週足チャートでもヘッド・アンド・ショルダーズができるかもしれない。それによって、四半期足チャートでチャネルが完成に向かうかもしれない。私の考えでは、Tボンドは今後2年間に、1枚当たり2万5000～3万ドルの利益を生む最高の機会を提供してくれると思っている。だが、すべてはタイミング次第だ。方向性を正しく判断できても、タイミングを間違えば、トレードは失敗に終わるはずだ。

図9.3A　Tボンドの数十年にわたるチャネル（つなぎ足による四半期足）

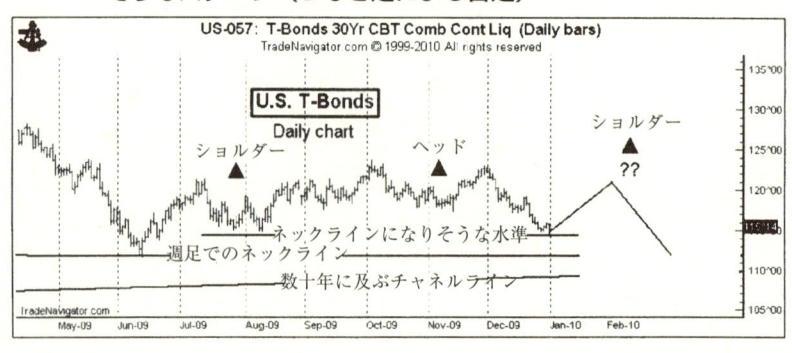

図9.3B　Tボンドでの2年間に及ぶヘッド・アンド・ショルダーズ（つなぎ足による週足）

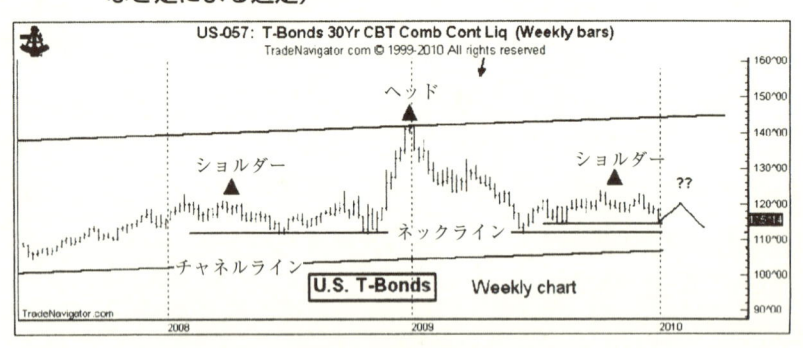

図9.3C　Tボンドでの6カ月でヘッド・アンド・ショルダーズが完成しそうなパターン（つなぎ足による日足）

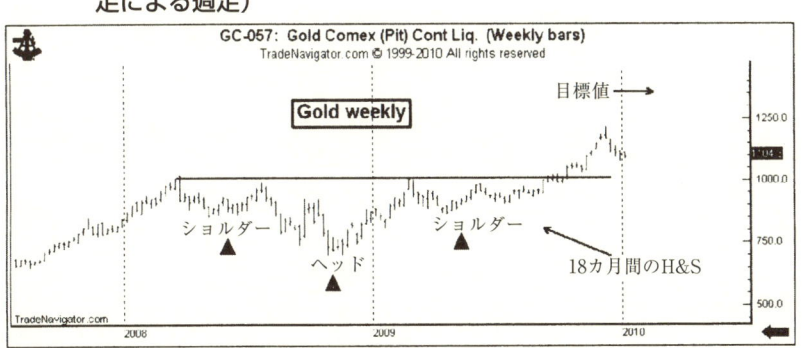

図9.4　金での継続パターンの逆ヘッド・アンド・ショルダーズ（つなぎ足による週足）

金──まだ上昇の余地がある強気相場

　図9.4の相場は第6章の図6.10でも見たものだ。2009年10月の上昇によって、週足と月足での金のチャートで逆ヘッド・アンド・ショルダーズのパターンが完成した。このパターンの目標値1350ドルはまだ達成されていない。

砂糖──60セントを示唆している四半期足チャート

　砂糖は値動きが激しく、最も抜け目のないトレーダーでも驚かされることがある。急上昇後に急落するこの相場は典型的なポップコーン型の上昇だ。これを書いている今（2010年1月5日）、最も予想していないときに砂糖の上昇相場が終わりを告げることもあるだろう。他方、最も長期のチャートでは砂糖が60セントまで上昇する可能性があることも示している。図9.5は1981年から2009年までの期間を月足チャートで示している。もしこの見てのとおりであれば、砂糖は楽に上場来高値を更新する可能性がある。

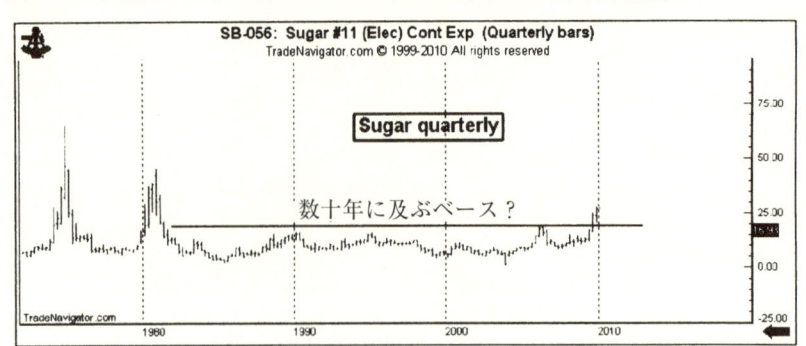

図9.5　砂糖の28年に及ぶベース（つなぎ足による四半期足）

ダウ平均──複数世代にわたる天井？

　これは私の「絵空事」のチャートだ。四半期足や年足チャートはトレーディングの戦術を決めるうえで実用的ではない。一方、それらはとんでもない価格予測を導くという点で、非常に面白い。図9.6は縦軸を対数目盛りにした、何十年も前からのダウの四半期足チャートだ。私はヘッド・アンド・ショルダーズができる可能性に気づかざるを得ない。この解釈が正しければ、相場は今、右ショルダーの上昇途上にある。2013年の前後１年ほどで右ショルダーの高値に達し、ダウ平均が１万1750ドルくらいまで上昇すれば、このパターンは左右対称になるだろう。今のダウ平均は１万1500ドルだが、私はどんな株も保有したいとは思わない。このチャートは今のところ、単に面白半分に示したものにすぎない。

プランを修正する

　2009年第４四半期のトレーディングやそのパフォーマンスについて

図9.6　12年にわたる天井を付けそうなダウ平均（四半期足）

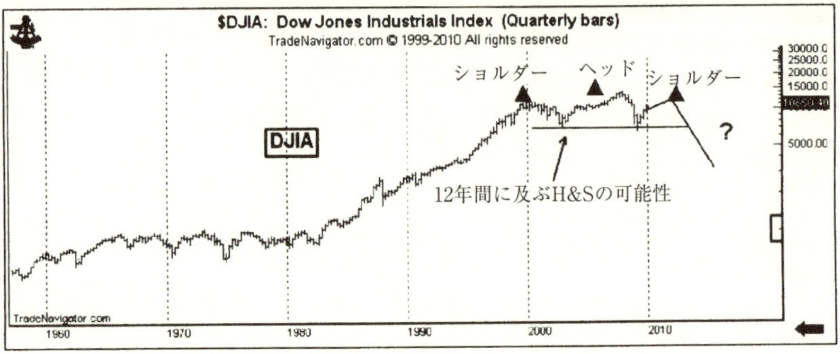

真剣に反省したあと、私はファクター・トレーディング・プランの戦略を微調整している。この変更は、私が毎月仕掛けるパターンの数にかかわる。

　私の目標はパターンをトレーディングのシグナルとみなすために満たすべき基準を引き上げ、それによって私自身にもっと規律や忍耐を強いることだ。

　本書で私はトレーディングを行うときの自分の弱点について述べた。それは、パターンが十分になるまで待ってトレードを始めるよりも、むしろパターンにすぐ飛びつきがちだということだった。**表9.2**は修正したファクター・トレーディング・プランである。

　すでに述べたように、私は特定のトレードや一連のトレードで利益を出せるかどうかについて、まったくコントロールできない。トレードの利益はコントロールできるようなものではない。私がコントロールできるのは、注文を入れることとリスクの変数だけだ。意志の力で利益を増やすことはできない。私にはコントロールできることしかコントロールできない。私がトレーディングプランに対して行っている修正は、シグナルの頻度と基準にかかわることである。

第3部　5カ月のトレーディング日記——開始

表9.2　修正したファクター・トレーディング・プラン

シグナルの種類	これまでのベンチマーク	修正後のベンチマーク
メジャーパターン		
パターンの完成	4.0	4.0（29％）
試し玉のシグナル	2.5	1.5（11％）
増し玉のシグナル	2.5	1.5（11％）
マイナーパターン	5.0	4.0（28％）
直感に基づくトレード	3.0	2.0（14％）
その他のトレード	2.5	1.0（7％）
合計	19.5	14.0（100％）

　ここ数カ月のトレーディングで、シグナルの基準に加えて取り組むべき必要のあるものがもうひとつある。10月以降、1トレード当たりの平均リスクはトレーディング資金の0.5％だった。これは私が望む値よりも低いだけでなく、トレーディングプランにおけるリスク管理の枠組みから得られる値よりも低い。

　私は次の2つのうちどちらかの方法で、1トレーディング当たりのリスクを増やそうと思っている。①最初のストップを離して置き、レバレッジを維持する。②レバレッジまたはギヤリング（資金ユニット当たりの枚数）を増やして、最初のストップを決めるこれまでの方法は維持する。

　私はリスク管理の手段として、これまでずっとラスト・デイ・ルールに満足してきた。それで私はレバレッジ、つまり資金ユニット当たりの枚数を増やそうと考えている。だが、そうするのは1～2カ月間、しっかりした運用成績を達成できたあとの話だ。私は自分のお金ではなく、儲けたお金でトレードする枚数を増やしたい。元手の資金ではなく、利益を有利に使ったほうがよいと私は信じている。

　私はこの修正されたプランによって、1月のトレーディングを始めた。

228

トレーディングの記録

7月限の砂糖――すぐに失速した上昇ウエッジ
シグナルの種類――メジャーパターンのブレイクアウト

　私は2009年4月以降、砂糖の上昇相場でうまくトレーディングを行っていた（もっとも、途中で負けトレードもあったが）。私は砂糖が大きく上昇すると信じていた。実際、砂糖が史上最高値である60セントのレンジを試す可能性があるとひそかに思っていた。そういうわけで、私は砂糖を買う機会を狙っていた。

　7月限の砂糖は1月4日に、継続パターンである2週間あまりのウエッジを完成させた。この上昇によって、9月初めから完成しつつあった4カ月間に及ぶボックスも確認された。私は1トレーディングユニット当たり1枚を買い、0.6%のリスクをとった。

　この小さな上昇ウエッジは、ボックスの上のアイスラインのところにできた。これらの小さなパターンに押されて、もっと大きなパターンでブレイクアウトが起きることがよくある。だが図9.7で示すように、ここでの上昇はすぐに失速した。そして、1月11日の下落によってラスト・デイ・ルールによるストップに引っかかった。

コーン3月限――パターンに飛びつく
シグナルの種類――マイナーな継続パターン

　このトレードはあまりにも小さなブレイクアウトに賭けた良い例だ。ブレイクアウトが妥当であるためには、明白なものでなければならない。パターンの境界線をぴったりと引けば、ダマシか早すぎるブレイクアウトに巻き込まれかねない。私はコーンのトレードでこの過ちを犯した。トレードで私がとったリスクは0.6%だった。

229

第3部　5カ月のトレーディング日記——開始

図9.7　ウエッジによって確認された砂糖のボックス（2010年7月限、
　　　　日足）

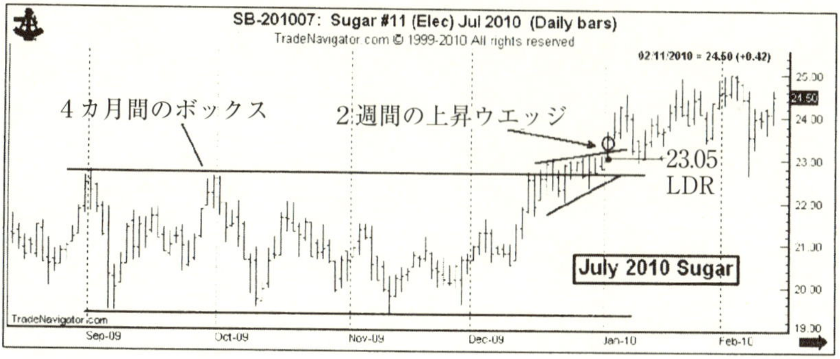

図9.8　コーンの1日のダマシ（2010年3月限、日足）

　境界線をどこに引くかが、トレードをしないこととトレードをして
負けることとの分かれ目になることがある。

　図9.8はコーンの10週間に及ぶトライアングルを定義するために、
境界線をわずかに下向きに引いたことを示している。私はトライアン
グルの極めて小さなブレイクアウトで買い、2時間以内にストップに

230

図9.9　わずかに違うように見える同じコーンのチャート（2010年3月限、日足）

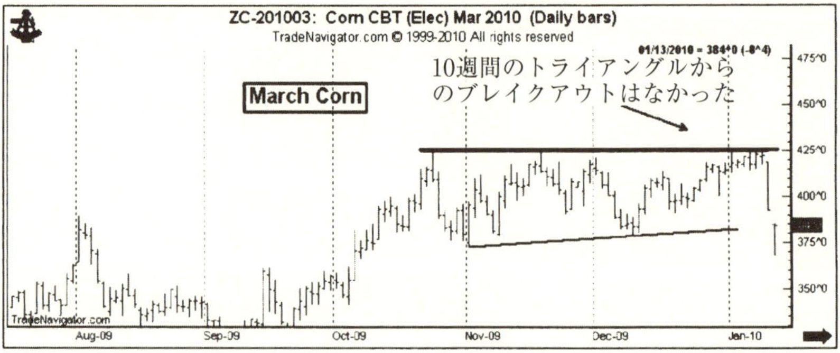

引っかかってしまった。私が買いのために置いた逆指値は10月と11月の高値のわずか１セント上にすぎなかった。私はもっとはっきりとした動きを示したところでトレードすべきだった。

図9.9は水平に引いた境界線を示している。仕掛けのポイントからの１枚当たりのリスクがたとえ大きくなっても、ブレイクアウトは明白であるべきだ。水平な境界線を引いていたら、ブレイクアウトは起きていなかった。

振り返ると

結果的に、コーンは強気相場だという先入観に基づいてトレードを行ってしまった。私はとにかくコーンを買いたかったのだ。トレーダーとしての私は、自分が強気か弱気かといったぜいたくなことは言っていられない。このことは絶えず思い出す必要がある。強気とか弱気とか言うということは、感情的な思い入れがあるということだ。私はポジションのことだけを考える必要がある。相場観なんて重要ではな

い。ポジション自体が雄弁に物語るのだ。

私はこのトレーディングで、もうひとつ過ちを犯した。一般に、穀物やソフト商品、畜産のような銘柄でパターンのブレイクアウトが起きても、夜間取引で起きると信頼できない。私は第5章の注文管理のところで、このことについて検討した。コーンの小さなブレイクアウトは、夜間取引で価格が一時的に突出したものだった。たとえ私の買いの逆指値を価格の近くに置きすぎていたとしても、私が日中取引時間だけに仕掛けていたら、約定することはなかっただろう。

ドル/円──くたびれ儲けに終わった上昇ウエッジ
シグナルの種類──マイナーな反転パターン

私はドルが大きく値下がりすると信じ、数年間、円を見張っていた。この先入観は2008年10月に確認された月足チャート上の巨大な下降トライアングルに基づいていた（**図9.10**を参照）。このパターンが有効ならば、最終的な目標値は1ドル60〜65円になる。こういうわけで、私はこの通貨ペアを売ることばかりを考えていた。この態度は円に対する思い入れからではなく、健全なテクニカル分析に基づくものだった。

図9.11で示すように、1月12日の下落によって、日足チャートでの5週間に及ぶ上昇ウエッジという反転パターンが完成した。私は1トレーディングユニットにつき3万ドルの売りポジションを取った。そして2月3日に、トレイリングストップのルールによるストップに引っかかった。

ミニナスダック3月限──すぐに損失をもたらした短期パターン

第9章　2カ月目──2010年1月

図9.10　ドル/円の12年間に及ぶ下降トライアングル（月足）

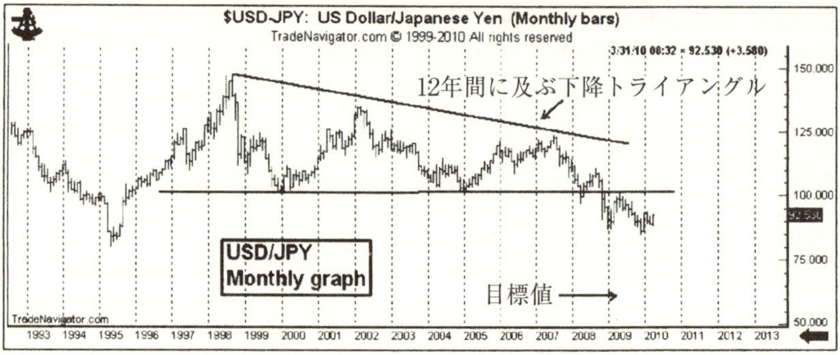

$USD-JPY: US Dollar/Japanese Yen (Monthly bars)
TradeNavigator.com © 1999-2010 All rights reserved
3/31/10 08:32 = 92.530 (+3.580)

12年間に及ぶ下降トライアングル

USD/JPY
Monthly graph

目標値 →

図9.11　ドル/円の5週間の上昇ウエッジ（日足）

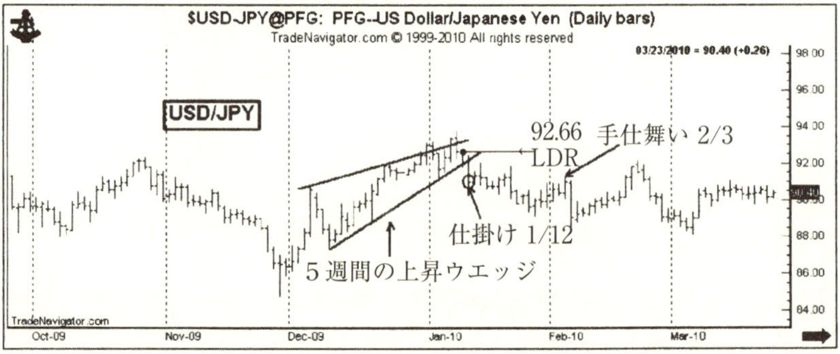

$USD-JPY@PFG: PFG-US Dollar/Japanese Yen (Daily bars)
TradeNavigator.com © 1999-2010 All rights reserved
03/23/2010 = 90.40 (+0.26)

USD/JPY

92.66　手仕舞い 2/3
LDR

仕掛け 1/12

5 週間の上昇ウエッジ

シグナルの種類──その他のトレード

　私は12月にミニナスダック3月限の買いで利益を上げていた。それでも私は、株価は著しく過大評価されているので、弱気相場に入るのは時間の問題だという先入観を持っていた。この先入観のため、2週

233

図9.12　ミニナスダック先物での２週間の小さなブロードニングパターン（2010年３月限、日足）

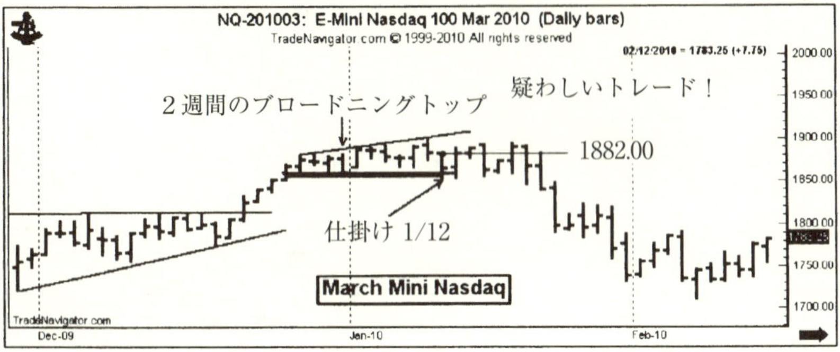

NQ-201003: E-Mini Nasdaq 100 Mar 2010 (Daily bars)
TradeNavigator.com © 1999-2010 All rights reserved
02/12/2010 = 1783.25 (+7.75)

２週間のブロードニングトップ
疑わしいトレード！
1882.00
仕掛け 1/12
March Mini Nasdaq
TradeNavigator.com
Dec-09　Jan-10　Feb-10

間に及ぶブロードニングトップだと解釈して、１月12日に１トレーディングユニット当たり１枚を売り建てた（**図9.12**を参照）。私のトレーディングプランでは、８〜10週未満のマイナーな反転パターンでトレーディングすることは許されない。私はラスト・デイ・ルールに基づいて、翌日にストップに引っかかってしまった。

振り返ると

　これはトレード時点でも実際には意味をなさなかったシグナル例だ。振り返って見ればなおさらだ。私は当時、株式市場は下げるものだと感じていた。先入観でチャートを分析してしまうことはある。先入観に沿って本物のパターンを確認することと、先入観を肯定してしまうパターンを作り上げてしまうこととの間には、微妙な違いがある。

パターンの解釈の重要性

　本書を読んでいるこの時点で、あなたはおそらく次のように自問しているだろう。

●パターンはいつ、パターンになるのか？
●パターンの認識は主観的なものではないか？
●ほかのチャーチストが同じチャートを解釈したら、どうなるのか？

　私の意見では、これらの問いは重要ではない。トレード機会の確認はトレーディングの全要素のなかで最も重要度が低い。全体的に見てトレーディングで成功するためには、トレーディングの過程そのものとリスク管理のほうがはるかに大切な要素だ。成功したどのトレーダーでも、ぴったり同じ方法でトレーディングのチャンスを選ぶ人はひとりもいない。何がトレーディングのシグナルで、何がそうでないかを確認するために、プロのトレーダーは幅広い方法を用いている。だから、私の解釈に正しくないものがあっても、それほど心配しない。私のトレーディングでの成功は、長い目で見れば、チャートを完璧に読む能力にあるわけではない。

Ｔボンド３月限──アイスラインを無視したダブルトップの再度の試し
シグナルの種類──メジャーパターンのブレイクアウトと再度の試し

第3部　5カ月のトレーディング日記——開始

図9.13　Ｔボンドで4カ月のダブルトップが再び試されて失敗（2010年3月限、日足）

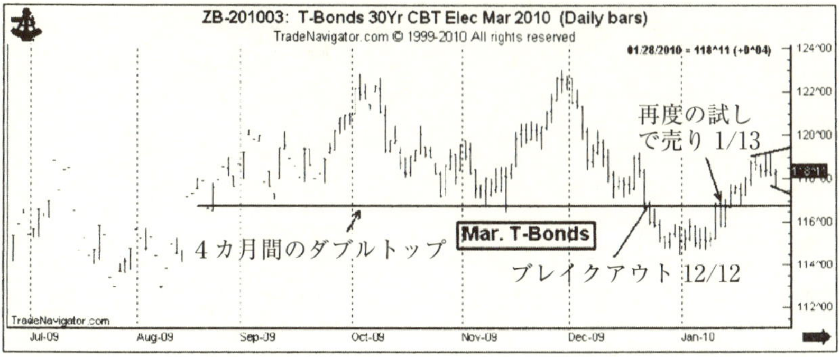

ZB-201003: T-Bonds 30Yr CBT Elec Mar 2010 (Daily bars)
TradeNavigator.com © 1999-2010 All rights reserved

再度の試しで売り 1/13

4カ月間のダブルトップ

Mar. T-Bonds

ブレイクアウト 12/12

12月12日にＴボンドで4カ月間に及ぶダブルトップが完成した。私はそのシグナルを逃し、1月13日の再度の試しで売りポジションを取った。しかし、再度の試しによる失敗パターンのルールに従って、1月15日に損切りに引っかかった（**図9.13**を参照）。

一般に、数週間後にパターンを再び試したところでトレードしても、利益はあまり得られない。最も利益が出せるトレードはブレイクアウト後に仕掛けた値位置がけっして試されることがないようなパターンだ。

コーン3月限——典型的なブレイクアウエーギャップ
シグナルの種類——メジャーパターンのブレイクアウト

ギャップのほとんどはパターンギャップだ。パターンギャップはトレーディングレンジ内で起き、数日か数週間で窓埋めする。しかし、主要な境界線で起きたギャップはブレイクアウエーギャップの可能性がある、と常に考えておく必要がある。本物のブレイクアウエーギャ

第9章　2カ月目──2010年1月

図9.14　ブレイクアウエーギャップによるコーンの天井の完成（2010年3月限、日足）

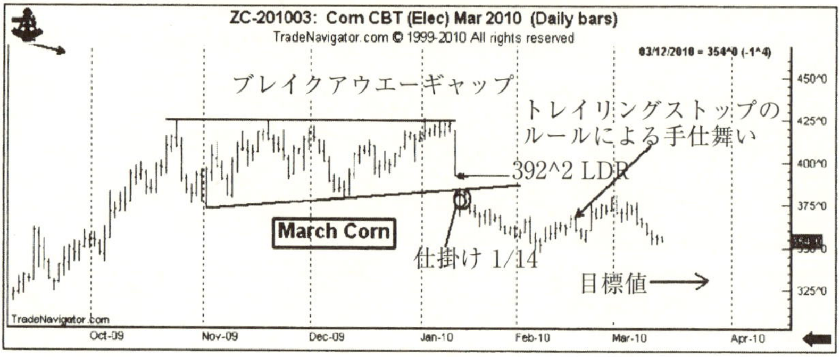

ップでは窓埋めすることがない。少なくとも意味のあるトレンドが完成するまでは窓埋めはない。大切なことだが、ギャップによってパターンが完成したときは、典型的なチャートの考え方では重要な展開になる。窓埋めしないようなギャップで完成したパターンは、示唆される価格目標をはるかに上回るようなことが多い。

　コーンの相場では、1月13日に非常に大きなギャップ（8セント）が空き、12週間に及ぶトライアングルが完成した。私はこの展開を予想していたので、そのときには仕掛けの逆指値を置いていなかった。相場がアイスラインを再び試した1月14日に、私は売った。

　図9.14で示したように、このようなギャップの場合、ラスト・デイ・ルールはギャップの空けた前の足の終値になる。

　私はトレイリングストップのルールによって、2月16日に利食いした。

237

第3部　5カ月のトレーディング日記——開始

振り返ると

コーンのトレードで、私はラスト・デイ・ルールを維持すべきだった。大きなパターンの完成はすぐには破られない。トレイリングストップのルールでは、パターンの重要なブレイクアウトが順調にいくだけの余地を与えてくれないのだ（コーンは最終的に12週間のトライアングルの下値目標に達した）。

小麦3月限——対称ヘッド・アンド・ショルダーズ
シグナルの種類——メジャーパターンのブレイクアウト

コーンのブレイクアウト後のある日、小麦3月限では典型的な13週間に及ぶヘッド・アンド・ショルダーズが完成した（**図9.15**を参照）。このパターンの第一の特徴は、左右のショルダーの長さと高さのバランスが非常に良く、対称的だという点だ。コーンと同様に、私はトレイリングストップのルールに基づいて、あまりにも素早くストップを動かした（ヘッド・アンド・ショルダーズの目標値は達成され、2010年6月にはそれを大きく超えた）。

トレイリングストップのルールはこれまでずっと資金管理の素晴らしい手段だった。だが昨年は、このルールのためにトレードからあまりにも早く振るい落とされることが多かった。目標値に向かって相場がもっと順行するまで、私はこのルールを適用しないように修正しようかと考えている。このことについては、あとでまた触れる必要があるかもしれない。

ユーロ/円——小さなヘッド・アンド・ショルダーズから完成したメジャーパターンのトップ

第9章　2カ月目──2010年1月

図9.15　小麦の典型的なヘッド・アンド・ショルダーズ（2010年3月限、日足）

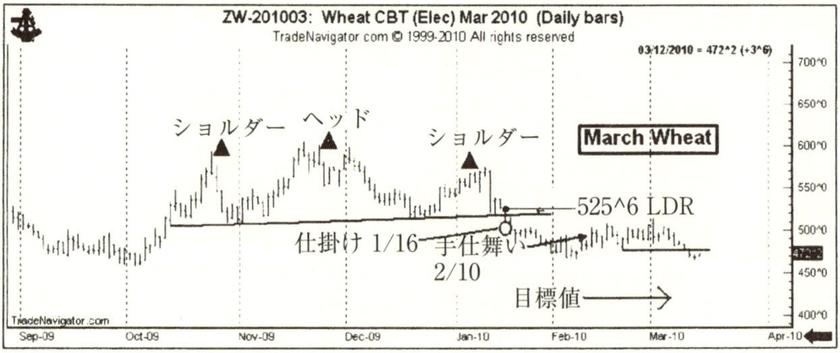

シグナルの種類──メジャーな試し玉のパターンとメジャーなブレイクアウト

　図9.16で示すように、ここ数カ月は週足チャートでユーロ/円の大きなラウンドトップが完成するのを見守っていた。私はこの相場で小さなパターンができて、試し玉を建てられるのではないかと考えていた。

　図9.17は1月15日の下落によって日足チャート上で小さなヘッド・アンド・ショルダーズが完成したことを示している。以前に、私は小さなパターンでトレードをすべきでないと述べた。これはほかと連動しないマイナーパターンでは正しいが、週足でのパターンがかなり作られてからのトレード機会には当てはまらない。ファクター・トレーディング・プランでは、短期のパターンで試し玉を建ててもよい。私のポジションは1トレーディングユニット当たり3万ユーロだった。

　このトレードでの目標値は週足チャートでのネックラインへの試しだった。目標値には1月21日に達した。私は利食いした。このような状況では、私はときどき試し玉を建てたままにして、メジャーパター

239

第3部　5カ月のトレーディング日記──開始

図9.16　ユーロ/円のラウンドトップ（週足）

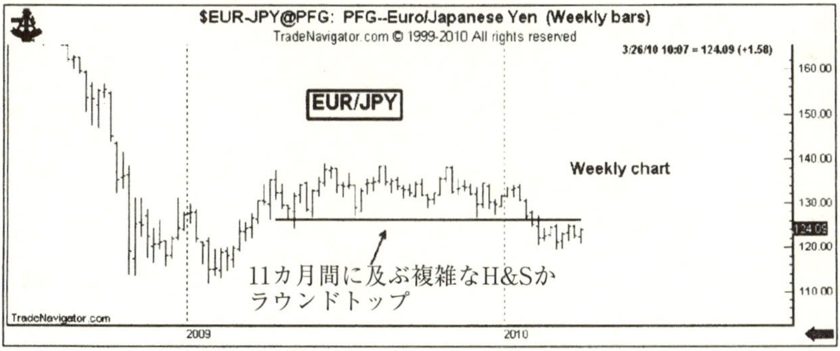

$EUR-JPY@PFG: PFG--Euro/Japanese Yen (Weekly bars)
TradeNavigator.com © 1999-2010 All rights reserved
3/26/10 10:07 = 124.09 (+1.58)

EUR/JPY

Weekly chart

160.00
150.00
140.00
130.00
124.09
120.00
110.00

11カ月間に及ぶ複雑なH&Sか
ラウンドトップ

TradeNavigator.com

2009　　　　2010

図9.17　ユーロ/円のラウンドトップの後半（日足）

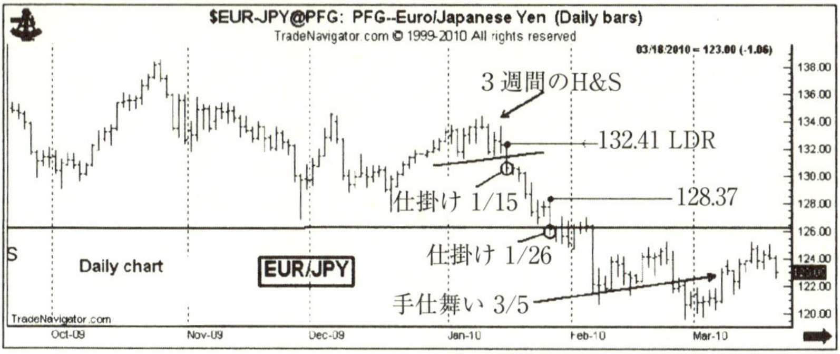

$EUR-JPY@PFG: PFG--Euro/Japanese Yen (Daily bars)
TradeNavigator.com © 1999-2010 All rights reserved
03/18/2010 = 123.00 (-1.06)

3週のH&S

←132.41 LDR

仕掛け 1/15

128.37

S

Daily chart

EUR/JPY

仕掛け 1/26

手仕舞い 3/5

138.00
136.00
134.00
132.00
130.00
128.00
126.00
124.00
122.00
120.00

TradeNavigator.com

Oct-09　　Nov-09　　Dec-09　　Jan-10　　Feb-10　　Mar-10

ンがブレイクアウトするかどうか見守ることがある。この場合、私は
そこまで待たないことに決めた。

　1月26日に10カ月に及ぶラウンドトップまたは複雑なヘッド・アン
ド・ショルダーズのアイスラインが突破されたので、私はこの銘柄を
再び空売りした。

240

第9章　2カ月目——2010年1月

　ラスト・デイ・ルールは仕掛けから200ピップス以上離れていたので、私はレバレッジを低くした（1トレーディングユニットにつき2万ユーロ）。私はトレイリングストップのルールに従って、3月5日にこのトレードを利食いした。

　私の1月のコーンや小麦、ユーロ/円などのトレードで、あなたはパターンがどんなものか確認してくれたことだろう。私はと言えば、あまりにも早く仕切りのストップを動かすという悪い習慣に陥っていた。トレーディングでの悪い習慣とは微妙で、一見もっともな理由から（この場合は利益を守るために）そういう習慣を身につけてしまうことがある。私は今後もこれに対処しなければならない。

振り返ると

　トレーディングでのジレンマにはけっして終わりがない。トレーダーは成功するために妨げとなっている問題をすべて解決することはけっしてできない。ジレンマがひとつ解消されると、別のジレンマがそれに取って代わるかのようだ。

ミニS&P 3月限——売りポジションの管理を誤る
シグナルの種類——2回のメジャーパターンのブレイクアウト

　私は1月の残りの期間に、ミニS&P 3月限のトレーディングを2回行った。

　私は3カ月間に及ぶ上昇ウエッジが完成するかどうかを見張っていた。ときどきあることだが、このウエッジの下の境界線を過去に延ばすと重要な安値（2009年3月の安値）に完全につながった。

241

第3部　5カ月のトレーディング日記――開始

図9.18　ミニS&P先物で売りシグナルを出した3カ月間の上昇ウエッジ
　　　　（2010年3月限、日足）

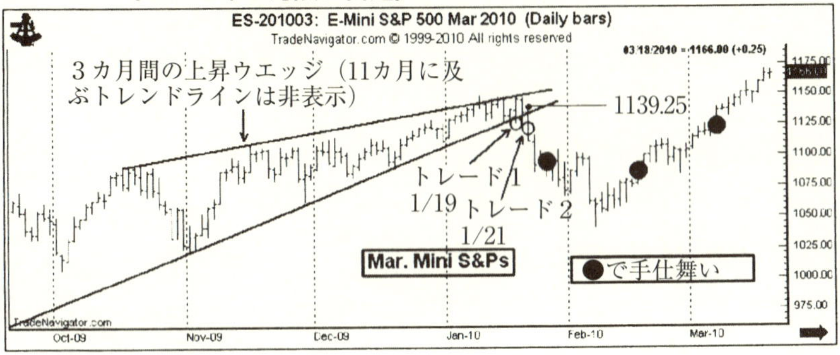

　1月19日に、価格が日中に下の境界線をブレイクしたときに、売っ
た。しかし、この最初のパターンの下への突き抜けは早すぎた。私は
同じ日にストップに引っかかった（**図9.18**を参照）。

　1月21日にまたブレイクアウトが確認され、私はいつもよりも大
きなレバレッジ（1トレーディングユニット当たり1.5枚）で売った。
私はトレーディングの指針を決めた基準を上回って、資金の1.2％の
リスクをとった。当時の私の考えでは、2010年はこのトレードから華々
しく始まるはずだった。実際、私はこのトレードが「純資産に対して
7％」の利益率の可能性があると思っていた。ついに、2009年の素晴
らしい強気相場は終わったのだ、と私は思っていた。

　私は1月26日に最初の目標値1086で、ポジションの3分の1を利食
いした。私の次の目標値は1010だった。そして、それはすぐに達成さ
れると思っていた。私はトレイリングストップのルールによって、2
月16日に次の3分の1を手仕舞いさせられた。これを認めるのは決ま
り悪いが、3月5日に私は最後の3分の1を最初に仕掛けた価格水準
に置いたストップによって手仕舞いさせられた。最後の3分の1のポ
ジションはポップコーントレード――行って来い――だった。

242

図9.19　砂糖での8日間のペナント（2010年5月限、日足）

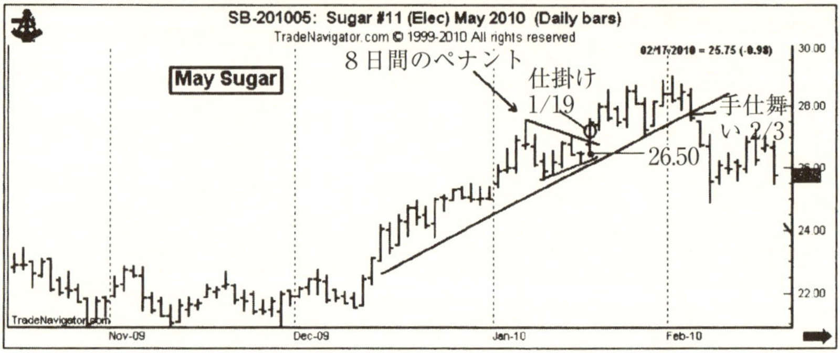

SB-201005: Sugar #11 (Elec) May 2010 (Daily bars)
TradeNavigator.com © 1999-2010 All rights reserved
02/17/2010 = 25.75 (-0.98)

May Sugar

8日間のペナント
仕掛け
1/19
手仕舞い 2/3
26.50

TradeNavigator.com

Nov-09　Dec-09　Jan-10　Feb-10

振り返ると

　S&Pの1月19日のトレードは早すぎはしたが、売りの妥当な試みだった。1月19日のブレイクアウト後に、相場が下げ続けていたら、その仕掛けはあとから見ても十分に素晴らしいものだっただろう。利益が出たトレードではなく、良いトレードかどうかの基準は、トレード後にそのあとをチャートでたどってみて支持できるかどうかだ。

砂糖5月限——きちんと管理した増し玉のトレード
シグナルの種類——メジャーな増し玉パターン

　砂糖が60セントに向かうという考えについて、私はまだ言い足りないことがある。5月限は1月19日に小さなペナントを完成させた。私は買った。メジャートレンド内の小さな継続パターンでトレーディングを行うと、非常に利益が出ることがある。相場が強気のメジャート

レンドラインを下に抜けて引けた２月３日に、私はこのトレードを手仕舞った。２月３日はトレイリングストップのルールも満たしていた（**図9.19**を参照）。

出来高の重要性

エドワーズとマギーは出来高を非常に重要視している。実のところ、彼らはチャートでパターンが完成したかどうかを確かめるためには、ある出来高の特徴が必要だと主張している。

私が基本的にこの本でここまで、出来高ということを無視してきた理由は２つある。

第一に、出来高という数字はFX市場では利用することさえできない。私は何よりも外国為替のトレーディングを行っている。

第二に、私は商品先物の出来高が株式市場の出来高ほど大切だとは考えていない。株の出来高は常に発行済み株式の総数と関連している。それで、株の出来高は発行済株式数または浮動株と比べれば重要な尺度になる。

先物取引には、特定の日か週の出来高と比べられる一定の発行済株式数あるいは枚数というものはない。取組高（等しい買いポジションと売りポジション数を表す未決済の枚数）には限界がない。先物取引ごとの取組高（例えば、2011年７月限のコーン）はゼロから始まり、納会日になるとゼロになって終わる。

出来高と取組高の持つ意味を調べ続けた商品トレーダーもいる。だが、私はトレーディングでこれらの要素を無視するほうを選んだ。

第9章　2カ月目──2010年1月

金4月限と6月限──3カ月のチャートの再定義
シグナルの種類──直感に基づくトレード、マイナーな反転パターン、
マイナーな継続パターン、2つのマイナーな反転パターン、メジャー
な試し玉のパターン、メジャーパターンのブレイクアウト

振り返ると

　この文章は1月に始めて、失望に終わった一連の5回のトレードを
振り返って、4月初めに書いたものだ。私は一連のシグナルを通して
金のトレードを追いかけたいので、ここでは月ごとに書く方式を取ら
ない。1月から4月初めまでの金の相場は、私が相場の再定義──ひ
とつのパターンが失敗して、より大きなパターンの一部などになり、
最後に相場が自らを明らかにするまでの過程──と呼ぶ考え方の素晴
らしい例だった。

　利益を出せる強いトレンドが続いたあとは、ダマシのシグナルが当
たり前のように出る期間に入ることが多い。金は2009年の10月後半か
ら12月まで、素晴らしい値動きを見せていた。第6章の事例研究のひ
とつでも、このトレンドを取り上げた。

　2010年1月20日から、これを書いている現在（2010年4月）まで、
私は金の一連のトレードで失望を味わい続けている。この状態はいつ
終わるのだろうか！　今年はまだ数カ月しかたっていない。それなの
に、私が今、夢中になっている金のトレードでは、5連敗を味わうこ
とになりそうだ。

　図9.20は2010年に私が最初に行った金のトレードである。これは
直感に基づくトレードだった。チャートには、3週間に及ぶヘッド・

245

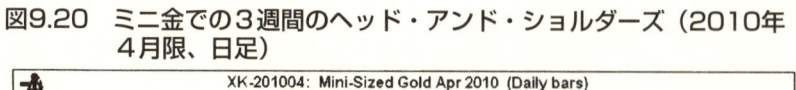

図9.20 ミニ金での３週間のヘッド・アンド・ショルダーズ（2010年４月限、日足）

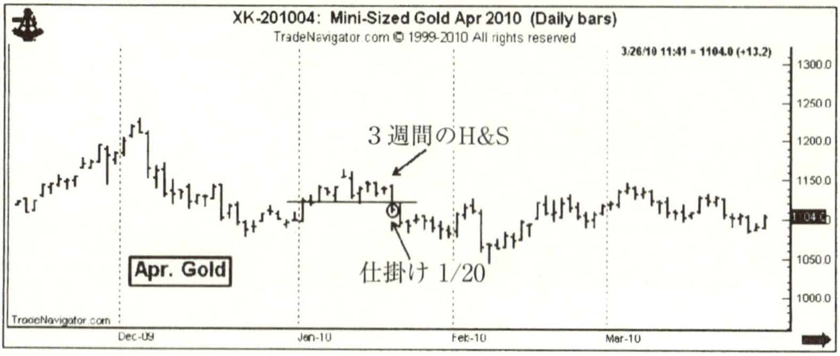

アンド・ショルダーズの反転パターンが示されている。それは小さかったが、私はそのパターンが小さくまとまっているところが好きだった。私は３つの異なる価格で手仕舞い、１トレーディングユニット当たり約1000ドル稼いだ。私は運が良かったと思う！　直感に基づくトレードを仕掛けたら、私はたいてい２〜５日以内に手仕舞う。

　図9.21に示されるように、次の売りトレードは９週間に及ぶ下降トライアングルというマイナーな反転パターンが２月４日に完成したために行ったものだ。私はこれが大きな勝ちトレードになると本当に思っていた。相場は翌日に反転し、私は再度の試しによる失敗パターンのルールによって、２月11日にストップに引っかかった。このパターンはメジャーパターンのブレイクアウトに基づくトレードを行うのに十分な大きさだった。しかし、週足チャートには、これに対応するパターンは現れていなかった。

　次に図9.22で示すように、２月16日の上昇によって、日足チャートで11週間に及ぶ下降ウエッジが完成した。これはマイナーな継続パターンだった。私のポジションは10万ドルの１トレーディングユニットにつきミニ１枚だった。私はわずか0.4％のリスクしかとらなかっ

第9章　2カ月目──2010年1月

図9.21　ミニ金の9週間の下降トライアングルの失敗パターン（2010年4月限、日足）

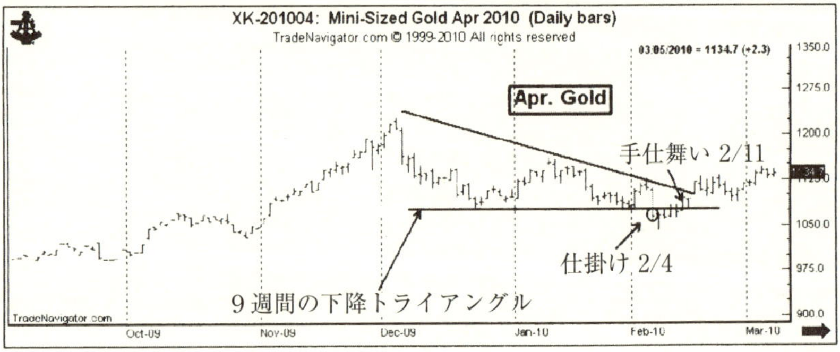

た。ブレイクアウトしたときに、私は仕掛けの逆指値を置いていなかったので、2月18日になって買った。金について臆病になっていた私は、翌日の2月19日にすぐポジションの半分を利食った。残り半分は、再度の試しによる失敗パターンのルールによって2月24日に1092ドルでストップに引っかかった（**図9.22**を参照）。

　「最初に勝てなければ、繰り返し負けると覚悟せよ」が、ここでの格言だろう。私は日足チャートで9週間に及ぶ逆ヘッド・アンド・ショルダーズのパターン（**図9.23**を参照）が完成した3月2日に、再び金を買った（1トレーディングユニット当たりミニ1枚）。このマイナーな反転パターンによるトレードも長く続かなかった。私は再度の試しによる失敗パターンのルールによって、3月8日にストップに引っかかった。

　3月18日の日記に、私は金の相場でのジレンマについて書いた。**図9.24**に示したように、そこには矛盾するシグナルがあった。チャートは12月22日の左ショルダーの安値と3月12日の右ショルダーの安値によって、12月中旬からの3カ月間に及ぶ逆ヘッド・アンド・ショルダーズが作られているように見えた。

247

第3部　5カ月のトレーディング日記——開始

図9.22　ミニ金の11週間の下降ウエッジ（2010年4月限、日足）

図9.23　ミニ金での逆ヘッド・アンド・ショルダーズ（2010年4月限、日足）

図9.24　金の買いや売りのセットアップ

同時に、5週間のヘッド・アンド・ショルダーズという弱気のパターンも完成し始めていた。小さなヘッド・アンド・ショルダーズのヘッド部分が、より大きな逆ヘッド・アンド・ショルダーズでの右ショルダーの高値でもあるという点で、これらのパターンは重なり合っていた。ヘッド・アンド・ショルダーズのパターンが重なり合っているとき、強い動きを見せることがよくある。

私はどんなパターンでも、完成したらそれに従うことにしていて、あるパターンのほうが別のパターンよりも良かったなどと、あとでとやかく言わないようにしている。マイナーな反転パターンであるヘッド・アンド・ショルダーズが3月22日に完成した。私は資金の0.1％のリスクで、売った（1トレーディングユニット当たりミニ1枚）。だが、3月25日にラスト・デイ・ルールによるストップに引っかかった。

最良かつ最大のパターンは普通、多くの小さな失敗パターンを含んでいるものである。これがまさに2009年に起きたことだった。金は上昇したかと思えば下落して横ばいになり、最終的には第4四半期になって素晴らしい値動きを見せた。これが2010年4月現在の金の状況だ。これらの小さなパターンの多くはその時点では重大なものに見えるが、あとにずっと大きなパターンの一部になると、そうではなかったと分かる。私はこの現実をファクター・トレーディング・プランに組み込んでいる。実際にうまくいく10回のトレードをとらえるためには、メジャーパターンのブレイクアウトで45回のトレーディングが必要になるということだ。

ようやく、私は相場を理解したと思う。**図9.25**は15週間に及ぶ逆ヘッド・アンド・ショルダーズを示している。この4カ月のパターンの右ショルダーの役目を果たしているのは4週間のチャネルになりそうなパターンだ。4月1日の上昇はこのチャネルを上に抜けた。私は1トレーディングユニット当たりミニ1枚を買った。

逆ヘッド・アンド・ショルダーズは4月7日に完成した。私は全ポ

第3部　5カ月のトレーディング日記——開始

図9.25　ミニ金のこれまでの不確かさを解消した逆ヘッド・アンド・ショルダーズ（2010年6月限、日足）

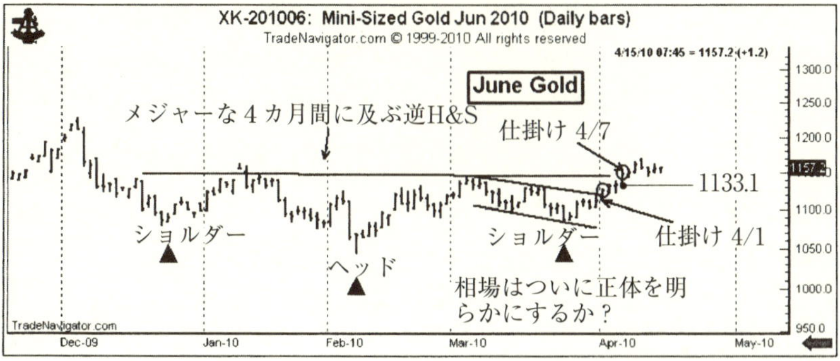

ジションのストップの基準として、ラスト・デイ・ルールの1133.1ドルを使って、増し玉をした。この4カ月間のヘッド・アンド・ショルダーズの目標値は、12月の高値への試しでもある1230ドルだ。

　事例研究で示したように、2009年10月に週足チャート上で逆ヘッド・アンド・ショルダーズが完成し、そこでの目標値1350ドルが達成される可能性はまだ残っている。このパターンが最終的にうまくいくのか、あるいはこのパターンもまた大きなパターンの一部になるのかは、時が教えてくれるだろう。このトレードの結果は第12章で報告することになるだろう。

ポンド/円——小さなトライアングルが大きなトライアングルの最後の高値となる
シグナルの種類——メジャーな試し玉のパターン

　図9.26はメジャーパターンの最終段階で点灯した試し玉のシグナルの教科書的な例を示している。9月以降、ポンド/円では下降トライアングルという直角三角形になりそうなパターンが作られていた。

250

第9章 2カ月目——2010年1月

図9.26　ポンド/円で完成しそうな下降トライアングル（日足）

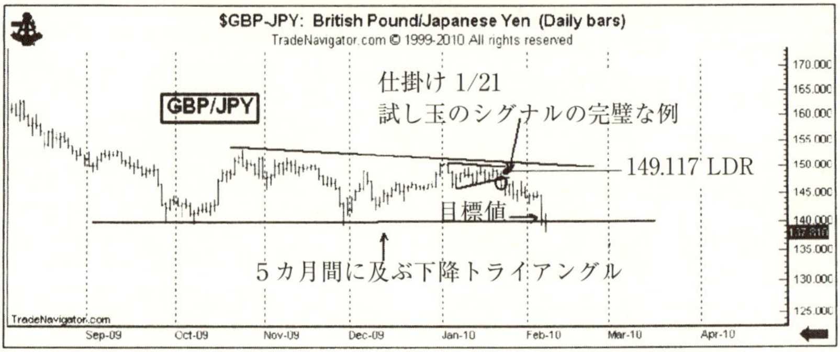

$GBP-JPY: British Pound/Japanese Yen (Daily bars)
TradeNavigator.com © 1999-2010 All rights reserved

GBP/JPY

仕掛け 1/21
試し玉のシグナルの完璧な例

149.117 LDR

目標値→

5カ月間に及ぶ下降トライアングル

TradeNavigator.com

Sep-09　Oct-09　Nov-09　Dec-09　Jan-10　Feb-10　Mar-10　Apr-10

170.000
165.000
160.000
155.000
150.000
145.000
140.000
137.610
135.000
130.000
125.000

　１月21日に、３週間に及ぶ対称トライアングルが完成した。よくあることだが、週足チャート上のメジャーパターンの最終段階で、日足チャート上に小さなパターンができた。このトレードの目標値はメジャーパターンである下降トライアングルの下の境界線だった。私は２月４日に目標値で利食いした。

銅３月限——すぐに反転した小さなホーンとトレンドラインの突破
シグナルの種類——メジャーパターンのブレイクアウトとその他のトレード

　図9.27で分かるように、１月27日の下落で３週間のホーンまたはスローピングトップが完成した。これは比較的短期のパターンだったが、この下落によって10カ月間に及ぶチャネルの境界線も下に抜けた。これは2010年の最もきれいな例に入るかどうかを検討できるほどのシグナルだった。リスクはかなり大きかったので、私は40万ドルの資金につき１枚だけでトレーディングを行った。

　これはいくつかの点で、管理をひどく誤ったトレードだった。まず、

251

第3部　5カ月のトレーディング日記──開始

図9.27　銅の3週間のホーン（つなぎ足による日足）

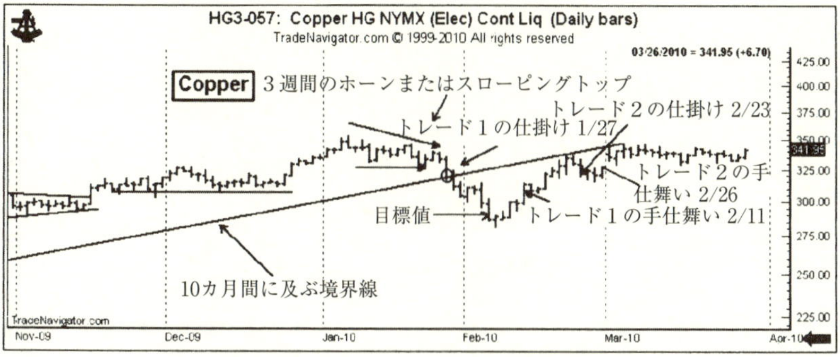

HG3-057: Copper HG NYMX (Elec) Cont Liq (Daily bars)
TradeNavigator.com © 1999-2010 All rights reserved

Copper　3週間のホーンまたはスロービングトップ

トレード1の仕掛け 1/27

トレード2の仕掛け 2/23

トレード2の手
仕舞い 2/26

目標値

トレード1の手仕舞い 2/11

10カ月間に及ぶ境界線

この相場は大きく下に突き抜けて戻る力はほとんどない、という強い直感が私にはあった。

　私はもっとレバレッジを上げて、金額によるストップをもっと近くに置いておくべきだった。第二に、最初の目標値である290セントには2月4日に到達した。それなのに、私は利食いをしなかったのだ！

　第三に、トレイリングストップのルールには2月11日の朝早くに達していた。だが、私は午後遅くまで待って、311.60セントまで上昇してから買い戻した。

　私は本書で、トレードが利益となるか損失となるかは、話のほんの一部にすぎないと強調してきた。ひどいトレードをして儲けることもあれば、上手にトレードをして損をすることもある。銅のトレードは前者の例だった。最初のトレードでは12セントの利益になったが、手仕舞いで失敗している。

　この相場状況は、ひとつ失策を犯すと次から次へと失策を重ねかねないという例にもなっている。失敗は事態をより悪化させるものだ。トレーダーは特定の相場に貸しがあると思いやすい。だが、相場はわれわれから何の借りもない！

252

銅のトレードで最初に管理を誤ったことが、次の誤りにつながった。ストップに引っかかったあと、私は相場が上昇し続けるのを見ていた。相場は1月28日にはっきりと下にブレイクしたメジャートレンドである境界線を2月19日に再び試した。

そして、2月22日と23日に相場は再び下げた。私は2月23日の終値で売った（トレード2）。これは感情に基づくトレードだった。私は前のトレードで多くの利益を取り損ねていたので、銅の相場にはまだ貸しがあると思っていたのだ。

分別を取り戻すと、1日か2日以内に、2月23日の売りは賢明なトレードとは言い難いと悟った。私は間違いはすぐに正すべきだと分かっている。問答無用だ！　私は2月26日にそのトレードを手仕舞った。

ポンド/ドル——ローソク足パターンを使ったトレード
シグナルの種類——マイナーな継続パターン

私は週足チャートに完成しそうなダブルトップのために、1月はずっとポンド/ドルに弱気だった。私は売りたかった。1月29日に、1トレーディングユニット当たり3万ポンドを空売りした。この仕掛けは1月27日と28日のヒッカケによるセットアップに基づいていた（**図9.28**を参照）。

ヒッカケのパターンは特定の価格目標はない。私はダブルトップのアイスラインが支持線になると信じていたので、2月4日に利食いした。また、アイスラインがブレイクされたら、すぐに売り直すことができることも分かっていた。

ポンド/ドルの冒険談については、再び第10章で取り上げる。

253

第3部 5カ月のトレーディング日記——開始

図9.28 ポンド/ドルでのもうひとつのヒッカケパターン（日足）

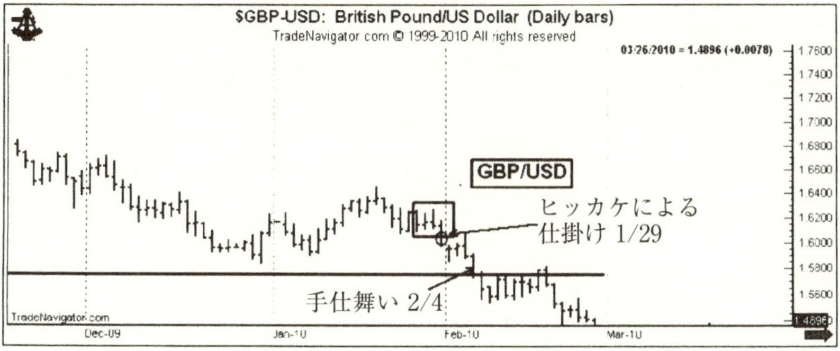

まとめ

　利益という点では１月はかなりまともな月で、しばらくは最良の月ということになる。私は11の異なる銘柄で16回のトレードをした。手仕舞ったときに（すべてが１月というわけではない）、それらのうち10回のトレードで利益が出ていて、6.3％の利益となった。未決算分は月末に未実現損益を反映したVAMI（月次純パフォーマンス指数）の指針によると、１月の実際の運用成績はプラス6.8％になった。

　表9.3はファクター・トレーディング・プランで修正したベンチマークの目標に対して、仕掛けの16回のシグナルがどういう割合だったかを見たものだ。

　１月は新米がやらかすような失敗をたくさんしたと思う。もっとずっと良い月にすることもできたはずだった。具体的には、私はあまりにも短期のシグナルを見てしまった。また、コーンや小麦の場合のように、重要なパターンから始めたトレードで、仕切りのストップをあまりにも早く動かしすぎた。

254

第9章　2カ月目──2010年1月

表9.3　1月の種類別トレーディングシグナル

シグナルの種類	修正後のベンチマーク	1月の仕掛け（トレード数と全体に占める割合）
メジャーパターン		
パターンの完成	4.0　（29%）	8.0　（50%）
試し玉のシグナル	1.5　（11%）	2.0　（13%）
増し玉のシグナル	1.5　（11%）	1.0　（ 6 %）
マイナーパターン	4.0　（28%）	3.0　（19%）
直感に基づくトレード	2.0　（14%）	1.0　（ 6 %）
その他のトレード	1.0　（ 7 %）	1.0　（ 6 %）
合計	14.0　（100%）	16.0　（100%）

第10章

3カ月目――2010年2月

Month Three : February 2010

　うまくいった1月のあとに2月を迎える。1月は素晴らしい月とは言えなかったが、十分に満足のいく月だった。私は月に6％あまりの利益なら喜んで受け入れる。だが私の過去の運用成績は、一気に稼いだあとになると、年金のようなリターンが続くというよりも長い休みに入るほうが多かった。この点は強調しておく必要があるだろう。

　ファクター・トレーディング・プランを1981年までさかのぼって見ると、月別リターンの分布は**図10.1**のようになる。現在の私が用いるレバレッジは2009年以前のおよそ3分の1なので、月次リターンは試算ベースで調節している。当然のことながら、月次リターンの分布は従来の正規分布に似ていて、中央が高く両端に向かって傾斜している、とだれもが思っている。

　私の推測では、商品先物やFXのマネーマネジャーの場合、0～＋4％の月が一番多く、分布の端は20％超には達していないと思う。対照的に、ファクター・トレーディング・プランでは0～－2％の月が一番多く、全体の30％近くになる。私の月次運用成績の分布から読み取れる重要な点は、右へ長く尾が伸びている必要があるということだ。私が長期的に利益を出すためには、8％を超える月が必要となる。実際に、全体の12％の月が8％を超える利益率となっている。

257

第3部　5カ月のトレーディング日記──開始

図10.1　ファクター・トレーディング・プランの自己勘定での運用成績 ──月次リターンの正規分布

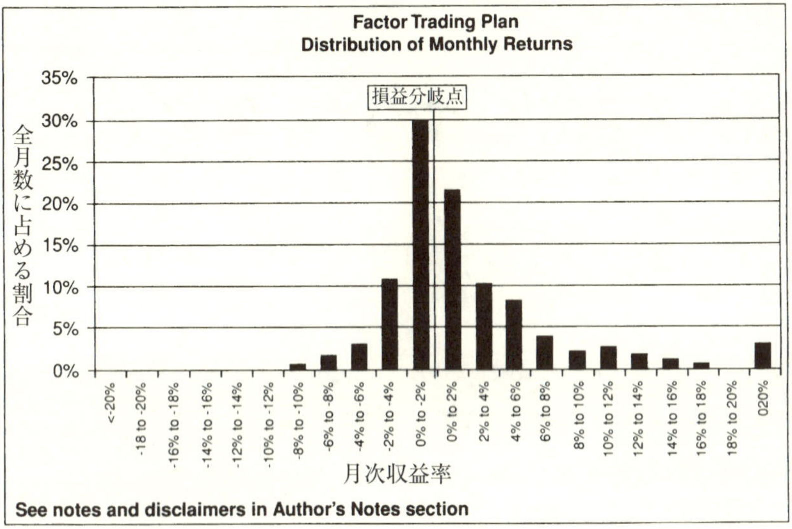

Factor Trading Plan
Distribution of Monthly Returns

損益分岐点

全月数に占める割合

35%
30%
25%
20%
15%
10%
5%
0%

<-20%
-18 to -20%
-16% to -18%
-14% to -16%
-12% to -14%
-10% to -12%
-8% to -10%
-6% to -8%
-4% to -6%
-2% to -4%
0% to -2%
0% to 2%
2% to 4%
4% to 6%
6% to 8%
8% to 10%
10% to 12%
12% to 14%
14% to 16%
16% to 18%
18% to 20%
0 20%

月次収益率

See notes and disclaimers in Author's Notes section

ちゃぶついてもプランに従う

　ファクター・トレーディング・プランが最適な成功をもたらすかどうかは次の3つの条件による。

1．商品先物市場やFX市場で、相場の大半が長期にわたってちゃぶつかないこと。私はちゃぶつきを、横ばいか、前の波と次の波が重なる上昇トレンドや下降トレンドと定義する。
2．仕掛けたトレードのおよそ25～30％がブレイクアウトする。それらはそのパターンから得られた価格目標には届かないが、少なくともある程度そこに向かって動く。
3．仕掛けたトレードのおよそ15％が途切れることなくトレンドを形成し、そのパターンから得られた目標値に達する。

258

第10章 3カ月目──2010年2月

　この9カ月間、商品先物相場やFX相場は少しの例外を除いて、広めのトレーディングレンジ内の動きに終始し、ちゃぶついていた。私は広めのトレーディングレンジで、何回も高値で買って安値で売りたくはない。これがおそらくトレーディングで私の最も恐れることだ。私は相場が揉み合っているところで、打ち負かされないか心配である。この問題は第9章の金を扱っている部分で取り上げた。

　仕掛けるときはいつでも、私は相場が前のちゃぶつきの時期に戻ることなく、今度はトレンドを作るだろうと見込んでいる。それで、パターンをブレイクアウトした相場がトレンドを作って目標値まで達するか、それとも単に調整範囲が定義し直されるだけなのか、常に緊張して見ている。

　相場が行きつくところまでポジションを持ち続けることと、素早く利益を確保することとの間には明確な違いがある。私は相場が目標値まで行くことをいつも願っている。だが、ポップコーントレードを避けたいとも願っている。これら2つのシナリオの間で、バランスを取る簡単な方法があるだろうか？　残念ながら、私はいまだに解決法を見つけていない。しかし、商品先物市場で仕事を始めて34年間、私はそれに取り組み続けている。おそらく、私よりもっと頭の良い人たちがこのジレンマに対処する方法を見つけだしているのだろう。

トレーディングで成功できないのはマーケットのせいではない！

　多くの初心者のトレーダーは、利益を求める闘いはマーケットとするものだと誤って思い込んでいる。あるいは、ほかのトレー

259

ダーとするものだと信じている！　悪いニュースは知らせたくはないのだが、一貫した利益を得る闘いの勝敗はトレーダーの頭と根性で決まる。これは自分との闘いなのである。トレーディングで成功するためには何をすべきか、どのようにそれを行うべきかを学び、「それ」をやり遂げるために感情に打ち勝つことだ（「それ」を発見することはトレーダーにとっての難問であり、「それ」は人によって異なる）。

　一貫して利益を出すことと、一貫して利益を出せないこととの間には明らかな差がある。そして一貫して利益を出すためには、マーケットの動きに打ち勝って自分の戦略から振るい落とされないようにする必要がある。さらにマーケットはトレーダーの知的、感情的、心理的、肉体的、精神的な存在のすべてを試してくる。しかし最終的には、マーケットとの闘いで結果が決まるのではない。一貫した忍耐や規律を守らせるのを妨げるような人間の持っている弱さに打ち勝とうとする闘いによってこそ結果が決まるのだ。

トレーディングの記録

　ファクター・トレーディング・プランでは２月に、12の銘柄で16回のシグナルが点灯した。これらのシグナルのうち３つは第８章で取り上げた。金の２回のトレード（２月４日と２月18日の仕掛け）と銅の１回のトレード（２月23日の仕掛け）だ。

ポンド/ドル——ついに完成したダブルトップ
シグナルの種類——メジャーパターンのブレイクアウト、メジャーパ

第10章　3カ月目──2010年2月

図10.2　ダブルトップから下げ足を速めるポンド/ドル（日足）

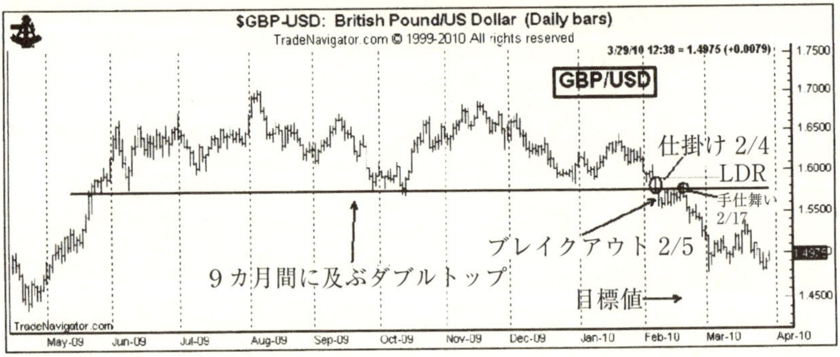

ターンのブレイクアウト（2回目の完成）、メジャーな増し玉パターン

　図10.2で分かるように、ようやく2月4日にポンド/ドルで9カ月間に及ぶダブルトップが完成した。このシグナルが2010年の最もきれいな例のなかでも重要なものになることは、私のなかではほとんど疑いの余地がなかった。もちろん、私のトレーディングの指針やルールがこの値動きを完全に利用できるかどうかは、まったく別の問題だった。

　金融関連の報道では、専門家たちはよくダブルボトムとダブルトップに言及するが、典型的なチャート原理の祖であるシャバッカーやエドワーズとマギーによると、この本物のパターンは実際には極めて珍しい。ダブルトップ（またはボトム）となるための二大基準は次のとおりだ。

1．頂点同士は少なくとも2カ月離れていなければならない。ポンド/ドルの場合、頂点の間は3カ月をわずかに超えていた。さらに、2つのトップはほぼ同じ高さでなければならない。ポンド/ドル

261

はこの条件も満たしていた。

2. 頂点から中間の安値までは、商品や通貨の価格または株価で見て少なくとも15％以上なければならない。ポンド/ドルの場合は11％で、基準に少し及ばなかった。それでも、私はこれが条件を十分に満たす近さだと考えた。

私は２月４日に売った。もっとも、実際にブレイクアウトした日は２月５日だった。私は１トレーディングユニット当たり３万ポンドの売りポジションだった。２月５日のラスト・デイ・ルールは1.5776ドルだった。私はそれよりもわずかに高い1.5806ドルに損切りのストップを置いた。そのストップに引っかかったのは２月17日で、弱気のヒッカケのパターンが展開するなかで再び損切りさせられた。

実は、ダブルトップでは頂点と中間の安値の半分まで相場が戻ってもよいことになっている。だから、ある意味では、ポンド/ドルでアイスラインとラスト・デイ・ルールを厳しく当てはめたのは私の希望的観測による裁量からだった。

アイスラインとは理想的で明確な概念であり、あらゆる再度の試しがその辺りで止まる水準だ、という考えを私は説明した。だが、これはダブルトップとダブルボトムのパターンには当てはまらない。

振り返ると

最低でも、私はラスト・デイ・ルールとして２月４日の高値を使うべきだった。実際、私のトレーディングルールでは、ブレイクアウトした日にパターン内での値動きがわずかしかないときには、前日の足を参考にしてラスト・デイ・ルールを決めるようにしている。

第10章　3カ月目──2010年2月

図10.3　ポンド/ドルでの一連のヒッカケのパターン（日足）

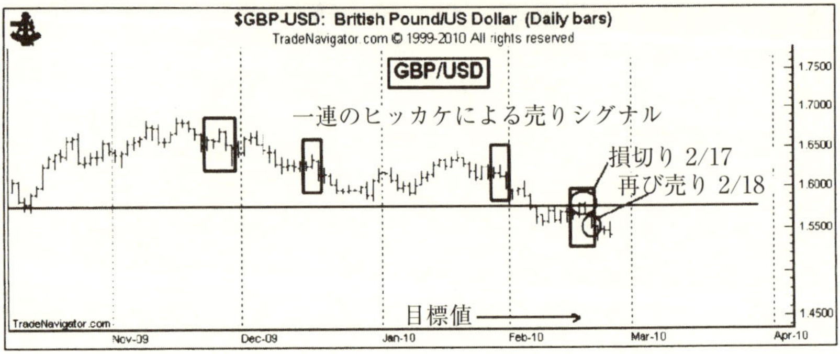

$GBP-USD: British Pound/US Dollar (Daily bars)
TradeNavigator.com © 1999-2010 All rights reserved

GBP/USD

一連のヒッカケによる売りシグナル

損切り 2/17
再び売り 2/18

目標値 ──→

TradeNavigator.com

Nov-09　　Dec-09　　Jan-10　　Feb-10　　Mar-10　　Apr-10

　ポンド/ドルが11月の高値から下落している間、ヒッカケのパターンにはずっと苦しめられた。私が苦しめられるという言葉を使うのは、私のトレーディングルールでは、ヒッカケのパターンに含まれるチャートの足の並びにあまりうまく適応できないからだ。ヒッカケは私がフィッシュフックと呼んでいるパターンの非常に短いものだ。**図10.3**は2010年前半の下落中に起きた多くのヒッカケを示している。

　私は2月17日のヒッカケの上昇で振るい落とされたが、2月18日のヒッカケによる売りシグナルで、1トレーディングユニット当たり4万ポンドの売りポジションを取り直すことができた。もっとも、前日にストップに引っかかったところよりも220ピップス下げたところだったが。

　図10.4に示されるように、結局、3月24日に3週間のフラッグが完成した。これはメジャーな増し玉パターンを示している。私は売りポジションを1トレーディングユニット当たり3万ポンドに増やし、1.5049ドルをラスト・デイ・ルールとした。

　メジャートレンド内に現れる継続パターンで、レバレッジを増やすことができる。これらのパターンが現れると、中核となるポジション

263

図10.4　ポンド/ドルで完成したダブルトップと３週間のフラッグ（日足）

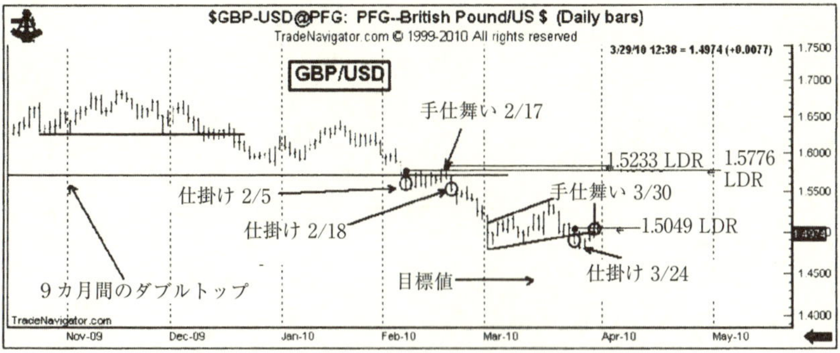

か最初のポジションのストップもまた移動させることができる。私は
２月18日の売りポジションに対して置いたストップを、３月24日に取
った売りポジションのラスト・デイ・ルールに合わせて動かした。こ
うして、私のポンド/ドルのすべての売りポジションに対するストッ
プを1.5061ドルに置いた。３月30日にこのストップに引っかかり、最
終的にはずっと下の目標値に達すると信じていた相場で、再びマルに
なった。

　図10.4は再び月ごとの形式を破って、２～３月のポンド/ドルで
行った一連のトレーディングを示している。数カ月をまとめて示すと、
トレードを作戦の一部として見せるのに役立つ。

　この相場はトレーダーの私にとって、イラ立ちの連続だった。私は
11月初めから弱気だったが、私たちが経験した値動きを見ると、それ
が正しいと示すものは当初はほとんどなかった。１年に１つの相場が
いつも私の頭を占める。今年はこれまでのところ、ポンドだ。

　この相場だけで、全トレーディング資金の５％のリターンを得られ
ていたはずだ。私はこの相場のだいたいでレバレッジを低くしていた。
相場が花開く機会を与えるには、私の忍耐はあまりにも短くしか続か

図10.5　ミニ原油のファンライン（つなぎ足による週足）

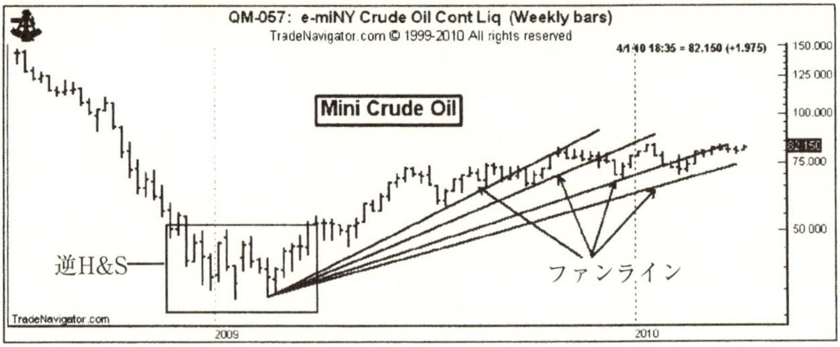

なかった。

ミニ原油4月限──ファンラインでトレーディングを行うことの問題
シグナルの種類──メジャーパターンのブレイクアウト

　ファンラインはエドワーズとマギーによって典型的なチャートパターンと認められた。**図10.5**は原油の週足チャート上にファンラインを示している。ところで、3月の安値で逆ヘッド・アンド・ショルダーズ（H&S）ができていることに注意してほしい。

　3月の安値からの上昇は加速しなかった。それどころか、一連のトレンドラインを仰角の小さいほうにブレイクし続けた。これがファンラインの特質だ。これは長期的に見て、原油が勢いを失っていることを示していた。簡単に言えば、原油は私を落としいれようとしていた。

　ファンラインの目標値は完全にファンラインまで戻ることになっている。言い換えると、原油は2009年3月の安値まで下げるだろう。ファンラインでトレーディングを行うのは難しい。これは斜めの境界線でトレーディングを行う場合に直面する問題がすべて現れるからだ。

第3部　5カ月のトレーディング日記──開始

図10.6　ミニ原油で完成するかもしれないダブルトップ（つなぎ足による日足）

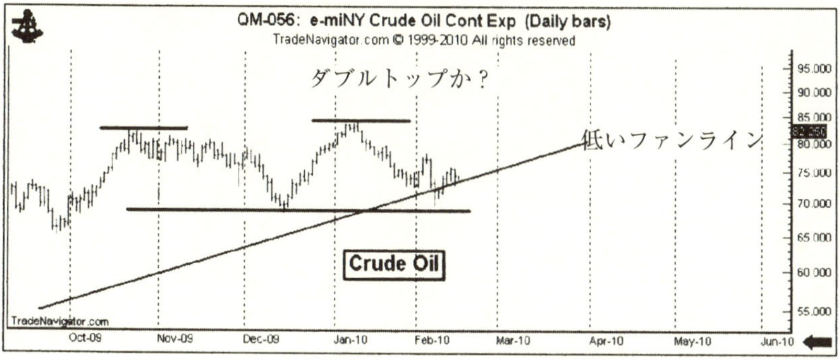

QM-056: e-miNY Crude Oil Cont Exp (Daily bars)
TradeNavigator.com © 1999-2010 All rights reserved

ダブルトップか？

低いファンライン

Crude Oil

TradeNavigator.com

Oct-09　Nov-09　Dec-09　Jan-10　Feb-10　Mar-10　Apr-10　May-10　Jun-10

　図10.6は、価格の下落が迫っている場合のひとつの解決策を示していた。つなぎ足の日足チャートでは、69.50ドルを下にブレイクアウトすれば、2009年10月からのダブルトップが完成することを示している。

　こういう訳で、ダブルトップが完成する可能性とファンラインに基づいた先入観から、私は売りの機会を探した。図10.7に示すように、2月5日の下落によって下のファンラインをブレイクした。だが、価格はすぐにファンラインの上に戻った。私はファンラインへの再度の試しは失敗して、下落しそうだと考え、2月12日に売りポジションを取った。だが、ラスト・デイ・ルールによって2月16日にストップに引っかかった。

トレーディングとプロスポーツの類似点

　私が昔から驚かされてきたことがある。スポーツからビジネス、

266

第10章　3カ月目──2010年2月

図10.7　ミニ原油のファンラインでのダマシのブレイクアウト（2010年4月限、日足）

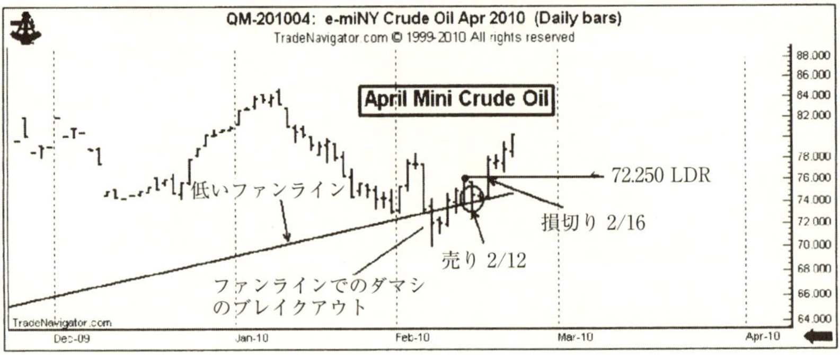

QM-201004: e-miNY Crude Oil Apr 2010 (Daily bars)
TradeNavigator.com © 1999-2010 All rights reserved

April Mini Crude Oil

72.250 LDR

低いファンライン

損切り 2/16

売り 2/12

ファンラインでのダマシ
のブレイクアウト

TradeNavigator.com

Dec-09　Jan-10　Feb-10　Mar-10　Apr-10

88.000
86.000
84.000
82.000
78.000
76.000
74.000
72.000
70.000
68.000
66.000
64.000

芸術に至るまで、あらゆる分野の人間の努力で国際的な業績を残している人々のコメントはトレーディングにもよく当てはまるのだ。

　2009年に私はウィンブルドン大会のテニスの試合を見ていた。そこで、ビーナス・ウィリアムズは6-1、6-0のストレートで、当時世界1位の女子シード選手だったディナラ・サフィーナに完勝した。試合中にNBCのアナウンサーが、商品トレーディングにぴったり当てはまるコメントをした。「サフィーナがウィリアムズに勝つのは難しいでしょう。彼女はこの試合で自分自身との闘いにさえ勝っていませんからねぇ」と言ったのだ。

　投機で成功するということは、人間性に逆らって進むということだ。本やセミナー、ネット上のトレーディングサービスで最も注目される主題であるトレード機会よりも、トレーディングの人間的な側面のほうがはるかに重要だ。

　トレーダーであれ、どういう専門家であれ、主な闘いは感情や心理、精神の領域で起きるのだ。

　プロテニス選手は特定の試合で相手よりも勝るために何をすべ

第3部　5カ月のトレーディング日記──開始

図10.8　Ｔボンドの右ショルダーにある２つの小さな弱気パターンでトレード（2010年6月限、日足）

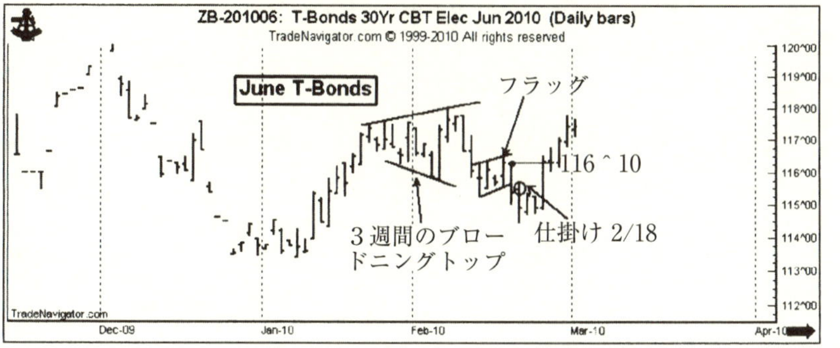

きか分かっている（セカンドサービスのスピードを上げるのか、もっとベースラインに寄るのか、長い試合のために持久力を増やすのか）。プロのトレーダーやプロのアスリートにとっての問題は、うまくやるべきことのために準備をして、それを実行することだ。闘いは心の中にあるのだ。

Ｔボンド6月限──小さなパターンを利用して大きな動きをつかもうとして失敗
シグナルの種類──メジャーな試し玉のシグナル

　Ｔボンドの四半期足、月足、週足チャートは国債がデフォルト（債務不履行）に陥ると叫んでいるように見える。Ｔボンドの長期チャートは第9章の図9.3A～図9.3Cにすでに示している。この長期的な見通しから、私はＴボンドを空売りするチャンスを探した。当時の私は、メジャーな試し玉のシグナルが点灯したら、すべて売りのチャン

スだと見た。そのため私は週足チャートで形成されるヘッド・アンド・ショルダーズの右ショルダーをとらえることに集中していた。

図10.8は、私がTボンドを空売りしようと決めた2つの小さなテクニカルな分析を示している。相場は1月後半から2月前半に、ブロードニングトップのパターンを作った。ブロードニングパターンは普通、反転する性質を持っている。2月17日の下落で小さなフラッグが完成した。私はフラッグが再び試された2月18日に空売りをした。そして、2月22日にストップに引っかかった。私のレバレッジは1トレーディングユニット当たり0.5枚だった。

振り返ると

これは、長期の週足や月足チャートでのパターンに影響されて日足チャートを解釈したことを示す例のひとつで、本書に多く出てくるものだ。Tボンドの長期チャート上でのパターンを考えると、これらのトレーディングのチャンスは非常に低リスクで高リターンだ、と私は見ていた。私はこのようなトレードなら毎日するだろう。

Tノート6月限──Tボンドのトレードでレバレッジを上げる試み
シグナルの種類──その他のトレード

Tボンドがトレード可能なセットアップを示していたのと同時に、Tノート6月限では小さな3週間のヘッド・アンド・ショルダーズができていた。私はこの小さなパターンを、金利上昇（価格は下落）の動きのなかでレバレッジを上げる手段だと考えた。私は2月18日にTノート6月限を売って、ラスト・デイ・ルールによって2月23日にス

第3部　5カ月のトレーディング日記──開始

図10.9　Tノートでの小さなヘッド・アンド・ショルダーズ（2010年6月限、日足）

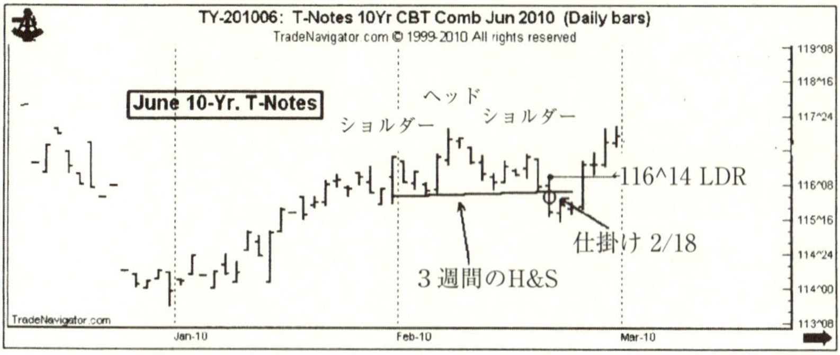

TY-201006: T-Notes 10Yr CBT Comb Jun 2010 (Daily bars)
TradeNavigator.com © 1999-2010 All rights reserved

June 10-Yr. T-Notes

ヘッド
ショルダー　　　　ショルダー

116^14 LDR

仕掛け 2/18

3週間のH&S

TradeNavigator.com

Jan-10　　　Feb-10　　　Mar-10

トップに引っかかった。**図10.9**で示すように、このパターンはあまりにも短期すぎた。

ポンド/円──メジャーパターンの下降トライアングルが完成
シグナルの種類──メジャーパターンのブレイクアウト

　この通貨ペアについては、第9章の**図9.26**とそれに関するコメントを見てもらいたい。

　2月23日の下落によって、この相場にできた5カ月間に及ぶ下降トライアングルの下の境界線をブレイクした。**図10.10**の下への突き抜けが、2月中旬にできた12日間に及ぶフラッグで起きた点に注意してほしい。これは半旗パターンになる可能性があった。その場合、このフラッグの目標値は131.87円だった。下降トライアングルの目標値は128.10円だった。

　3月1日まで急落したあと、ポンドは急に上昇した。このように動きが続かない相場は、当時の多くの通貨ペアと商品先物に特徴的なちゃぶつきを表していた。トレイリングストップのルールによって、3

270

第10章　3カ月目──2010年2月

図10.10　ポンド/円の5カ月間の下降トライアングル（日足）

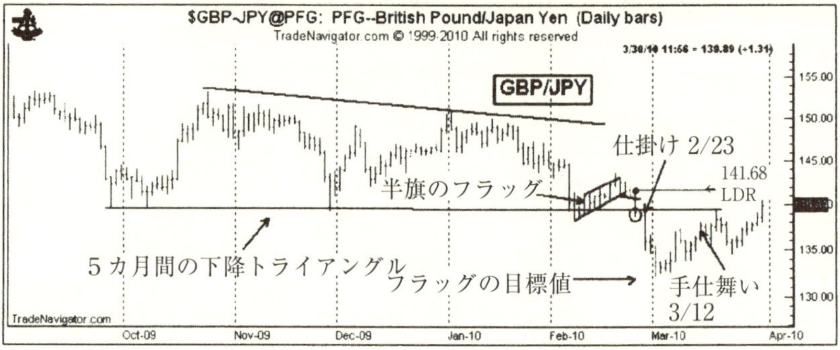

$GBP-JPY@PFG: PFG--British Pound/Japan Yen (Daily bars)
TradeNavigator.com © 1999-2010 All rights reserved

GBP/JPY

仕掛け 2/23
141.68
LDR

半旗のフラッグ

5カ月間の下降トライアングル
フラッグの目標値

手仕舞い
3/12

月12日に決済された。

砂糖10月限──不意の動きで下落
シグナルの種類──マイナーな反転パターン

　ドテンするのは私には難しい。私は「SAR（ストップ・アンド・リバース）」戦略を多用するトレーダーたちを知っている。メカニカルシステムを用いるトレーダーの場合、これは簡単かもしれない。しかし、裁量トレーダーにとっては難問である。少なくとも、私には難しい。

　私は2009年前半からずっと砂糖に対して強気だったし、砂糖のポジションのレバレッジは低かった。それで、私は本当に気が進まなかったが、砂糖10月限のマイナーシグナルで2月23日に売った。それは**図10.11A**に示すように、反転パターンである8週間に及ぶボックスに基づくものだった。

　2月23日のラスト・デイ・ルールは2月24日にあやうく引っかかるところだったが、何とか持ちこたえた。相場は3月2日に、最低限の

271

第3部　5カ月のトレーディング日記──開始

図10.11A　砂糖のボックスのトップ（2010年10月限、日足）

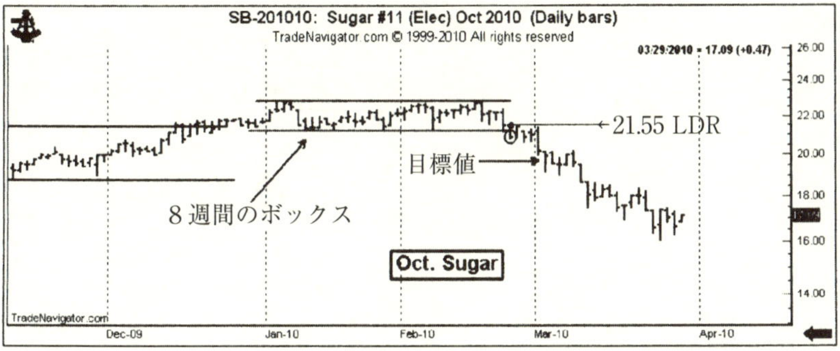

SB-201010: Sugar #11 (Elec) Oct 2010 (Daily bars)
TradeNavigator.com © 1999-2010 All rights reserved

03/29/2010 - 17.09 (+0.47)

21.55 LDR

目標値

8週間のボックス

Oct. Sugar

TradeNavigator.com

Dec-09　　Jan-10　　Feb-10　　Mar-10　　Apr-10

目標値に達した。私は極めて長い間、砂糖に強気だったので、砂糖の
非常に大きな動きが2010年の暴落だったのは皮肉である。

振り返ると

　私の先入観や期待と反対方向に極めて大きく動いたことは、私のト
レーディングキャリアで何度もある。砂糖はまさに2010年のそうした
事例だった。私は砂糖が60セントまで上昇すると読んでいたが、不意
の動きとは下落だった。**図10.11B**は砂糖の暴落を示している。こ
の下落では、増し玉の機会が何度もあった。私は上昇するほうに偏見
をもって見ていたので、それらすべてのチャンスを逃した。

大豆油──一連の買いトレード
シグナルの種類──直感に基づくトレード、2つのマイナーな継続パ

272

第10章　3カ月目——2010年2月

図10.11B　砂糖の暴落（2010年5月限、日足）

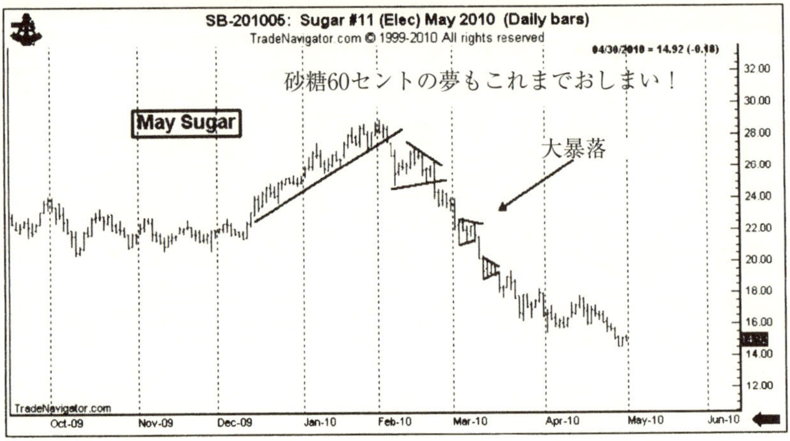

ターン

　私は2月に大豆油のトレードを3回仕掛けた。2月現在、**図10.12**の7月限の週足チャートで示されるように、14カ月間に及ぶ上昇トライアングルができる可能性を示していた。私は大豆油を買う立場で見ながら、2月に入った。

　大豆油の価格は1月に無情にも下げ足を速めた。**図10.13**に示されたように、3月限は19日連続で高値を切り下げ、週足チャートの支持線付近まで下げた。無情にもそのように主要な支持線の領域まで下落すると、「V」ボトムになる。私には高値を切り上げた初日をシグナルとして、相場が1〜2週間、強い上昇を見せそうだという直感があった。私は2月2日に買った。多くの直感に基づくトレードと同様に、私はすぐに利益を確定しようとする。この場合は2月10日に手仕舞った。

　その後、2月後半に小さなペナントができた。私は2月25日に、1トレーディングユニット当たり2枚買った。これと次のトレードはマイナーな継続パターンに基づくものだった。2月25日のブレイクアウ

273

第3部　5カ月のトレーディング日記──開始

図10.12　大豆油での大きなトライアングル（2010年7月限、週足）

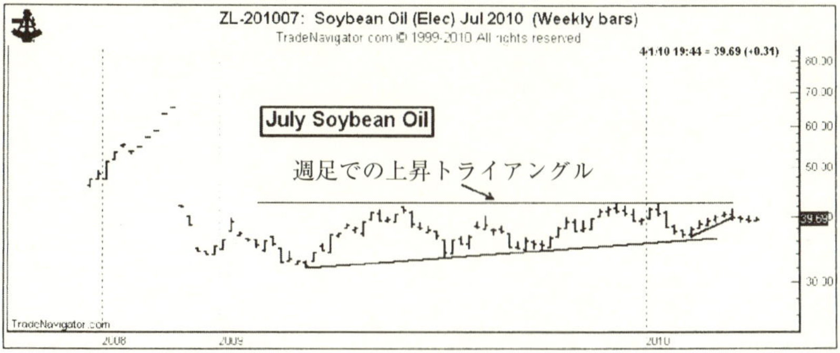

図10.13　大豆油「V」ボトム（2010年3月限、日足）

トは結局、1日だけのアウト・オブ・ラインの動きになった。相場は
反転して、同じ日にストップに引っかかった（**図10.14A**を参照）。

　私は何度、同じ間違いを繰り返せばよいのだろうか？　私が間違い
と言っているのは、穀物市場の夜間取引で仕掛けの逆指値を置くこと
だ。2月25日の仕掛けの逆指値は夜間取引のときに執行されたが、日

274

第10章　3カ月目──2010年2月

図10.14A　大豆油のペナント──最初のブレイクアウトは失敗（2010年5月限、日足）

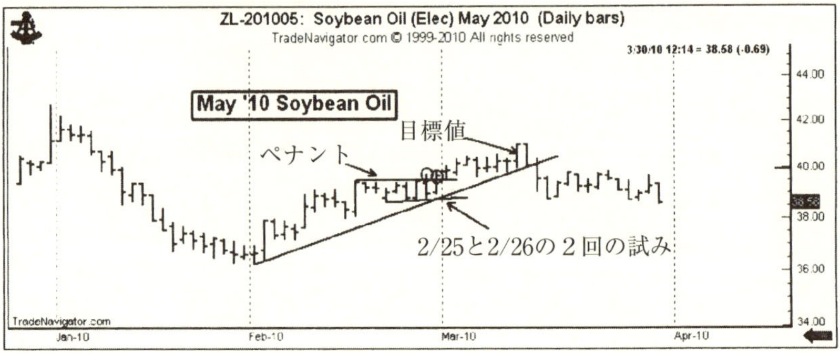

図10.14B　大豆油のペナント──成功した2回目の試み（2010年5月限、60分足）

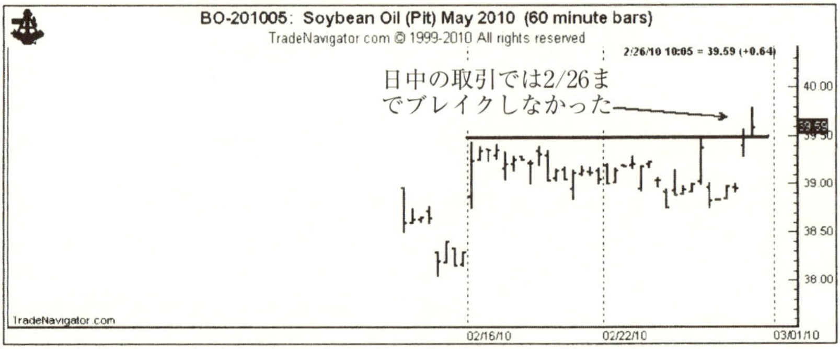

中取引でなら執行されなかっただろう。

　私はペナントが再び完成した2月26日の日中にもう一度仕掛けた。**図10.14B**は、日中でのブレイクアウトは2月26日まで起きなかったことを示す時間足チャートだ。私は小さな利益だけしか求めていなかったので、3月10日に目標値40.69セントで利食いした。

275

第3部 5カ月のトレーディング日記——開始

6月限のミニS&Pとミニダウ——2つの問題があるトレード
シグナルの種類——マイナーな反転パターンとその他のトレード

　私の次のトレードは両方とも同じ種類に分類される。健全なチャートの原理に従って行ったトレードではなく、株式市場の売り手側に感情的に肩入れしたトレードだった。私は、先入観など持っていないと言う裁量のテクニカルトレーダーはみんなうそつきだと思う。裁量のテクニカルトレーダーは特定の意見や立場を持ちやすいのだ。

　私は1月19日から2月5日までの下落を、もっとずっと大きな弱気トレンドへのウォーミングアップにすぎないと見ていた。私はまた、2月22日の高値への上昇は小さなヘッド・アンド・ショルダーズの形をした再度の試しにすぎないとも思っていた。2月後半の上昇中に、ミニS&Pの売りポジションの3分の2がストップに引っかかった。残りの3分の1の売りポジションはまだ保有していた。

　図10.15と**図10.16**に示すように、私は2月25日の下落を、6月限のミニS&Pとミニダウで小さなヘッド・アンド・ショルダーズがブレイクアウトによって完成したと解釈した。ミニS&Pのパターンのほうがミニダウのパターンよりもきれいだった。私は両方とも空売りした（それぞれを1トレーディングユニット当たり1枚）。

　もちろん、2月5日の安値からの上昇は再度の試しよりもはるかに大きな動きであり、歴史的な強気の値動きという別の行程だった。ヘッド・アンド・ショルダーズのブレイクアウトはフィッシュフックだった。私は買いのチャンスだと気づくべきだった。両ポジションともそれぞれのラスト・デイ・ルールによってストップに引っかかった。ミニS&Pは2月26日、ミニダウは3月1日だ。両ポジションを合わせた損失は資産の1.3％になった。3月5日には、ミニS&Pでの最後の3分の1の売りポジション（1月21日からのもの）もストップに引っかかった。

276

第10章　3カ月目──2010年2月

図10.15　大きなトップになりそうなパターンを再び試すミニS&Pの小さなヘッド・アンド・ショルダーズ（2010年6月限、日足）

ES-201006: E-Mini S&P 500 Jun 2010 (Daily bars)
TradeNavigator.com © 1999-2010 All rights reserved
03:12:2010 = 1146.50 (+0.50)

H&Sへの再度の試し
再び試されるライン
1098.25
LDR
June Mini S&Ps
仕掛け 2/25
TradeNavigator.com

図10.16　1月中旬の下へのブレイクを試されるミニダウ（つなぎ足による日足）

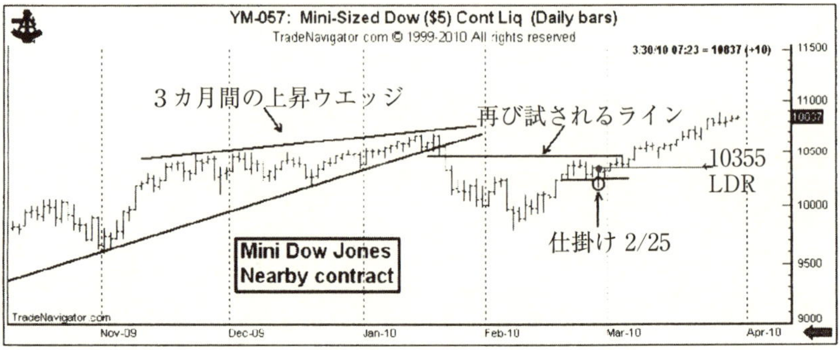

YM-057: Mini-Sized Dow ($5) Cont Liq (Daily bars)
TradeNavigator.com © 1999-2010 All rights reserved
3:30:10 07:23 = 10637 (+10)

3カ月間の上昇ウエッジ
再び試されるライン
10355
LDR
Mini Dow Jones
Nearby contract
仕掛け 2/25
TradeNavigator.com

ユーロ/ポンド──チャネルのブレイクアウトで素早く利益を確保
シグナルの種類──メジャーな試し玉のシグナル

　外国為替のスポット取引が有利な点のひとつは、米ドルに対して中立的なトレードができることだ。

277

第3部　5カ月のトレーディング日記——開始

図10.17　13カ月間の逆ヘッド・アンド・ショルダーズができそうなユーロ/ポンド（週足）

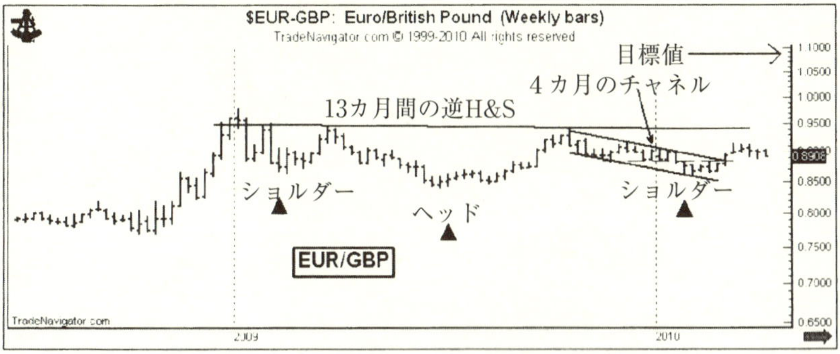

図10.17に示されるように、私は2月中旬にユーロ/ポンドの週足チャートで、13カ月間に及ぶ逆ヘッド・アンド・ショルダーズができる可能性がある点に注目した。チャートでは、ユーロはポンドに対して8～10%プレミアムが付いていたことを示している。

　このパターンの右ショルダーは4カ月あまりのチャネルの形を取っていた。私はこれまで本書でまったく無視していたが、ここで支持線と抵抗線について一言、話しておこう。私は支持線と抵抗線の原理に沿ったトレーディングをしない。そのせいで、私の成績はおそらく悪くなっていると思う。支持線と抵抗線の水準に多くの注意を払いながらトレーディングを行っている素晴らしいトレーダーたちがいることは知っている。

　図10.18は日足チャートで見たチャネルを示している。また、支持線がいったんブレイクされると、いかに抵抗線になり得るかも示している。11月から12月、1月を通して、0.8800ポンドの水準がこの通貨ペアの支持線だった。相場は1月15日にこの支持線を上抜けた。その後、1月後半から2月の大半を通して、前の支持線は抵抗線になった。

　トレーディングシグナルを複数の出来事で確認できれば、非常に重

278

図10.18　ユーロ/ポンドの４カ月のチャネル（日足）

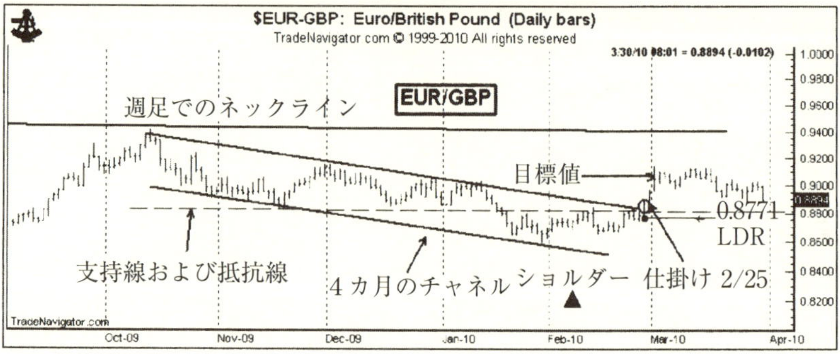

要なものになり得る。２月25日にチャネルの上へ突き抜けたことによって、相場は再び支持線・抵抗線よりも上まで上昇した。このチャネルでの目標値は0.9002ポンドだったが、すぐ３月１日に達した。

まとめ

　２月は期待外れだった。この月は11の銘柄で、16回のシグナルに基づいて仕掛けた。16回トレードを仕掛け、７回のトレードで利益を出し、10回のトレードで損を出した（すべてを２月に手仕舞ったわけではない）。勝率は43％だった。種類別のトレード分布は修正後のベンチマークに近かった。２月の月間利益率は0.9％だった。未実現損益を反映したVAMI（月次純パフォーマンス指数）の基準に従えば、２月は1.23％の利益となった。この違いはVAMIによる計算では、トレードを前の月から持ち越している場合でも、あとの月まで手仕舞っていない場合でも、月末にすべてのポジションを時価評価するためだ。**表10.1**は２月に仕掛けたトレードの分布をシグナルの種類別に表したものだ。

279

第3部　5カ月のトレーディング日記──開始

表10.1　2月の種類別トレーディングシグナル

シグナルの種類	修正後のベンチマーク	2月の仕掛け（トレード数と全体に占める割合）
メジャーパターン		
パターンの完成	4.0（29%）	4.0（25%）
試し玉のシグナル	1.5（11%）	2.0（13%）
増し玉のシグナル	1.5（11%）	0.0（0%）
マイナーパターン	4.0（28%）	6.0（38%）
直感に基づくトレード	2.0（14%）	1.0（6%）
その他のトレード	1.0（7%）	3.0（19%）
合計	14.0（100%）	16.0（100%）

　2月とその前の数カ月は第5章で説明した本当に利益になる「ボトムライントレード」がなかった。トレーディングキャリアを振り返ってみて、私の純最終損益は私の全トレードのうちのおよそ10%によって得られる。これらが本当に利益を生むトレードで、それぞれのトレードで資金の少なくとも2%のリターンを稼ぐ。残りの90%はトレーディングキャリアのうちで相殺されるトレードになる。ボトムライントレードがなかったので、今月の私のトレーディングは勝ちトレードと負けトレードがそれぞれを打ち消し合っただけだった。ファクター・トレーディング・プランで望ましい結果を得るためには、適切なレバレッジをきかせて、本当に利益を出すトレードが毎月2つか3つ必要だ。

第11章

４カ月目──2010年3月

Month Four : March 2010

　相場は素晴らしい教師だ！　だが、懲罰も十分に加えてくれる。私
はファクター・トレーディング・プランに欠点があることは分かって
いた。トレーディングとは欠点を見つけて、それらを正そうとするが、
さらに多くの欠点を見つけてしまうという過程だ。この点でファクタ
ー・トレーディング・プランはほかのどんな手法ともまったく変わり
がない。一貫して成功しているトレーダーはだれでも時間をかけて欠
点を分析し、それを修正する。２歩進んだら、１歩後退する！　それ
がどこまでも続くのだ！

　相場には面白いところがあって、成績の良い年や良い月には欠点が
けっして見えてこない。良い時期には、トレーディングプランの足り
ないところが覆い隠されているのだ。

　つらい時期（つまり、ドローダウンの期間）になると、トレーディ
ングプランの欠点をマーケットが突いてくる。私の知るかぎり、多く
のトレーダーはドローダウンの期間に極めて内向きになり、自分の手
法を改善する方法を見つけだそうとする。手法を改善する第一歩は、
欠点を見極めることだ。

　難しいのは根本的な欠点を見つけることであり、単にドローダウン
期間のトレーディングを最適化するために変更することではない。テ
クニカル指標の組み合わせをシミュレーションして最適化するという

ことは、多くのトレーディングや分析用のソフトがあればだれにでも実行できることだ。言わせてもらえば、この種の最適化によって得られる成果が長続きすることはない。トレードをするかしないかを識別することは結局のところ、リスク管理と人間的な要素に比べればあまり重要ではない。

　私はトレーディング日記を付けている今、ドローダウンの期間に入っている。ひどいものではないが、間違いなく障害になっていることは確かだろう。私は、負けるのは好きではない。また、勝てないのも好きではない。私は足踏み状態が長く続いても、トレーディングプランに微妙な変更や重大な変更をときどき加えながら、いつもそういう時期を切り抜けてきた。変更はたいていトレードをしたほうが良いのか悪いのかではなく、トレードとリスクの管理に関することだ。

　私のトレーディング手法には今、根本的な欠点のにおいがする。それについては本書の結論を扱う章で詳しく説明したい。

トレーディングの記録

　3月は12の銘柄で16回のトレードをした。これらのトレードのうち3つは前の章で取り上げた（第9章の金の2回のトレードと第10章のポンド／ドルのトレード）。これらのすでに説明したトレードについては、第11章では取り上げない。

ドル／カナダドル──パターンに固執する
シグナルの種類──メジャーな試し玉のシグナル、メジャーパターンのブレイクアウト、メジャーパターンのブレイクアウト（2回目の完成）

　私は3月にドル／カナダドルのトレードを3回仕掛けた。それぞれ

第11章　4カ月目──2010年3月

図11.1　ドル/カナダドルでの5カ月間の下降トライアングル（週足）

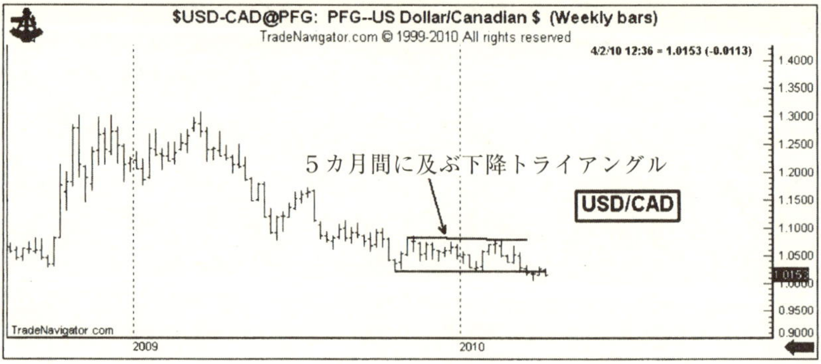

のトレードに特有のルールとリスク管理の戦略を用いたが、これらは
同じトレーディングの一部だと、私は考えている。

　図11.1には、私がこの通貨ペアのチャートで優勢な展開とみなし
た5カ月間に及ぶ下降トライアングルが示されている。このパターン
は2010年の最もきれいな例の候補だ。

　図11.2は日足チャートでこれらのトレードを示したものだ。1月
の安値から始まるトライアングルと判断したパターンに基づいて、3
月3日に売った。これはメジャーな試し玉のシグナルだった。私は1
トレーディングユニット当たり5万ドル/カナダドルを売った。

　3月12日の下落で、5カ月間に及ぶきれいな下降トライアングルの
下辺をブレイクした。私はさらに5万ドル/カナダドルを売って、1
トレーディングユニット当たり10万ドル/カナダドルまで売りポジシ
ョンを増やした。私は3月11日のラスト・デイ・ルールに基づいて損
切りのストップを置き、3月22日にそれを1.0256カナダドルまで引き
下げた。相場は3月24日に下降トライアングル内まで上昇し、ポジシ
ョンの半分がストップに引っかかった。

　私は残りのポジションに対して、再度の試しによる失敗パターンの

283

第3部　5カ月のトレーディング日記──開始

図11.2　ドル/カナダドルでの下降トライアングル（日足）

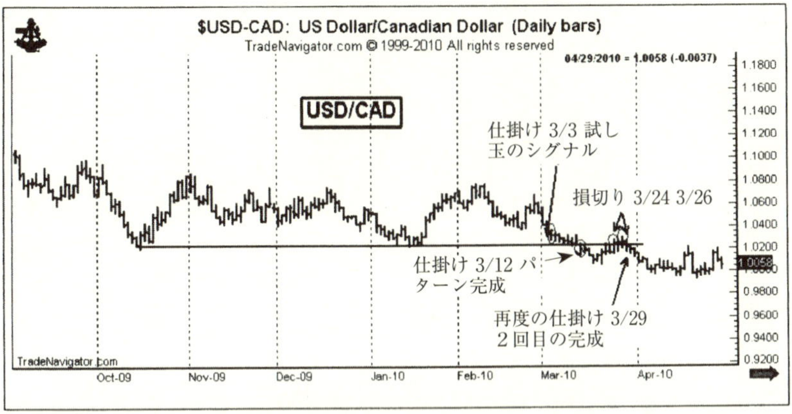

ルールに基づいて、損切りのストップを動かした。それは3月26日に
執行された。

　私のトレーディングルールでは、週足チャートに重要なパターンが
現れている相場で再びポジションを取るためのルールを決めている。
仕掛け直しの指針では、ポジションを取り直すには次の2つのうち1
つが起きる必要がある。

1．パターンが再び完成して、最初のブレイクアウトのときの上限
　　の高値か下限の安値を抜かなければならない。この基準に従うと、
　　ドル/カナダドルが3月19日の安値1.0062カナダドルを下抜けて
　　からトレーディングをする必要があった。
2．2番目の基準では、終値ベースでパターンが再び完成しなければ
　　ならない。

　3月29日に、相場は再び優勢な下降トライアングルの下辺をブレイ
クして引けた。私は0.5％のリスクをとって、3万ドル/カナダドルを
再び売った。3月29日の高値1.0273カナダドルが新しいラスト・デイ・

284

第11章　4カ月目──2010年3月

図11.3　大豆ですぐに失敗した3週間のヘッド・アンド・ショルダーズ（2010年5月限、日足）

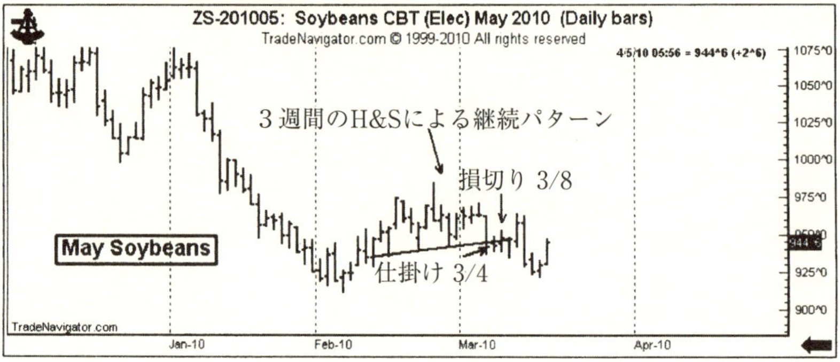

ルールになった（本書の日記を修了した4月20日には、まだこのポジションを手仕舞っていなかった）。

大豆5月限──私を悩ませ続ける小さなパターン
シグナルの種類──その他のトレード

　3週間に及ぶヘッド・アンド・ショルダーズ（H&S）による継続パターンが完成したので、私はこれに基づいて3月4日に大豆を売った。このトレードはその他の分類に入る。私はトレードを素早く（3月8日に）手仕舞って、0.3％の損失を出した（**図11.3**を参照。こんなトレードをしたと認めるのはきまり悪いが、私はこの本ですべてをありのままに開示したい）。

ミニ原油5月限──斜行パターンの難しさを示す上昇ウエッジ
シグナルの種類──メジャーな試し玉のパターン

　私はすでに、原油に対して弱気の見通しを持っていると説明した。

285

第3部　5カ月のトレーディング日記——開始

図11.4　ミニ原油での6週間の上昇ウエッジ（2010年5月限、日足）

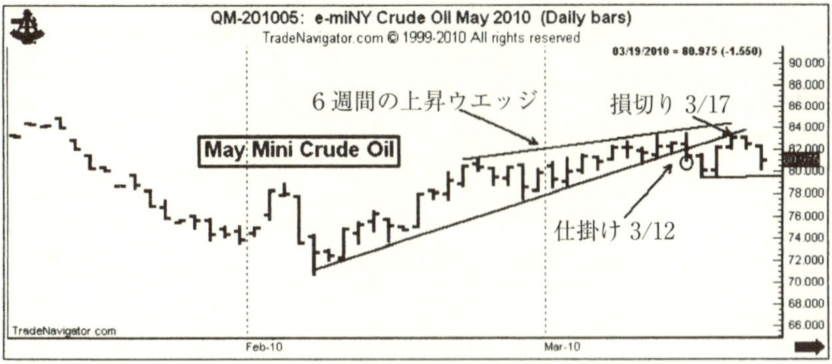

QM-201005: e-miNY Crude Oil May 2010 (Daily bars)
TradeNavigator.com © 1999-2010 All rights reserved

03/19/2010 = 80.975 (-1.550)

6週間の上昇ウエッジ　　損切り 3/17

May Mini Crude Oil

仕掛け 3/12

TradeNavigator.com

Feb-10　　Mar-10

3月12日の下落で、6週間に及ぶ上昇ウエッジというメジャーパター
ンが完成し、売りの試し玉シグナルが点灯した。このトレードは金曜
日に行い、本物の勝ちトレードを手にした気分で家に帰った。月曜日
も引き続き下げた。私はさらに自信を持った（**図11.4を参照**）！

　上昇ウエッジの教科書的な理解では、価格は素早く下落し続ける必
要がある。ところが、3月16日に相場は反転して強く上昇した。そう
した強い上昇は上昇ウエッジの特徴ではないので、私はストップを素
早く動かした。3月17日に、私はそのストップに引っかかった。

豪ドル/カナダドル——何度も損失を被ったトライアングル
**シグナルの種類——直感に基づくトレード、メジャーな試し玉のシグ
ナル、メジャーパターンのブレイクアウト、マイナーパターンのブレ
イクアウト**

　これらは2カ月にわたるトレードで、値動きによって何回も仕掛け
た様子を見てもらうためにこの章にもってきたものだ。
　この豪ドル/カナダドルは、対称トライアングルが終点近くまで形

286

図11.5　ダマシのブレイクアウトが起きる豪ドル/カナダドルの３カ月間のトライアングル（日足）

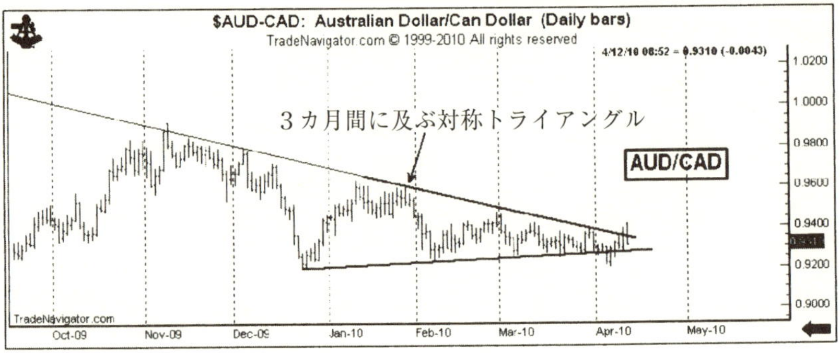

```
$AUD-CAD: Australian Dollar/Can Dollar (Daily bars)
TradeNavigator.com © 1999-2010 All rights reserved
4/12/10 08:52 = 0.9310 (-0.0043)
```

３カ月間に及ぶ対称トライアングル

AUD/CAD

TradeNavigator.com

成しかかるとダマシの連続が起こることがある教科書的な例である。価格が終点までの３分の２から４分の３を超えて進んでいたので、私はこのパターンを無視すべきだった。そうしなかったために、私は一連のシグナルで痛めつけられた。この相場で私はコマのように振るい落とされた。

　図11.5で示すように、明らかなのは３カ月間に及ぶ対称トライアングルだ。このパターンの上の境界線を過去のほうに延ばすと、11月の高値にたどり着く。

　この大きな３カ月のトライアングル内で、３週間に及ぶトライアングルが３月中旬にできた（**図11.6**を参照）。私はトレードで先んじるために、この小さな３週間のトライアングルを使って、３月19日の下へのブレイクアウトで売った。これは直感に基づくトレードだった。このブレイクは長続きせず、相場はすぐに上昇した。１日でストップに引っかかり、0.007％の損失を出した。

　そして相場は上昇し、３月30日にはトライアングルの上辺を実際に上にブレイクした。私はこれを、ブルトラップ（強気の落とし穴）の可能性があると考えた。私は３月30日の安値よりも下げていた３月31

第3部　5カ月のトレーディング日記——開始

図11.6　当てにならないトレード状況の豪ドル/カナダドル（日足）

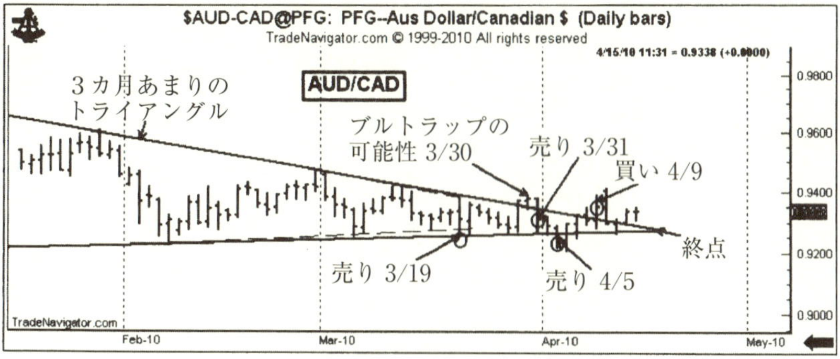

日に売った。私はパターンの上限近くで売りたいと考えていたのだ。これはメジャーパターンのブレイクアウトによる試し玉のシグナルだった。

　相場は4月5日にトライアングルの下限を急にブレイクし、3月の安値を下回って引けた。これはメジャーパターンの完成シグナルだった。私は売りポジションを増やし、素晴らしいトレードが近づいていると思っていた。だが、相場は翌日には上昇して、4月7日にすべての売りポジションがストップに引っかかった。

　その後、相場は4月9日にトライアングルの上辺を超えて上昇し、3月30日の高値を抜いた。私は、これは典型的な「行って来い」というマイナーパターンの完成による買いシグナルだと考えた。私は買った。まさにその翌日の4月12日に相場は下落し、私はこの通貨ペアにまたしても痛めつけられた。同じチャートパターンに基づいて、4回のトレードで失敗したのだった！

288

第11章　4カ月目──2010年3月

振り返ると

　学ぶべき重要な教訓は、価格がトライアングルでの終点に向かって進みすぎた場合は有効ではないということだ。これは最初のブレイクアウトで試し玉を建てるべきではないという意味ではない。しかし、最初のブレイクアウトでダマシに遭ったら、トレードの検討対象からその銘柄を外すべきだ。

ユーロ/ドル──典型的な逆ヘッド・アンド・ショルダーズの失敗
シグナルの種類──マイナーな継続パターン

　図11.7で示すように、ユーロ/ドルは11月の高値から2月の安値までかなり弱気のトレンドが続いた。
　図11.8は図11.7の後半の2カ月を拡大したものだ。2月5日から3月中旬までで、相場は複雑な逆ヘッド・アンド・ショルダーズまたはラウンドパターンを作っているように見えた。相場は3月12日に15週間に及ぶトレンドラインをわずかに上に突き抜けた。私はこれをブルトラップではないかと疑った。
　逆ヘッド・アンド・ショルダーズによる失敗パターンが確認された3月19日に、私はユーロを売った。この売りは1日早い3月18日でも可能だっただろう。このパターンの目標値は1.3223ドルだった。相場はその目標値には届かず、3月26日には上昇し、3月25日の安値を上回って引けた。このことでトレイリングストップのルールに基づいたストップの置く位置が明らかになった。このルールによって、3月29日の寄り付きでストップに引っかかった。私はわずかな利益で売りトレードを手仕舞った。

289

第3部　5カ月のトレーディング日記──開始

図11.7　ユーロ/ドルで起きた小さな逆ヘッド・アンド・ショルダーズの失敗（日足）

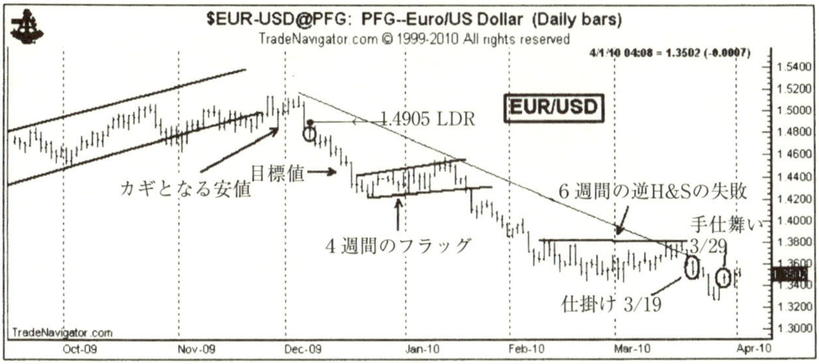

$EUR-USD@PFG: PFG--Euro/US Dollar (Daily bars)
TradeNavigator.com © 1999-2010 All rights reserved
4/1/10 04:08 = 1.3502 (-0.0007)

EUR/USD

1.4905 LDR
カギとなる安値
目標値
4週間のフラッグ
6週間の逆H&Sの失敗
手仕舞い
3/29
仕掛け 3/19

TradeNavigator.com
Oct-09　Nov-09　Dec-09　Jan-10　Feb-10　Mar-10　Apr-10

図11.8　ヘッド・アンド・ショルダーズが失敗する前に現れたユーロ/ドルでのブルトラップ（日足）

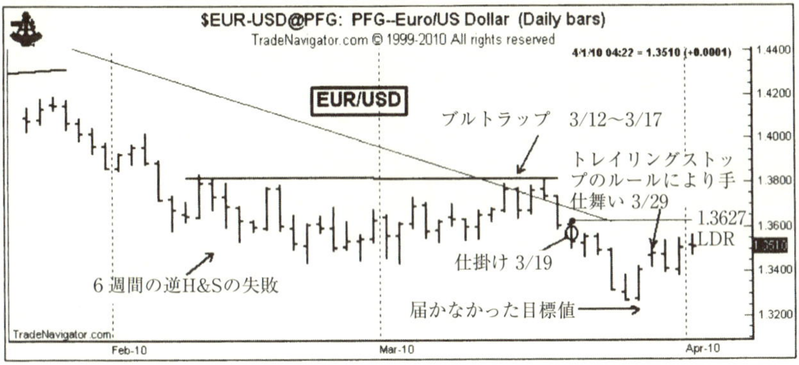

$EUR-USD@PFG: PFG--Euro/US Dollar (Daily bars)
TradeNavigator.com © 1999-2010 All rights reserved
4/1/10 04:22 = 1.3510 (+0.0001)

EUR/USD

ブルトラップ　3/12～3/17
トレイリングストップのルールにより手仕舞い 3/29
1.3627
LDR
仕掛け 3/19
6週間の逆H&Sの失敗
届かなかった目標値

TradeNavigator.com
Feb-10　Mar-10　Apr-10

Tボンド6月限──もうひとつの逆ヘッド・アンド・ショルダーズによる失敗パターン
シグナルの種類──メジャーな試し玉のパターン

　以前の章で指摘したように、私は12カ月間に及ぶヘッド・アンド・

290

第11章　4カ月目──2010年3月

図11.9　ネックラインから反落したTボンド（2010年6月限、日足）

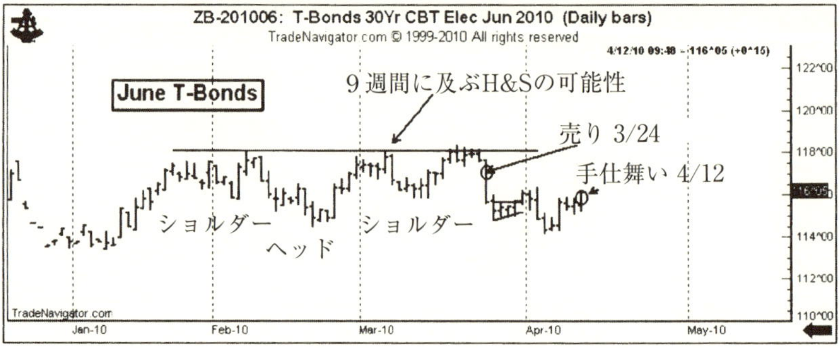

ショルダーズと見られるパターンの右ショルダーが進んだ段階で、この銘柄を空売りする機会を探していた（第9章の**図9.3A～図9.3C**を参照）。弱気だと思って週足チャートを見ていたからだ。

　図11.9のTボンド6月限の日足チャートが9週間に及ぶ逆ヘッド・アンド・ショルダーズを作ろうとしていたことに注目してほしい。相場は3月18日のアイスラインを超えて上昇しようとしたが、その上昇は続かなかった。私は逆ヘッド・アンド・ショルダーズが失敗するのではないかと考え、3月19日の安値よりも下に売りの逆指値注文を置いた。それは3月24日に執行され、117.02ドルで売りポジションを取った。私のポジションは1トレーディングユニット当たり2分の1枚の売りだった。

　私はトレイリングストップのルールによって、4月12日に手仕舞いした。

小麦5月限──小麦の止まらない下落で失敗し続ける
シグナルの種類──マイナーな継続パターン

291

第3部　5カ月のトレーディング日記──開始

図11.10　小麦の新安値（2010年5月限、日足）

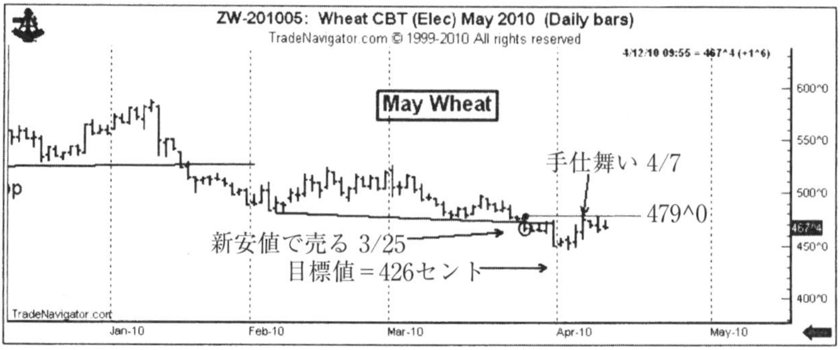

1月中旬に完成したヘッド・アンド・ショルダーズの目標値426セントはまだ達成されていなかった。**図11.10**で分かるように、2月初旬から3月中旬までちゃぶついたあと、相場は3月25日に新安値を付けた。私は470.50セントで売った。ラスト・デイ・ルールは478.25セント、目標値は426セントだった。私のポジションは1トレーディングユニット当たり0.5枚という低いレバレッジだった。それはラスト・デイ・ルールに基づいて、4月7日にストップに引っかかった。

1日のうちでトレードを実行する最良の時間はあるだろうか？

この質問に対する答えは「イエス」だ！　日中での取引はまったく当てにならない。トレーダーは日中に起きる価格の急上昇や急落で判断を誤ることがある。日中の値動きで判断すると、チ

ャートパターンが完成するのは間違いないとすぐに信じやすいが、大引けで失望を味わうだけだ。次の短期、中期、長期のトレンドを予測できないのと同じように、日中の値動きに基づいて終値がどうなるかを予測することなど私にはできない。

　１日の唯一重要な価格は毎日、午後に決まる終値である。これはデイトレーダーとは対照的に、ポジショントレーダーが翌日にポジションを持ち越してもよいと考えた価格を示している。私は日中にポジションを建てたり、手仕舞ったりするが、それでも、本当に唯一重要な価格は終値だ。ほかのすべての価格はノイズだ。

コーン５月限──階段を下るような下落
シグナルの種類──マイナーな継続パターン

　コーン５月限のトレードは小麦５月限のトレードと連動している。日足チャートには、１月13日に完成した３カ月間に及ぶトライアングルでの目標値344セントがあった。**図11.11**で示すように、２～３月にはほとんどで横ばいだったが、相場は３月25日に新安値を付けた。この新安値によって、３月初めの高値からの下降トライアングルが完成した。

　私は売った。３カ月間に及ぶトライアングルパターンからの目標値は３月31日に達成した。だが、私は３月１日の高値からの下落幅は１月の下落幅に等しくなるだろうと考えて、スイングによる目標値にすることに決めた。このスイングの目標値は2009年９月の安値水準でもあった。

　コーンは４月７日に上昇し、再度の試しがあった。私は再度の試しによる失敗パターンのルールに基づいて置いたストップに４月14日、

293

第3部　5カ月のトレーディング日記──開始

図11.11　新安値のあと値動きが続かなかったコーン（2010年5月限、日足）

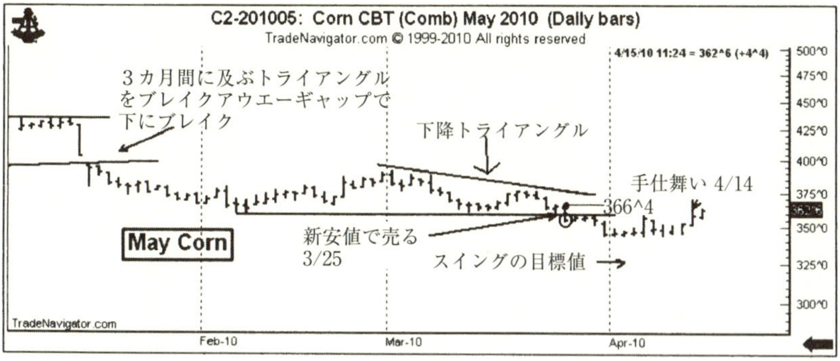

引っかかった。

大豆11月限──ベアトラップ
シグナルの種類──マイナーな継続パターン

　3月31日の下落は寄り付きからの15分間にピットトレードによってもたらされたもので、8週間に及ぶ対称トライアングルという継続パターンの下限をブレイクした。このブレイクアウトはすぐに1日だけのアウト・オブ・ラインの動きだと分かった。私はそれに気づいたので、仕掛けたトレードをすぐに手仕舞った（**図11.12**を参照）。

　このパターンは、対称トライアングルが属している斜行パターンの根本的な問題を明らかにしている。価格が斜めの境界線をブレイクしても、パターン内にある前の高値や安値を抜けないことがある。これが、水平な境界線をブレイクしたときのトレーディングを私が好む理由のひとつだ。

銅5月限──私が逃した簡単なトレード

第11章　4カ月目──2010年3月

図11.12　大豆の対称トライアングル（2010年11月限、日足）

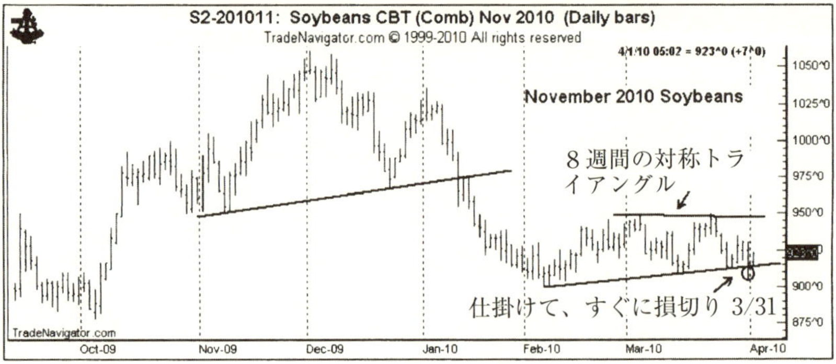

シグナルの種類──逃したトレード

　私は自分が仕掛け損なったパターンの記録を残している。そのようなパターンは普通、月に2回現れる。私がそれらを逃すのは見ていないからではなく、私の見方が反対方向に偏っているからだ。トレードを逃した1日か2日後に、それに気づくことがときどきある。3月後半には、私は銅を売りと見ていた。2月から3月にかけての上昇は1月の高値への試しだと考えていたためだ。また、4週間に及ぶ下降トライアングルが完成する可能性があるとも見ていた。直角三角形は普通、水平な境界線をブレイクアウトして終わる。

　図11.13で示すように、下降トライアングルの端で小さな9日間の対称トライアングルができた。3月26日の上昇によって、この対称トライアングルが完成し、3月29日に下降トライアングルを上に突き抜けるためのセットアップになった。私は3月26日でも、3月29日でも買うことができただろう。これは使える4週間の継続パターンだった。

295

第3部　5カ月のトレーディング日記──開始

図11.13　トライアングルから上昇し始める銅（2010年5月限、日足）

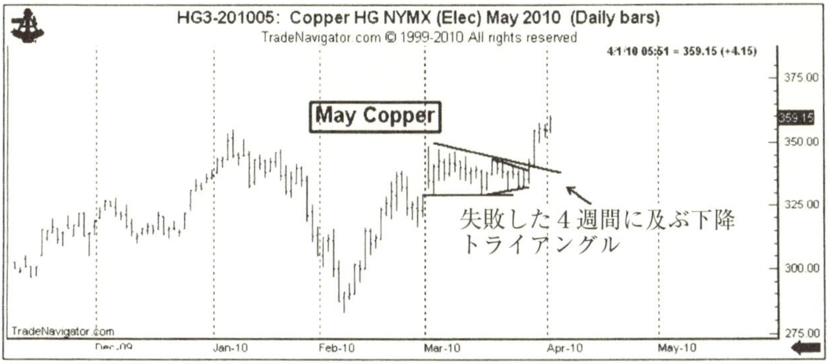

振り返ると

　逃したトレードから非常に重要なことが明らかになる。十分に発達していて、トレンドを作り始めそうなパターンはたいてい、ブレイクアウトでトレードをする人にどちらの方向へもトレードするチャンスを与える。実際、パターンが十分に熟した状況では、ブレイクアウトしそうな両側に逆指値を置いてもよいだろう。これを一歩進めると、ブレイクアウトの買い注文と売り注文を同列に扱うことができなければ、買い注文も売り注文も互いの妥当性に疑いを生じさせることになりそうだ。

オレンジジュース5月限──「行って来い」によるトライアングルの失敗
シグナルの種類──マイナーな継続パターン

　最後に、市場の流動性が極端に低いので、ファンドではなく、私の

第11章　4カ月目──2010年3月

図11.14　オレンジジュースでの典型的な行って来い（2010年5月限、日足）

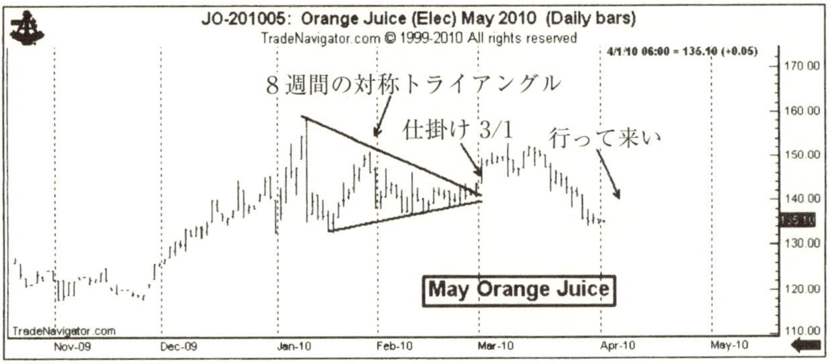

JO-201005: Orange Juice (Elec) May 2010 (Daily bars)
TradeNavigator.com © 1999-2010 All rights reserved
4/1/10 06:00 = 135.10 (+0.05)

8週間の対称トライアングル
仕掛け3/1
行って来い

May Orange Juice

TradeNavigator.com
Nov-09　Dec-09　Jan-10　Feb-10　Mar-10　Apr-10　May-10

自己勘定口座で行ったトレードを紹介しておこう。3月1日の明白なブレイクアウトで、8週間に及ぶ対称トライアングルが完成した。このパターンのブレイクアウトでは相場は少なくとも170セントまで押し上げられなければならない。ブレイクアウトの前に価格がトライアングルの終点まで進んでしまった点に注意してほしい。終点に向かって4分の3以上進んだ対称トライアングルは信用できない。**図11.14**で示すように、このトライアングルは1月の高値にさえ届かないうちに、「行って来い」になった。

まとめ

　3月は11月以降で最も厳しい月で、未実現損益を反映したVAMI（月次純パフォーマンス指数）方式で−3.7％の運用成績となった。3月に仕掛けた16回のトレードのうち、利益になったのはわずか4回（勝率25％）で、2.5％の純損失（仕切りベース）となった。トレードの1つ（ドル/カナダドル）は未決済のままだった。確定した利益のどれも、「ボトムライントレード」の部類に入るものではなかった。

297

第3部 ５カ月のトレーディング日記──開始

表11.1　３月の種類別トレーディングシグナル

シグナルの種類	修正後のベンチマーク	３月の仕掛け（トレード数と全体に占める割合）
メジャーパターン		
パターンの完成	4.0（29％）	2.0（13％）
試し玉のシグナル	1.5（11％）	4.0（25％）
増し玉のシグナル	1.5（11％）	1.0（ 6 ％）
マイナーパターン	4.0（28％）	7.0（44％）
直感に基づくトレード	2.0（14％）	1.0（ 6 ％）
その他のトレード	1.0（ 7 ％）	1.0（ 6 ％）
合計	14.0（100％）	16.0（100％）

　表11.1は３月に仕掛けたシグナルを表にしたものだ。

第12章

5カ月目——2010年4月

Month Five : April 2010

　これは本書の第3部「5カ月のトレーディング日記」で最後の章になる。初めの18週間の運用成績は私が望んだほど高いものではなかった。だが、それもトレーディングにはつきものだ。負けトレードもあれば、負ける週、負ける月もある。負ける年さえある。

　資産運用会社の上位20社（リスク調整済み運用成績の私の分析に基づく）の過去5年間の成績を見ると、損失になった年が合計で17回あった。これは、延べ年数（20社×5年＝100年のトレーディング期間）の17％に当たる。これはおおよそ5年に1年が純損失になったことを意味する。たとえ負けた年の平均損失が小さかった（2～3％）としても、負けた年は負けた年だ。

　本書の第3部の初めのほうで私は、「次の5カ月で10～15％のリターンを達成したら、私は最高だ」と述べた。4月に入り、日記を始めた2009年12月7日以来の私の運用成績は5％あまり（手仕舞ったトレードのみ）の利益だった。これを年率換算すると、12％くらいになる。4月にかなり思いがけないことが起きないかぎり、残り1カ月で私の最初の目標を達成できそうにない。しかし、12月からの成績に驚きはなかった。私にはほんの少しのボトムライントレードしかなかったからだ。目標利益を達成するためには、これらのトレードが絶対に必要である。

299

初心者のトレーダーのなかには、当初の見込みに達していないと、「倍の枚数にして追いつこう」という人もいるだろう。私はそういうことをする気にはならない。どんなトレーディングでも、純資産の浮き沈みはある。リスクをさらに増やすのは、当初の予定を達成するためでなく、破産に至る道だ。

この本が別の5カ月間に書かれていたら、結果は大幅に異なっていたかもしれない。ひょっとしたらもっと良かったかもしれないし、もっと悪かったかもしれない。商品先物とFXのトレーディングに魔法の水晶球はない。トレーダーができる最善のことはわずかなエッジ（優位性）が得られるトレーディング原理や指針を作り、時間をかけてそのエッジを利用しようとすることだ。「エッジ」という考えはいくら強調してもしすぎることはない。

ラスベガスのほとんどのカジノはスロットマシンに投入される1ドルに対し、約95〜97セントを払い戻している。これは、スロットマシンのレバーが引かれるときはいつでも、「ハウス」側にわずかだが、エッジがあることを意味している。つまり、スロットマシンを1回だけ引いたときのギャンブラーの勝敗はほぼ五分五分ということだ。しかし「ハウス」は、1回で得られるそのわずかなエッジを何千回も何千回もレバーが引かれることによって、総体で見て利益になるということを知っているのだ。よって、1回だけのエッジについて考えてもほとんど無意味だ。

トレーディングでも同じ原理が働いている。私はトレードを選び、仕掛けて、管理するための方法――すべて全体的なリスク管理に入る――のうち、私のエッジになると信じるものを開発してきた。私が利用しようとするのは、このエッジだ。特定のトレーディングやちょっとした一連のトレーディング、ある週やある月に、エッジが利益をもたらすことはないかもしれない。

商品先物とFXトレーディングの業界にとっては、厳しい12〜15カ

月だった。最も広く利用されているCTA指数（スターク、MAR、バークレイズ、リクソー）で見ると、過去1年はマイナスになっている。実際、バークレイズCTA指数で見れば、2009年は商品先物とFXトレーディングが過去10年で初めて損失を出した年であり、1980年以降でも4回しかない損失を出した年になった。

　世界の株式市場が2009年に歴史的な上昇をしたことを考えると、商品先物とFXに対する投資はまったく魅力に欠けていたようだ。だが、本書の初めに載せた図1.4のチャートを見て、資産クラスとしての商品先物やFXを米国株市場と比較したうえで、歴史的な展望を持ってほしい。

　投機を理解しているトレーダーの身としては、私自身の個人資産は株の投資信託マネジャーよりも商品ファンドのマネジャーのほうに常に託すだろう。リスク調整済みの基準では、私は商品先物という馬に鞍を付けるだろう。

典型的なチャートの原理に頼る

　どんな期間（年足、四半期足、月足、週足、日足、時間足）のチャートパターンも、形成されるであろうと思われたパターンに失敗した、多くのより短期の時間枠のパターンを含んでいる。例えば、4カ月間に及ぶ週足チャート上には、形成されなかったものを除いて、形成されそうなときには有効に見えた多くの失敗した日足パターンがある。次に、日足チャート上には多くの失敗した時間足のパターンがある。短期の時間枠のパターンのなかには予想された目標値に届いたものもあるが、もっと多くの届かなかったものもある。

　トレンドから発生するパターンを、出来上がったあとに見つけるのは簡単だ。失敗して形成されなかったり、もっと長期のパターンに溶け込んだりした似たようなパターンは、出来上がったあとでも個別に

301

第3部　5カ月のトレーディング日記——開始

識別するのは大変難しい。チャートの原理は流動的だ。パターンは絶えず動いており、定義し直されている。

　そこで、チャートに基づくトレーダーは2つの選択肢に直面する。

1．並み外れた感覚を養って、いつパターンが熟して実を結ぶものになるのかを判断できるようにする。そして、どうにかして失敗しそうなパターンでトレーディングをするのを大幅に減らしつつ、パターンがうまく機能するようになるまでトレーディングを待てるようにする。この挑戦に挑むには、驚異的な忍耐が必要になる。
2．適切な資金管理を用いて、すべてはっきりと定義されたパターンに従ってトレーディングを行う。ただし、これらのパターンの大半は失敗に終わり、より大きなパターンの要素になるか、典型的なチャートの原理では定義できないチャートの一部になるということを知っておく。

　テクニカル分析を行う人のなかには、自分のテクニカル分析の技術を使えば、常に相場に対処できると信じている者もいる。これは愚かな考えだと思う。これはリアルタイムでのトレーディングの基礎としてよりも、宣伝用のテレビ向けコメントで役立つものだ。

　私は、多くの価格チャートは典型的な原理、またはほかのテクニカル手法に基づいて理解できるものではない、ということをチャーチストに思い出させたい。トレンドの多くは定義可能なパターンから始まることなく生まれるものだ。

　明らかに、1番目の選択肢——すぐにトレンドを作る準備ができている相場だけでトレーディングを行う——が最も利益を得られ、最も失敗が少ない。問題は、この選択肢がすべてのチャーチストにとって現実的かどうかだ。極めて忍耐強いトレーダーなら、最初の選択肢の一部分は達成できるかもしれない。だが、ほとんどのチャーチストに

302

とっては、２番目の選択肢のほうがおそらく現実的だろう。

トレーディングの記録

金６月限──数カ月の混乱を終わらせる逆ヘッド・アンド・ショルダーズ
シグナルの種類──メジャーな試し玉のパターンとブレイクアウト

　私は第９章で金を取り上げた。そこで私は先回りして、金のトレードを数カ月先まで見た。私はその第９章で、チャートが定義し直される時期に入ったときにぶつかる失敗について検討した。

　2009年10月初めの上昇で、18カ月間に及ぶ逆ヘッド・アンド・ショルダーズ（H&S）の継続パターンが完成した。**図12.1**の金の週足チャートを見てほしい。このチャートにネックラインを引く方法は何通りかあった。私はいつでも、問題となっている高値か安値に最も合う水平な境界線を引くことを好む。このパターンの目標値の1350ドルはまだ達成されていない。私は週足と月足チャートで未達成の目標値の方向にトレードすべきだと考えていた。しかし、思い出そう。目標値は神聖なものではない。私はチャートトレーダーたちが目標値に達するまで待ちながら、一掃されるのを何度も見てきた。

　図12.2で示すように、３月の金における優勢なパターンは、金６月限の日足チャート上で完成しそうな４カ月間に及ぶ逆ヘッド・アンド・ショルダーズだった。このチャートは第９章の**図9.25**にも載せた。４月１日の上昇によって、日足チャートでヘッド・アンド・ショルダーズの右ショルダーになっているチャネルの上限をブレイクした。私はこのブレイクアウトで、１トレーディングユニット当たりミニ１枚を買った。

　４月７日の上昇によって、４カ月間に及ぶ逆ヘッド・アンド・ショ

第3部 5カ月のトレーディング日記——開始

図12.1　金の逆ヘッド・アンド・ショルダーズのもうひとつの見方（つなぎ足による週足）

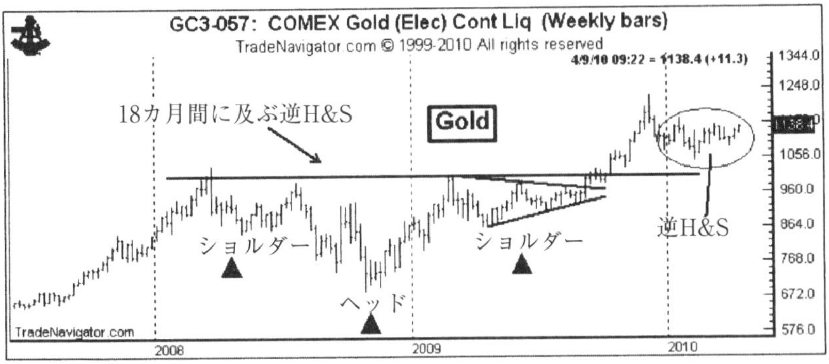

GC3-057: COMEX Gold (Elec) Cont Liq　(Weekly bars)
TradeNavigator.com © 1999-2010 All rights reserved

4/9/10 09:22 = 1138.4 (+11.3)

18カ月間に及ぶ逆H&S　　Gold

ショルダー

ショルダー

ヘッド

逆H&S

TradeNavigator.com

2008　　2009　　2010

図12.2　ミニ金の4カ月に及ぶ逆ヘッド・アンド・ショルダーズ（2010年6月限、日足）

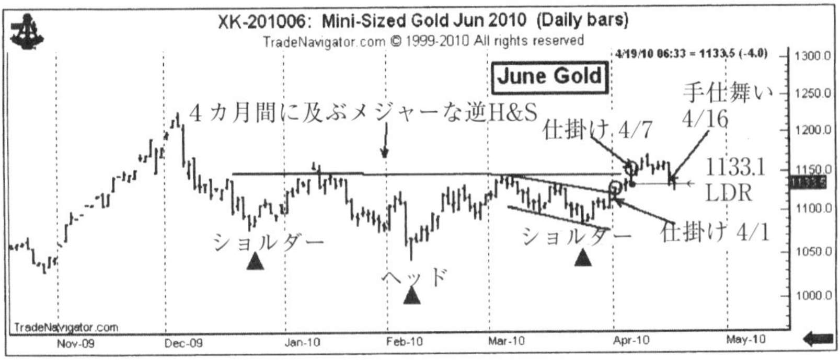

XK-201006: Mini-Sized Gold Jun 2010　(Daily bars)
TradeNavigator.com © 1999-2010 All rights reserved

4/19/10 06:33 = 1133.5 (-4.0)

June Gold

手仕舞い
4/16

4カ月間に及ぶメジャーな逆H&S　　仕掛け 4/7

1133.1
LDR

ショルダー

ショルダー

仕掛け 4/1

ヘッド

TradeNavigator.com

Nov-09　Dec-09　Jan-10　Feb-10　Mar-10　Apr-10　May-10

　ルダーズが完成した。このパターンの最初の目標値は、2009年12月の
高値の再度の試しである1230ドルだった。私の考えでは、このヘッド・
アンド・ショルダーズは**図12.1**で示されるように、週足での逆ヘッ
ド・アンド・ショルダーズの完成によってできた目標値の1350ドルま
で相場を押し上げる可能性があった。私はレバレッジを上げた。私は
記録に良いトレードを載せられた、とそのときは本当に思った。

第12章　5カ月目——2010年4月

　相場は4月13日にネックラインを再び試した。そして4月16日に金は急落し、私のポジションはラスト・デイ・ルールによってストップに引っかかった。これを書いているときは私はポジションを持っていなかったが、この本が読まれるころには逆ヘッド・アンド・ショルダーズによって価格はずっと高値まで押し上げられると信じている。

ユーロ/ポンド——疑わしい買い
シグナルの種類——その他のトレード

　これと次のユーロ/円のトレードは同じコインの裏表を表している。両トレードではパターンの再度の試しという考えと、そうした再度の試しに対してシグナルがどのように点灯したかを扱う。
　ユーロ/ポンドは4月5日に、支持線と抵抗線の役目を交互に果たしていた価格まで下げた（**図12.3**を参照）。私は第10章の**図10.18**で、この支持線と抵抗線について検討している。直感に基づくトレードで、私は買った。私は、このトレードはとてもリスクが低く、再度の試しによる失敗パターンのルールに基づいて、4月5日の安値を損切りのストップに使えると感じていた。私はその翌日に損切りをした。

振り返ると

　このようなトレードは落ちてくるナイフをつかまえるような感じがする。これはブレイクアウトによるトレードではなかった。相場は私が買う前にすでに急落していた。実際、あとから振り返ると、私が買ったのと同じ日に弱気のホーン（または斜めのトップ）が完成したのが分かる。少なくとも、買おうとする前に、私は1日の反転が起きるまで待つべきだった。

305

第3部　5カ月のトレーディング日記——開始

図12.3　ユーロ/ポンドで起きた支持線と抵抗線の交代（日足）

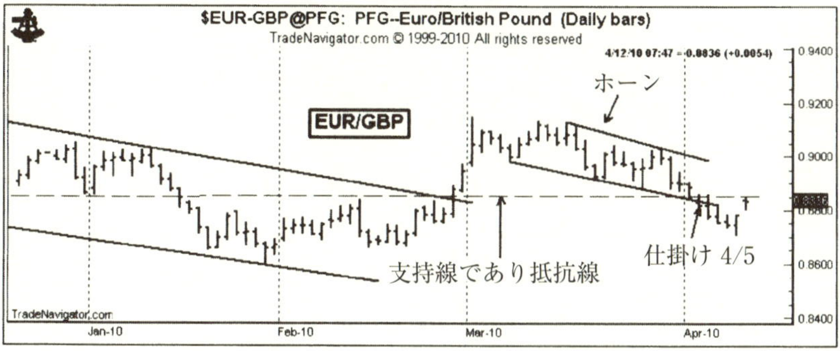

$EUR-GBP@PFG: PFG--Euro/British Pound (Daily bars)
TradeNavigator.com © 1999-2010 All rights reserved

EUR/GBP

ホーン

支持線であり抵抗線

仕掛け 4/5

TradeNavigator.com

Jan-10　　Feb-10　　Mar-10　　Apr-10

ユーロ/円——重要なアイスラインの辺りで人を惑わす相場
シグナルの種類——メジャーパターンのブレイクアウト

　支持線への再度の試しでユーロ/ポンドを買ったまさにそのときに、私は支持線・抵抗線に対してユーロ/円を空売りした。**図12.4**で示すように、4月初めの上昇は週足チャート上のラウンドトップというメジャーパターンを再び試した。私はこれを空売りの機会と見た。

　日足チャート（**図12.5**）で見ると、再度の試しによって4月初めの3日間、週足チャート上にあるラウンドトップのアイスラインを実際には上回っていたことが分かる。そして4月6日に、相場はアイスラインの下まで急落した。終値ベースで最初のパターンが再び完成したので、これは売りシグナルになった。私は4月6日の終値で空売りすべきだったが、注文を入れていなかった。

　私は4月7日に空売りした。私はこのトレードが初めから心配だった。週足チャート上で優勢な典型的なチャートパターンはまだラウンドトップのメジャーパターンだった。しかし、日足チャートでは3月31日に7週間に及ぶ逆ヘッド・アンド・ショルダーズが完成していた。

306

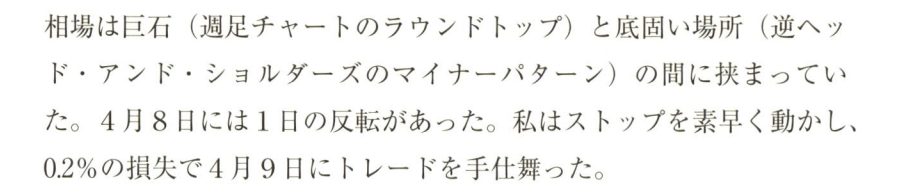

第12章　5カ月目──2010年4月

図12.4　ユーロ/円で再び試されるラウンドトップ（週足）

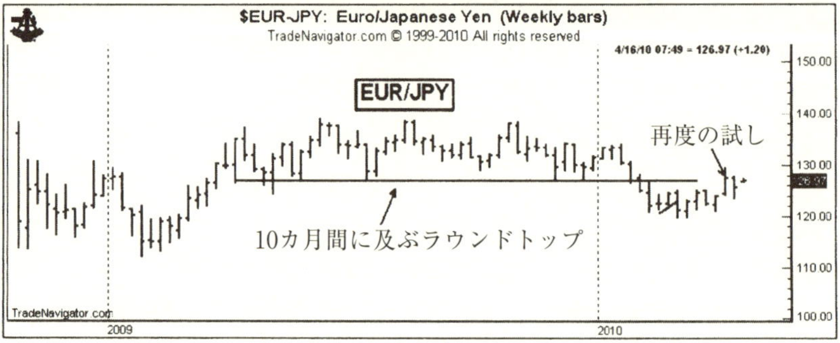

図12.5　ユーロ/円で再び試されるラウンドトップ（日足）

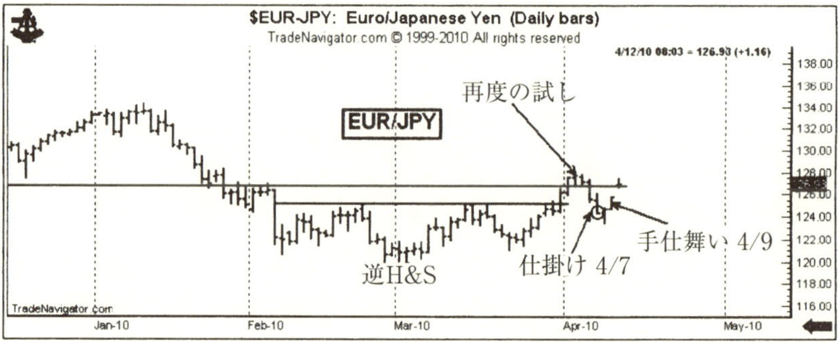

　相場は巨石（週足チャートのラウンドトップ）と底固い場所（逆ヘッド・アンド・ショルダーズのマイナーパターン）の間に挟まっていた。4月8日には1日の反転があった。私はストップを素早く動かし、0.2％の損失で4月9日にトレードを手仕舞った。

307

第3部　5カ月のトレーディング日記——開始

振り返ると

この相場は、週足チャートでは頭上に大きなラウンドトップがあり、日足チャートでは逆ヘッド・アンド・ショルダーズが下に横たわっていた。普通、私は最も新しいパターンを見てトレードする。チャートには対立の時期がある。こういう時期にはたいてい、パターンがはっきりと見えるまで待つのが最も良い。

大豆11月限——教科書的な上昇トライアングルの完成
シグナルの種類——マイナーな反転パターン

ベアトラップ（弱気の落とし穴）の分かりやすい目印のひとつは、相場が境界線を日中に下抜けたあと、同じ日に境界線の上で引け、翌日は1日中境界線を上回ったまま、さらに高値で引けることだ。3月31日と4月1日には大豆11月限で、まさにこの筋書きどおりのことが起きた。私が4月1日の終値で買っていたとしても、それは完全に正当化できただろう。

図12.6で示すように、その後の上昇によって4月15日に10週間に及ぶ上昇トライアングルが完成した。私は10万ドルの1トレーディングユニット当たり2分の1枚買った。

図12.7はこれを書いている時点で、週足チャート上の大豆11月限が17カ月間に及ぶ上昇トライアングルを作っているところを示している。これは、きっと素晴らしいトレンドを形成するパターンで、2010年には見守らなければならないチャートだ。

第12章　5カ月目——2010年4月

図12.6　大豆で完成した対称トライアングル（2010年11月限、日足）

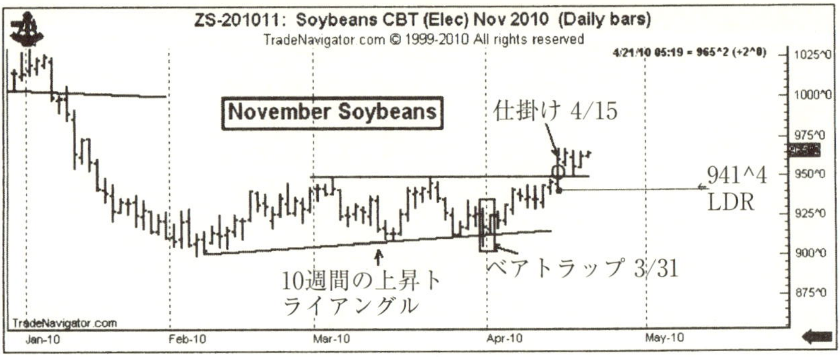

ZS-201011: Soybeans CBT (Elec) Nov 2010 (Daily bars)
TradeNavigator.com © 1999-2010 All rights reserved

November Soybeans

仕掛け 4/15

941^4 LDR

10週間の上昇トライアングル

ベアトラップ 3/31

図12.7　大豆の底に現れた大きな対称トライアングル（2010年11月限、週足）

ZS-201011: Soybeans CBT (Elec) Nov 2010 (Weekly bars)
TradeNavigator.com © 1999-2010 All rights reserved

Nov. '10 Soybeans

17カ月間に及ぶ対称トライアングル

将来の見通し

　時を経るにつれ、「注目すべき銘柄」として目立ってくるものがいくつかある。これらの銘柄では週足チャート上で、大変重要なパターンが進展中だ。私はトレーディングの一部として、本書でこれらの銘

309

柄について言及してきた。

ダウ平均——歴史的なヘッド・アンド・ショルダーズが形成中か？

実に驚くべきことがこの相場で起きている。これが実現すれば、史上最大級のチャートパターンのひとつとして記憶に残るだろう。ダウ平均の月足と四半期足チャートには、下向きに傾斜したネックラインのヘッド・アンド・ショルダーズが完成する可能性を秘めている（図12.8を参照）。下向きに傾斜したネックラインは一般に、水平か上向きに傾斜したネックラインよりもかなり弱気の兆候だ。

左右のショルダーの高値に合わせて引いた線はネックラインと平行になることがよくある。図12.9はヘッド・アンド・ショルダーズを拡大したものだ。2009年3月から現在までの上昇で、相場はこの平行線に達している。この上昇が平行線をブレイクして、左ショルダー（ダウ1万1750ドル）の高さまで達する可能性もある。

ヘッド・アンド・ショルダーズは対称になる傾向がある。もっとも、対称性は必ずしも必要ではない。左ショルダーと期間が対称になるためには、右ショルダーがさらに数年間延びるかもしれない。しかし、最も強力なヘッド・アンド・ショルダーズのパターンとは、右ショルダーの期間が左ショルダーの期間よりも短縮されて完成するときである。

Tボンド——米国でソブリン債のデフォルトが起きるか？

この本で前に注意したように、米国のTボンドのチャートは何らかの形でソブリン債のデフォルトが起こると予測している。問題は金利が上昇（価格は下落）するのは当然と思われているということだ。図

第12章　5カ月目――2010年4月

図12.8　歴史的な天井の可能性を示すダウ平均の100年間に及ぶチャート

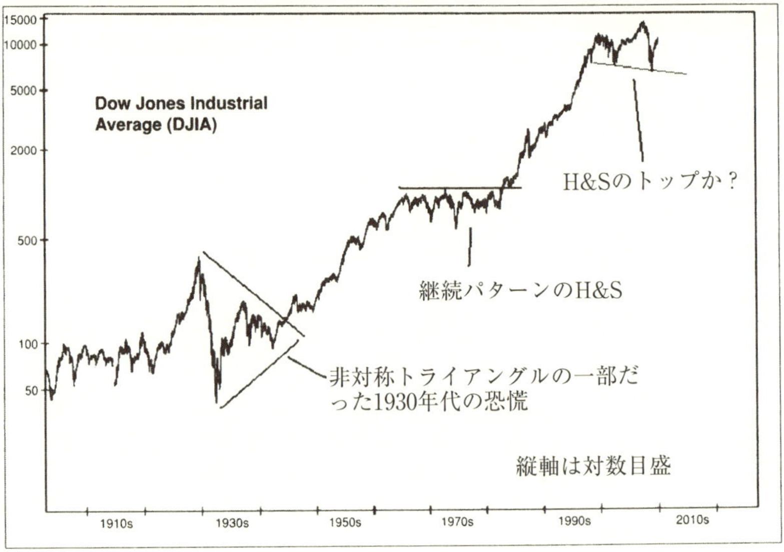

Dow Jones Industrial Average (DJIA)

H&Sのトップか？

継続パターンのH&S

非対称トライアングルの一部だった1930年代の恐慌

縦軸は対数目盛

1910s　1930s　1950s　1970s　1990s　2010s

図12.9　14年間のダウ平均チャートではヘッド・アンド・ショルダーズの可能性を示唆（月足）

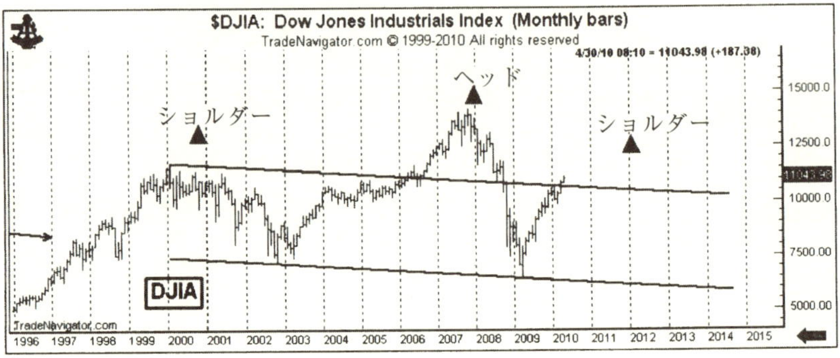

$DJIA: Dow Jones Industrials Index (Monthly bars)
TradeNavigator.com © 1999-2010 All rights reserved

ショルダー

ヘッド

ショルダー

DJIA

12.10で示すように、Tボンドの四半期足チャートは1980年代初期の安値からチャネルを作っている。

図12.11はヘッド・アンド・ショルダーズのパターンを2007年後半までさかのぼって週足チャートで表示したものだ。さらに、この大きなヘッド・アンド・ショルダーズの右ショルダーがまた、ヘッド・

311

第3部　5カ月のトレーディング日記——開始

図12.10　Tボンドの29年間に及ぶチャネル（つなぎ足による四半期足）

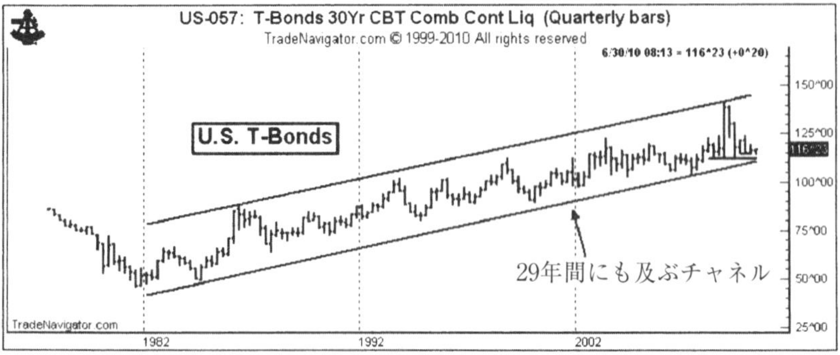

図12.11　ヘッド・アンド・ショルダーズができそうなTボンド（つなぎ足による週足）

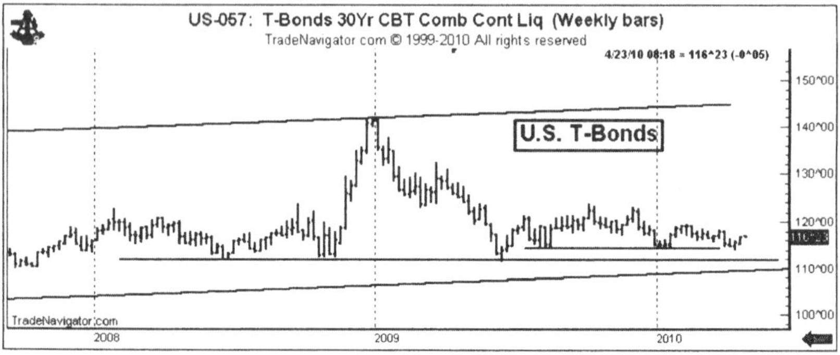

アンド・ショルダーズになっている。2009年6月にさかのぼるこの小さなヘッド・アンド・ショルダーズは、かなり成熟しているように見える。これは、相場がすぐに下げ始めるか、週足チャート全体が定義し直される必要があるということを意味している。

312

第12章　5カ月目──2010年4月

図12.12　Ｔボンドの失敗したヘッド・アンド・ショルダーズ（つなぎ足による週足）

振り返ると

　2010年5月中旬にＴボンドは急上昇した。相場は週足チャートで完成しそうだったヘッド・アンド・ショルダーズで、左右のショルダーの高値をはっきりと上に突き抜けた（**図12.12**を参照）。これこそ、本書を通じて触れている再定義というものだ。新たな価格目標は2009年前半の高値への試しである141.00ドルになる。

砂糖──まだ上昇の望みありか？

　これが将来のほうを見て取り上げる最後の銘柄だ。**図12.13**に示されるように、2009年後半の上昇で30年間に及ぶベースが完成した。砂糖の最近の急激な下落はこのベースを大きく下に突き抜けた。それでも、長期的には強気の筋書きは損なわれていない──今のところはだが。

313

第3部　5カ月のトレーディング日記──開始

図12.13　砂糖の30年間に及ぶベース（つなぎ足による四半期足）

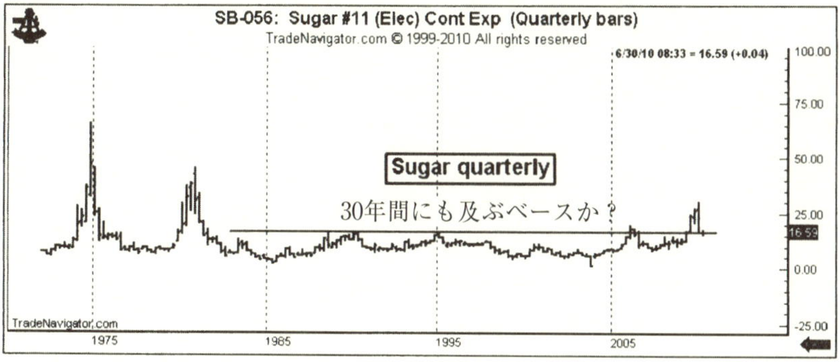

この銘柄は16〜17セント水準で持ちこたえて、60セントのレンジまで大きく強気の上昇を始める可能性が十分にある。

振り返ると

砂糖の価格はその後16〜17セントの水準を簡単に下回り、13セントまで下げた。長期的に見ると、砂糖の強気相場は終わっていないかもしれないが、その可能性は大きく損なわれた。

まとめ

この本を書くために私はトレードの日記を付けてきたが、4月20日にそれを終えて、この日付で2つの未決済トレードを時価評価した（大豆とドル/カナダドルの11月限）。4月には7回トレードを仕掛け、5回のトレードで損失、2回のトレードで利益を出して手仕舞った（表

第12章　5カ月目──2010年4月

表12.1　4月の種類別トレーディングシグナル

シグナルの種類	修正後のベンチマーク	4月の仕掛け（トレード数と全体に占める割合）
メジャーパターン		
パターンの完成	4.0 （29%）	3.0
試し玉のシグナル	1.5 （11%）	1.0
増し玉のシグナル	1.5 （11%）	0.0
マイナーパターン	4.0 （28%）	2.0
直感に基づくトレード	2.0 （14%）	0.0
その他のトレード	1.0 （ 7 %）	1.0
合計	14.0 （100%）	7.0

12.1を参照）。

　これでトレードごとの日記を終える。第4部では終了した期間の総まとめをし、学んだ教訓に基づいて、運用成績と見通しについて統計によるまとめと分析を行う。

第4部

総まとめ

THE WRAP-UP

第4部は2009年12月7日から2010年4月15日までのトレーディングの説明と統計分析を行い、最もきれいな例を使って振り返る。最もきれいな例とはトレーディング期間に現れたパターンのうち、典型的なチャート原理として最も良かった例のことだ。

　21週間に及ぶトレーディングの説明とチャートに現れた最も良い例が、トレーダーのあなたにも役立つよう心から願っている。

第13章

運用成績の分析

Analysis of Trading Performance

　この本を書き始めたとき、私には２つの期待があった。そのひとつは、商品先物市場やFX市場で、私のトレーディングプランとある程度一致するトレンドが作られるだろうという期待だった。私がトレードを行った銘柄のなかにはトレンドが形成されていたものもあった。だが、そのトレンドは、私のトレーディングルールと矛盾し、ジグザクに進むようなものが多かった。

　次に、５つの銘柄のチャートを示して、12月７日（本書で初めてトレードを行った日付）から４月15日（最後のトレードの日付）までの値動きを示している。これらのチャートは、金（**図13.1**）、ミニナスダック（**図13.2**）、砂糖（**図13.3**）、CRB指数（**図13.4**）、ポンド（**図13.5**）のものだ。

　これらは貴金属、米国株、ソフト商品、商品全般、外国為替を表すために選んだものだ。これらのチャートを一目見れば、私自身を含めて、ほとんどの商品先物トレーダーがここ数カ月に経験した困難が分かるだろう。相場は12月上旬から４月中旬までの間、価格のラインの上と下の両側で動いてきた。

　第二に、世界の株式市場（特に米国の株式市場）は息切れして、上げ止まるという期待があった。私はトレードを始めてから現時点まで、非常に慎重なトレーダーだ。私の目標は資金が大きく増減するのを抑

第4部　総まとめ

図13.1　金のチャート（2009年12月～2010年4月、つなぎ足による日足）

GC3-057: COMEX Gold (Elec) Cont Liq (Daily bars)
TradeNavigator.com © 1999-2010 All rights reserved
4/20/10 10:27 = 1140.5 (+5.3)

Gold

1200.0
1150.0
1140.5
1100.0
1050.0

TradeNavigator.com

Dec-09　Jan-10　Feb-10　Mar-10　Apr-10

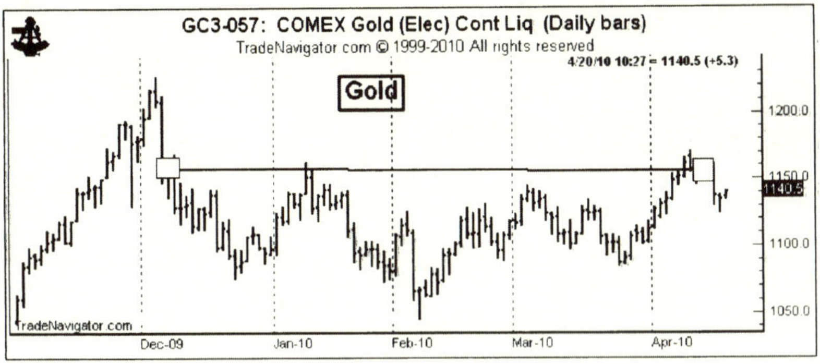

図13.2　ミニナスダックのチャート（2009年12月～2010年4月、つなぎ足による日足）

NQ-057: E-Mini Nasdaq 100 Cont Liq. (Daily bars)
TradeNavigator.com © 1999-2010 All rights reserved
4/20/10 09:09 = 2017.00 (+4.00)

2017.00
1950.00
1875.00
1800.00
1725.00
1650.00

Mini Nasdaq

TradeNavigator.com

Dec-09　Jan-10　Feb-10　Mar-10　Apr-10

図13.3　砂糖のチャート（2009年12月～2010年4月、つなぎ足による日足）

SB-055: Sugar #11 (Elec) Cont 1st (Daily bars)
TradeNavigator.com © 1999-2010 All rights reserved
4/20/10 07:25 = 16.77 (-0.29)

30.00
28.00
26.00
24.00
22.00
20.00
18.00
16.77
16.00

Sugar

TradeNavigator.com

Oct-09　Nov-09　Dec-09　Jan-10　Feb-10　Mar-10　Apr-10

322

第13章　運用成績の分析

図13.4　CRB指数（2009年12月〜2010年4月、つなぎ足による日足）

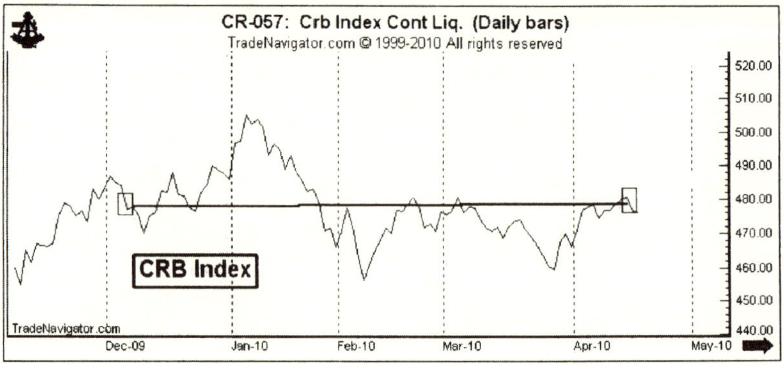

CR-057: Crb Index Cont Liq. (Daily bars)
TradeNavigator.com © 1999-2010 All rights reserved

CRB Index

図13.5　ポンド／ドルのチャート（2009年12月〜2010年4月、日足）

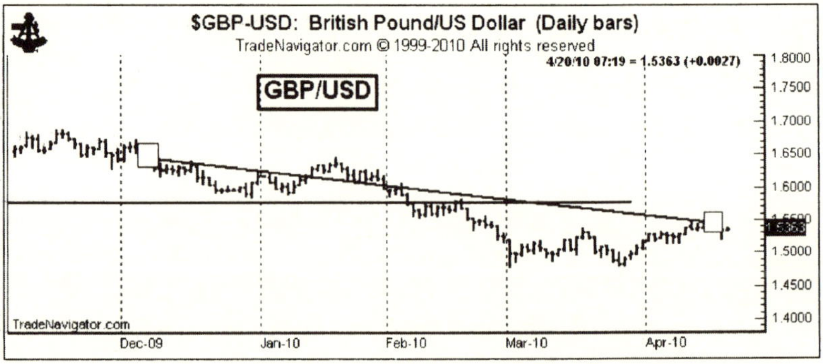

$GBP-USD: British Pound/US Dollar (Daily bars)
TradeNavigator.com © 1999-2010 All rights reserved
4/20/10 07:19 = 1.5363 (+0.0027)

GBP/USD

図13.6　S&P500（2009年12月〜2010年4月、日足）

$SPX: S&p 500 Index (Daily bars)
TradeNavigator.com © 1999-2010 All rights reserved
4/20/10 09:11 = 1204.81 (+7.29)

SPX

323

え、18％くらいの年間利益率を一貫して達成することだ（著者注の運用成績の免責条項を参照）。

　2009年３月から2010年４月までのアメリカ株式市場が史上最大級の上昇を見せたことを考えると、年率18％のリターンという考えはかなりさえない数字だ。**図13.6**で示すように、S&P500指数は2009年３月から2010年４月までで、ほとんど２倍になった。個々の株式では２倍、いや３倍になったものさえもあった。本項を書いたあとの５月に、株式市場が大幅な調整を余儀なくされたことは注目に値するだろう。

　２けたといっても10％台のリターンを商品先物とFX市場で目指すというのは、株と比較すれば退屈に思える。結果的には、この日記を付けていた５カ月間にファクター・トレーディング・プランを個別株に当てはめていたほうが良かったことになる。それでも、私は株ではなく、商品先物とFXのトレーディングを行う。

　この本の基本的な前提は依然として変わらない。

●商品先物市場とFX市場では、一貫した利益率と資金の増減を最低限に抑えて慎重にトレーディングを行うことができる。
●典型的なチャートの原理は時代を超えて通用するもので、トレーディングにおけるすべての決定を下す技法を提供してくれる。それでも、典型的なチャートの原理はトレーディングのツールであり、価格を予測するための手段ではない。
●チャートの原理はトレーダーにわずかなエッジを提供する。そのエッジという強みを利用するために、ファクター・トレーディング・プランを長期にわたり一貫して実行することが、トレーダーが成し得る最善のことである。
●ある特定のトレードやある短期間のうちに行われた一連のトレードの結果も、一貫して利益を生むためのトレーディングとは関係ない。
●投機での成功には多くの側面や要素が含まれる。どのトレードを選

ぶかよりも、リスクとトレードの管理のほうがはるかに重要である。
●恐れや強欲、期待、自信（多すぎる場合と少なすぎる場合）という
　人間的な感情をコントロールすることが、投機で一貫して成功する
　ために重要である。

　本書のプロジェクトを実行することは、私のトレーディング人生で
最も教育的かつ啓発的な経験だった。私はトレーダーとしての自分を
知っていると思っていた。また、ほとんどの市場参加者よりもしっか
りと自己認識をしていると思っていた。

　トレーディング日記を付けてそのことについて書くために、これ
まで以上にトレーディングの枠組みや問題解決の手法を定義し、調
べ、分析せざるを得なくなった。私はトレーディングでいったい何を、
どういう理由で行うのかを系統立てて考え抜かなければならなかった。
現在のトレーディング手法にたどり着くために、どういう手段を取っ
てきたかを慎重に思い出す必要があった。それで、トレーディングに
おける習慣の多くを再確認することになった。しかし、ある分野では
トレーディングプランをより効果的で有効なものにする機会を得られ
た、と今では信じている。

　私は、一貫して利益を出すどのトレーダーも、ぴったり同じ方法で
トレーディングを行えないし行うべきでもないと、ますます確信して
きた。どの２人のトレーダーも同じような考え方をしない。トレーデ
ィングで成功するためには個性や性格の長所を伸ばし、短所を克服す
るか、コントロールすることが必要である。私にはうまくいくことで
も、ほかのトレーダーにはうまくいかないだろうし、逆もまた同じだ。

　私はトレーディングで効率を上げるために何をすべきか、ほかのト
レーダーに言うことはできない。これらの問題はそれぞれのトレーダ
ーが各人で対処すべきことだ。一貫して成功するためのトレーディン
グプランとは、それを作って実行する人を反映したものでなければな

325

第4部　総まとめ

らない。

　さて、2009年12月から2010年4月までの、私のトレードの運用成績を3つに分けて分析しよう。

1.　本書で扱った5カ月間に、ファクター・トレーディング・プランの成績はどうだったか——統計的な分析と説明
2.　過去5カ月間のトレードごと、注文ごとにファクター・トレーディング・プランを冷静な目で実行したり、分析したことによって、プランと私自身について学んだこと
3.　私の最良の方針は今後どうあるべきか

トレーディングプランはどういう成績だったか

　ファクター・トレーディング・プランは本書で扱った21週間で、シグナルは68回点灯した。これらの仕掛けのシグナルのなかには、同じトレーディングでの再仕掛けやドテンなどあった（例えば、ポンド/ドルの売りやTボンドの売り）。

　表13.1は2009年12月7日から2010年4月15日までにファクター・トレーディング・プランが点灯したシグナルを、プランの目標と比較したものだ。

　表13.1で示すように、ファクター・トレーディング・プランはシグナルの点灯ではプランの目標に引けを取らなかった。**図13.7**は**表13.1**で示したデータを月ごとに詳しく記したものだ。

　しかし、**表13.2**で分かるように、実際の運用成績ではプランに基づくトレーディングは予想よりも大幅に下回った。

　明らかに、過去5カ月間のファクター・トレーディング・プランは平均以下の成績で、この期間に5ポイント近く目標を下回った。

　このように運用成績が平均以下になっても、それだけで心配する必

326

表13.1　2009年12月～2010年4月の種類別シグナル

シグナルの種類	修正済みの月別目標	2009年12月～2010年4月のシグナル（トレード数と%）	2009年12月～2010年4月のシグナル（月平均トレード数）	差違（月別のトレード数）
メジャーパターン				
パターンの完成	4.0（29%）	23.0（34%）	5.0（33%）	＋1.0
試し玉のシグナル	1.5（11%）	9.0（13%）	2.0（14%）	＋0.5
増し玉のシグナル	1.5（11%）	2.0（3%）	0.0（0%）	－1.5
マイナーパターン	4.0（28%）	22.0（32%）	4.0（32%）	±0
直感に基づくトレード	2.0（14%）	4.0（6%）	1.0（9%）	－1.0
その他のトレード	1.0（7%）	8.0（12%）	2.0（10%）	＋1.0
合計	14.0（100%）	68.0（100%）	14.0（100%）	

表13.2　ファクタープランのシグナル──運用成績のデータ（2009年12月～2010年4月）

運用成績の指標	プランの目標（5カ月の合計）	2009年12月7日～2010年4月20日（結果）	差（ポイント）**
勝ちトレード（%）	35%または約3分の1	41%	＋6ポイント
負けトレード（%）	65%または約3分の2	59%	－6ポイント
年率換算後の収益率	18%	12.9%	－5.1ポイント
月末時の最大ドローダウン*	－8%	－5.8%（推定）	
利益額対損失額の比率	2.6対1	1.8対1	
ボトムライントレード数と総トレードに対する割合（%）	7（10%）	2（3%）	－5トレード

*実際の口座、値洗いによるVAMIでの計算。ほかのデータについては著者注の免責条項を参照
**「2009年12月～2010年4月」とプランの目標

図13.7 トレードの月ごとの内訳

ファクターLLC
種類別の仕掛け

シグナルの種類	修正済みのベンチマーク(トレード数と%)	2009年12月の仕掛け(トレード数と%)	2010年1月の仕掛け(トレード数と%)	2010年2月の仕掛け(トレード数と%)	2010年3月の仕掛け(トレード数と%)	2010年4月の仕掛け(トレード数と%)	12月~4月の総仕掛け(トレード数と%)	12月と4月の差(%)
パターンの完成	4　29%	6　46%	8　50%	4　25%	2　13%	3　43%	23　34%	5%
試し玉のシグナル	1.5　11%	0　0%	2　13%	2　13%	4　25%	1　14%	9　13%	3%
増し玉のシグナル	1.5　11%	0　0%	1　6%	0　0%	1　6%	0　0%	2　3%	−8%
マイナーパターン	4　28%	4　31%	3　19%	6　38%	7　44%	2　29%	22　32%	4%
直感に基づくトレード	2　14%	1　8%	1　6%	1　6%	1　6%	0　0%	4　6%	−8%
愚かな・その他のトレード	1　7%	2　15%	1　6%	3　19%	1　6%	1　14%	8　12%	5%
合計	14　100%	13　100%	16　100%	16　100%	16　100%	7　100%	68　100%	
勝率	35%	38%	69%	44%	19%	29%	41%	
勝ちトレード数	5	5	11	7	3	2	28	
ボトムラインのトレード数	1.4	1	1	0	0	0	2	
ボトムラインのトレード(%)	10%	8%	6%	0%	0%	0%	3%	

第13章　運用成績の分析

要はない。商品先物やFXのトレーディングは償還収入を受け取る年金やTビルとは違うからだ。すでに述べたように、商品先物トレーダーの人生では負ける週や月があるだけでなく、負ける年さえある。

　成績が目標値を下回った大きな原因は「ボトムライントレード」、つまり、私のこれまでのトレーディングで純利益をもたらすようなトレードがなかったからだ。一般に、私のトレーディングのおよそ10%はボトムライントレードだった。それらは次のようなトレードだった。

●境界線やアイスラインを再び試すことがほとんどなく、ためらいなしに明確に定義されたパターンをブレイクする
●示唆された目標値に着実に向かう
●資産の約２％の利益率をもたらす

　平均すれば、長期にわたって１カ月につき１つか２つのボトムライントレードがあった。実際にも、ファクター・トレーディング・プランが機能するためには、１つか２つのボトムライントレードが必要だ。

　この本で日記を付けていた2009年12月から2010年４月までの５カ月間に、ファクター・トレーディング・プランでは合計２つの純ボトムライントレードしかなかった。ボトムライントレードがないことも重要な要素だが、運用成績にマイナスの影響を及ぼしたかもしれないほかの要素にも同様に興味が引かれる。理解が深まれば、洞察も深くなるのだ。

　表13.3は仕掛けのシグナル別に過去５カ月間のファクター・トレーディング・プランの運用成績を表したものだ。

　明らかに、この期間に最も利益を生むトレーディングができたのはメジャーパターンでだった。純最終損益にとって大きなマイナス要因となったのは、マイナーな反転パターンとその他のトレードだった。これらのマイナーな反転パターンのいくつかは、私の指針よりも期間

329

第4部 総まとめ

表13.3 シグナル別のファクター・トレーディング・プランの運用成績
（2009年12月～2010年4月）

シグナルの種類	トレード数	総損益*
メジャーパターン		
パターンの完成	23	6089ドル
試し玉のシグナル	9	4003ドル
増し玉のシグナル	2	−336ドル
マイナーパターン		
継続シグナル	10	884ドル
反転シグナル	12	−1658ドル
直感に基づくトレード	4	471ドル
その他のトレード	8	−3960ドル
合計	68	5473ドル

*10万ドルの1トレーディングユニット当たり

が短く、ファクター・トレーディング・プランの正統性から「外れて」
いた。将来、これらのトレードをもっとうまく管理するのは難しいが、
自分のトレードを発展させる良い機会でもある。

　さらに私は、ほかのいくつかのフィルターによってトレーディング
の成績を見たかった。**表13.4**は優勢なパターンの長さ、または期間
に基づく運用成績を示している。

　表から分かるように、メジャーパターンに関連した1～4週のパタ
ーンは4644ドル以上の純益に貢献した。他方、メジャーパターンと関
係がない短期のパターンは運用成績をマイナスにした最大の要因だっ
た。これは長期のパターン内に生じる短期のパターンをどう理解すべ
きかについて、雄弁に物語っている。2番目に純利益に貢献したのは
14～18週のメジャーパターンのブレイクアウトだった。

　次に、**表13.5**は用いた手仕舞い戦略別の運用成績を分析したもの
だ。

　表面上は、こういう結果になるのは分かりきっている。これらの項
目のどれにも驚くべきことは何もない。目標値に達したトレードは定
義から言って、利益が出ている。同じように、ラスト・デイ・ルール

第13章　運用成績の分析

表13.4　パターンの期間で見たファクター・トレーディング・プランの運用成績（2009年12月～2010年4月）

日足で見たパターンの長さ	総損益*
1～4週間──メジャーパターンに無関係	−2157ドル
1～4週間──メジャーパターンに関係	4644ドル
5～8週間	1274ドル
9～13週間	−1254ドル
14～18週間	1996ドル
18週間超	991ドル

*1トレーディングユニット当たり10万ドル

表13.5　ファクター・トレーディング・プラン──手仕舞い戦略別の運用成績（2009年12月～2010年4月）

手仕舞い戦略	全トレード数*	総損益
調整パターン	3	156ドル
ラスト・デイ・ルール	25	−10411ドル
ラスト・アワー・ルール	2	−935ドル
手っ取り早い利益	4	4701ドル
再度の試しによる失敗	17	−3225ドル
目標値	9	10959ドル
トレイリングストップ	10	6448ドル

*分割手仕舞い戦略のため、2回以上数えたトレードがある。統計は10万ドルの1トレーディングユニット当たりの数字

でストップに引っかかったトレードは、定義から言って負けトレードだ。さらに、修正後の手仕舞い戦略をシグナルの種類別に分析すると、非常に役立つ結果が得られる。

　テクニカル指標に基づいて仕掛けのシグナルを短期間で最適化するのは軽蔑すべきことだ、と私は強く言ってきた。私はトレーディングのチャンスの確認よりも、トレードとリスク管理の根底にあるテーマや教訓のほうにはるかに興味を持っている。

331

第4部　総まとめ

　利食いで積極的な資金管理を行えば最終損益の結果が良くなり、資産の変動も小さくなるだろうという仮説に基づいて、私は本書で取り上げた期間に現れた実際のシグナルを用いて、次の点について検証を行った。

●その他のトレードはしなくて済んだだろう。
●ほかのすべてのトレードでは、損切りのストップを実際と同じように置いただろう。
●すべてのトレードで、あらかじめ定めた目標値で利食っていただろう（ブレイクアウトのメジャーシグナルとほかのシグナルでは異なる）。

　このリスクとトレードの管理モデルを用いていたら、日記に記されたトレードによる約5.5％という利益率は21.3％まで向上していただろう。しかし、これは仮想的な運用成績の結果であり、仮想的な条件の下で計算されたものだ。これらの修正を行ったからといって、未来の運用成績も同じように良くなるという保証はない。
　もちろん、比較的素早く利食っていたら、過去5カ月はうまくいっていただろう。だが、2007年と2008年に素早く利食いをしていたら、利益の大部分は取り損ねることになっていただろう。
　この原稿を完成させるためにもっと時間を使えるなら、私はほかのいくつかのトレードとリスク管理の戦略を検討していたかもしれない。将来はその戦略に従うこともあるだろう。それには次のことが含まれる。

●6～8週間未満のすべてのマイナーシグナル（特に反転シグナル）でトレードをしなかったら、長期的な結果はどうなっていたか？
●あらかじめ素早く利食いしようと決めていた水準でポジションを手

332

仕舞ったが、その後に最初の仕掛け水準を再び試したときにポジションを取り直すと、どういう結果になっていたか？

● 「ラスト・デイ・ルールを用いて、OCO（ワン・キャンセルズ・アザー）注文による目標値」の戦略を使って、メジャーパターンのブレイクアウトで取ったポジションの一部（おそらく50％）を持ち続けていたら、どういう結果になっていたか？

● すべてのトレードでレバレッジを統一すると、長期的な運用成績にどういう影響が出ていたか？　現在のところ、私はいくつかの要素に基づいてレバレッジを変えている。

　最後の点に関して、私は本書で取り上げた期間の全シグナルについて検証を行った。そして、私が実際にとったリスク幅（資産の0.3～1.2％）を、0.7％という一定のリスク幅（使った最初の損切りのストップに基づく）と比べてみた。

　すべてトレードで0.7％という一定のリスクにしていたら、その期間の純損益は＋5.5％から＋8.2％に向上していた。この比較から得られるメッセージは、あるトレードで利益が出るかどうかについて、私の主観的な判断は良くないということだ。少なくとも、本書で取り上げた期間では良い判断ができなかった。

プランとトレーダーはどう進化したか

　私はまったく新しい教訓を毎年どれくらいマーケットで学ぶのか、よく分からない。それはむしろ、以前に学んだ、そして多くの場合は繰り返し学び直した教訓の別の面や微妙な違いや側面を学ぶという問題だと思う。

　ある人がトレーディングについて学んだ教訓は、その人自身について学んだ教訓と等しい。トレーダーの習慣は良い点も悪い点も見苦し

333

い点も含めて、トレーダーの個性や性格を反映したものだ。トレーディングプランの欠点に立ち向かうには、自分の性格の欠けているところと向き合うしかない。トレーディングプランの長所を生かすためには、トレーダーは自分の性格の長所をよく理解して、それを生かさなければならない。本当に自分自身のことを知りたければ、投機家になりさえすればよい、というまさに真実を突いた格言がある。

また、これも重要なことだ。短期間のうちに行った一連のトレードや最近の1～2カ月間に行われたトレードで、ほかのルールや指針を用いていたら最終損益が良くなっていたかどうかを考えて、それに基づいてトレーディングプランを修正することがないように注意しなければならない。私は最適化というものを信じていない。特にトレーディングのチャンスを確認するために、価格から派生した指標を使うことについてはまったく信じていない。

トレーディング手法の基礎をなす考えや構成要素には欠点があり得るので、絶えず改め続ける必要がある。私の経験では、これらの考えは資金管理の問題か、トレーディングプランを実際に当てはめることに関係している。

私たちは過去を変えることはできないが、トレーダーである私たちは過去を理解しようと努めなければならない。それで、私たちが自問すべき問いは次のとおりだ。

●どんな要素が運用成績に影響を与えると考えられたか？
●トレーディングプランやルールや指針をどう修正していたら、運用成績が改善していたか？
●これらの修正は単にここ数カ月の最適化を反映したものなのか、それとも将来の運用成績を改善する可能性があるものなのか？

私は2009年12月から2010年4月までの全般的な運用成績に、3つの

要素がマイナスの影響を及ぼしたと信じている。そして、そのひとつは私がコントロールできないことだった。

1. **「最もきれいな例」に当てはまるパターンが少なかった** これはコントロールできない要素だ。第14章で説明するように、この本で取り上げたトレーディング期間（2009年12月〜2010年4月）に、最もきれいな例に当てはまるパターンは3つしかなかった。私はそのうちのひとつを完全に逃した。過去の例では、最もきれいな例に当てはまるトレードは平均5カ月間に5〜7回ある。

2. **どういう種類のトレードかについての割り振りミス** 私は多くの短期のシグナルで、多くのトレードをしすぎた。私はまた、斜行シグナルに基づくトレードをあまりにも多く追い続けた。

3. **トレード管理のテクニックが不十分** 私が用いる主なトレード管理のテクニック——ラスト・デイ・ルール、トレイリングストップのルール、再度の試しによる失敗パターンのルール、調整パターンのルール——は長年のトレーディングのなかで発展させ、洗練させてきたものだ。これらのテクニックを用いる第一の目的は、勝ちトレードが負けトレードになるのを防ぐことだった。そして、これらのテクニックは一般的に言って、十分私の役に立った。これらが正しかったときもあれば、私のトレーディングルームが気まずくなるときもあった。

　過去5カ月の間に、私はこれらのトレード管理のテクニックを子細に調べる素晴らしい機会を得た。そして、相場の動きに関するそれぞれのテクニックを、これまでよりもずっと深く理解するようになった。私はこれらのルールについて、ある結論に達した。具体的には、これらのテクニックがすべての種類のシグナルで等しく適切というわけではない、というのが私の結論だ。

第4部　総まとめ

　第3部の初めで、私は次のような心配を述べた。本書を書くことで私の望む以上に相場に接しすぎて、日々の値動き、特に日中の値動きに無関心でいられなくなり、私の運用成績にマイナスの影響を与えるのではないかという心配だ。

　これまでの過程を振り返ると、この心配は当を得たものだったと思う。実際、この本を書くうえでマーケットと必要以上に向かい合うことになったために、私の利益率は半減した。私は再び相場の動きに極めて短時間しかかかわらないようにした。注文を入れたあとに値動きを必要以上に追いかけることは、トレーダーとしての私に何のメリットももたらさないからだ。

まとめ──今後の最良の方針

　ここ数カ月で最もうまくいった例に基づいて将来のトレーディングを修正するのは危ない。過去の運用成績を向上させたであろう修正を将来に当てはめても、まったく逆効果になる可能性がある。

　この警告を踏まえて、ファクター・トレーディング・プランでは、ここ数カ月に学んだ4つの教訓を組み込むことにする。

1．6週間未満のすべてのパターンでトレードはしない。ただし、パターンがチャート上のより大きな値動きと直接的な関係がある場合、特に週足でのパターンの値動きか完成に関係している場合は除く。
2．斜行パターン、特にトレンドラインとチャネルのパターンをもっと厳しく評価する。
3．トレンドがうまく進展するように、週足チャート上のパターンのブレイクアウトにより多くの余裕を与える。実際、最もきれいな例になり得るトレードでは、リスク管理のテクニックにラスト・

デイ・ルールだけを用いるべきだ。

4. メジャーシグナルのブレイクアウトに基づくトレードを除いて、すべてのトレードで、仕掛けてから数日以内に素早く利食いする（これは私の過去のトレーディングと比べて、最も大きな変化だ）。

過去5カ月間に、初めは利益が出ていたトレードの多くを、損失に変えてしまった。マーケットが与えてくれる最大限の利益を手にすることはできない。しかし、トレーディングを調整して、メジャーシグナルのブレイクアウト以外のトレードで、ずっと素早く利益を取ることはできる。

この修正によってトレーディングプランの実行は面倒になるかもしれない。シグナルの種類が異なると、トレード管理のテクニックも変える必要があるからだ。だが結局のところ、これは戦術面で考えることであり、トレード管理の問題にすぎない。私はこの修正によって、資産の増減を小さく抑えながら、長期的な利益率を向上させられると信じている。

チャートの右側へのトレーディング

シカゴ商品取引所の思慮深い年配の賢人から、これまでに受けたなかでも最高のアドバイスをもらった。この極めて成功したチャーチストは、「チャートの右端に向かってトレードをしなさい」と言ったのだ。

言い換えると、チャートに基づくトレーディングで最良の決定は先延ばしに延ばして……、先延ばしにした決定だ！　チャート上で作られるかもしれないパターンを予想して先走ってはならな

337

第4部　総まとめ

い。チャート自身に証明させなさい。ブレイクアウトの先回りを
してトレードをしてはならない。チャートがこれからどう動くか
を決めつけてはならない。そうではなく、チャートがどう動くか
はチャート自身に任せなさい。

　トレードが利益をもたらすか損失をもたらすかは、チャーチス
トの心配すべきことではない。チャーチストが焦点を合わせたほ
うがよいことは、むしろチャート上にパターンが完成する「約束
の時間」を待つことだ。

　これは、実に賢明なアドバイスではないか！

　私は最近のトレーディングの運用成績に基づいて、最良の方針のリ
ストを作った。しかし、それはほかの多くのチャーチストにも当ては
まると思う。彼らがトレーディングを始めたばかりでも、ひどい運用
成績で苦しんでいても、すでにうまくいっているトレーディングを改
善する方法を探しているだけであっても関係ない。

　私とほかのチャーチストが今後、重点的に取り組んだほうがよい方
針は次のとおりだ。

●特定の銘柄の週足チャートは週に１回しか見ない。特定の銘柄の日
　足チャートは１日に１回しか見ない。仕掛け注文が執行されたあと
　に、金額によるストップ注文を置くためでないかぎり、どんな日中
　足チャートも見ない。
●夜間取引の寄り付き前に、前もって注文を決める。可能な場合は、
　取り消すまで有効なGTC（グッド・ティル・キャンセルド）注文
　を使う。穀物、畜産、ファイバー（綿花、木材）のように、薄商い
　の銘柄には夜間取引での注文を入れない。

338

第13章　運用成績の分析

●メジャーシグナルのブレイクアウトに基づくトレードでは、ストップを置く水準を週に１回までしか修正しない。

●逃したシグナルを追いかけない。トレーディングのチャンスは来週も来月も来年もある。シグナルを追いかけていると、ほかのトレーディングの実行を見逃すことがある。

●日中の相場の値動きにはあまりかかわらない。

●メジャーシグナルのブレイクアウト以外のトレードでは積極的に利食いをする。

●利食い注文は前もって入れておく。いったん利益を取ったら、数日間はその銘柄を避ける。

●負けトレードを翌週まで持ち越さない。金曜日に含み損になっているトレードは手仕舞う。

●特定銘柄のトレーディングに入れ込みすぎたり、逃した機会に執着したりしない。ほかの銘柄でも、トレーディングできる日やチャートパターンが常にある。

●ほかのトレーダーやアナリストが言ったり、行ったりしていることに注意を払わない。自分の計画どおりに取り組む。

●チャートの右側へトレードを行う（この章の前の補足を参照）。

●トレーディングを行っているすべての銘柄で、つなぎ足の日足チャートを１年分は見直す。トレーディングをしようかと考えるどんなパターンも、典型的なチャート原理に当てはまるパターンのうち、過去１年間の最良の５例に入るものでなければならない。

●６～８週間未満のパターンではトレードしない。

　私はこの本の準備や執筆で得た経験や教訓に基づいて、これから長年にわたってトレーディングを続けたいと願っている。この本は、私が予想していたよりもはるかに多くの時間を割いて努力しなければならなかった。だが私は結果的に将来、より良いトレーダーになれると

339

第4部　総まとめ

信じている。

　あなたがこの本を読んで、私が執筆中に得た教訓のほんの一部でも得られることを願う。

第14章

最もきれいな例

The Best Dressed List

　この章では2009年1月から2010年4月までの期間に現れた最もきれいな例を示す。最もきれいな例とは、典型的なチャートの原理に当てはまるパターンのうちで大変素晴らしく機能した例のことだ。ファクター・トレーディング・プランで、最もきれいな例に入る基準は次のとおりである。

● 週足チャートで見て少なくとも10〜14週間の長さで、「疑う余地のない」典型的なチャートパターンであるもの
● 同じ相場を日足チャートで見て、上のパターンに対応しており、それを支持するもの
● パターンの境界線かアイスラインを明らかにブレイクアウトし、パターン内に戻ることがまったくないか、ほとんどないもの
● 典型的なパターンが示唆する価格目標までトレンドが持続するもの

　最もきれいな例で表されるトレンドの全部か一部で、ファクター・トレーディング・プランによってトレーディングを行ったかどうかはあまり意識していない。しかし、ファクター・トレーディング・プランとそれによって得られた長期的な利益率は、最もきれいな相場に示されているトレンドに沿って実際にトレーディングしたために得られ

341

表14.1　最もきれいな例──2009年1月～2010年4月

チャート上のパターン	銘柄	ブレイクアウトの日付	目標値に達した日付	目標値に達したときの値幅*
週足と日足——7カ月のダブルボトム	豪ドル/ドル	2009/04/30と05/01	07/28	941ピップス
週足と日足——14カ月のトライアングルと9カ月の下降トライアングル	ユーロ/スイスフラン	2009/12/18	03/23	676ピップス
週足——9カ月のトレンドラインと6カ月のウェッジ、日足——同じものと5週のチャネル	ユーロ/ドル	2009/12/04と12/07	02/04	1052ピップス
週足と日足——16週のホーンズボトム	ポンド/ドル	2009/05/08	06/03	1448ピップス
週足と日足——4カ月ありの逆ヘッド・アンド・ショルダーズ	ニュージーランドドル/ドル	2009/05/19	09/07	1015ピップス
週足と日足——6カ月の上昇トライアングルの失敗	ドル/カナダドル	2009/04/24	05/29	1122ピップス
週足と日足——8カ月の逆ヘッド・アンド・ショルダーズ	S&P	2009/07/23	目標値1246は現在、未達成	784ポイント
週足——14カ月と3カ月——6週の継続ウェッジと3カ月のトライアングル	砂糖	2009/05/01と12/14	08/06と01/06	784ポイント
週足と日足——7カ月の対称トライアングル	金	2009/09/02	11/04	112ドル
週足と日足——運の継続パターン	銅	さまざま	さまざま	入手不能
週足と日足——23週の逆ヘッド・アンド・ショルダーズ	原油10月限	2009/05/06	06/10	1280ポイント

*パターンが完成したときの値動きから計測

第14章　最もきれいな例

図14.1　豪ドル／ドルのダブルボトム（週足）

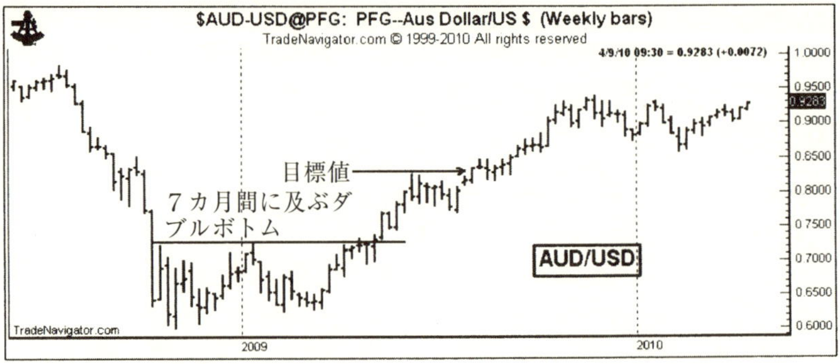

$AUD-USD@PFG: PFG--Aus Dollar/US $ (Weekly bars)
TradeNavigator.com © 1999-2010 All rights reserved

７カ月間に及ぶダ
ブルボトム

目標値

AUD/USD

2009　　　　　　　　　　　　　　2010

たものだ。

　2009年１月から2010年４月までの期間で、最もきれいな例に含まれ
る銘柄は**表14.1**に示した。

豪ドル／ドルの７カ月間に及ぶダブルボトム

　４月後半の上昇によって、週足と日足のチャートでダブルボトムが
完成した（**図14.1**と**図14.2**を参照）。日足チャートのパターンはポ
イント・アンド・フィギュアの用語を借用して、二重支点と呼ぶのが
最もふさわしい。典型的なチャートの原理では、二重支点のボトム
は上方にブレイクアウトする複雑なヘッド・アンド・ショルダーズ
（H&S）に似ている。このパターンでは４月中旬に早すぎるブレイ
クアウトがあったが、４月30日の上昇と５月１日の終値によって最終
的に完成した。目標値の0.8289米ドルには７月28日に達した。６月と
７月前半の揉み合いでは惑わされたが、７月14日のフィッシュフック
による増し玉の買いシグナルで解決した。

343

第4部　総まとめ

図14.2　豪ドル/ドルのダブルボトム（日足）

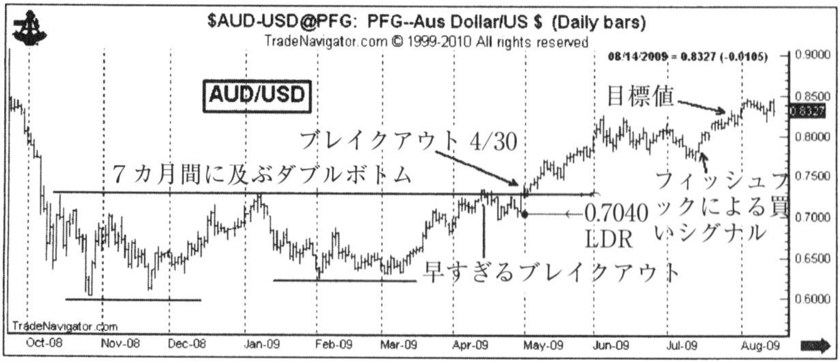

ブレイクアウト 4/30
目標値
7カ月間に及ぶダブルボトム
フィッシュフックによる買いシグナル
0.7040
LDR
早すぎるブレイクアウト

ユーロ/スイスフランの14カ月間に及ぶ対称トライアングルと９カ月間に及ぶ下降トライアングル

　ユーロ/スイスフランのチャートでは、2009年12月に２つの典型的なパターンが同時に完成した。それは14カ月間に及ぶ６点から成るトライアングルまたはコイル（A～Fの表示部分）と、９カ月の下降トライアングルだ。最初の目標値には３月後半に達した。**図14.3**は週足チャートで、**図14.4**は日足チャートだ。私はこのトレードを完全に逃してしまった。この動きが始まったあとになってチャートを見たからだ。

ユーロ/ドルの６カ月間に及ぶウエッジ

　12月初めの下落によって、９カ月間に及ぶトレンドラインを下にブレイクすると同時に、週足チャート（**図14.5**）上で６カ月間に及ぶウエッジが完成し、日足チャート（**図14.6**）上では５週間のチャネルが完成した。目標値には2010年２月４日に達した。３月から12月ま

344

第14章　最もきれいな例

図14.3　ユーロ/スイスフランでの下降トライアングルと対称トライアングル（週足）

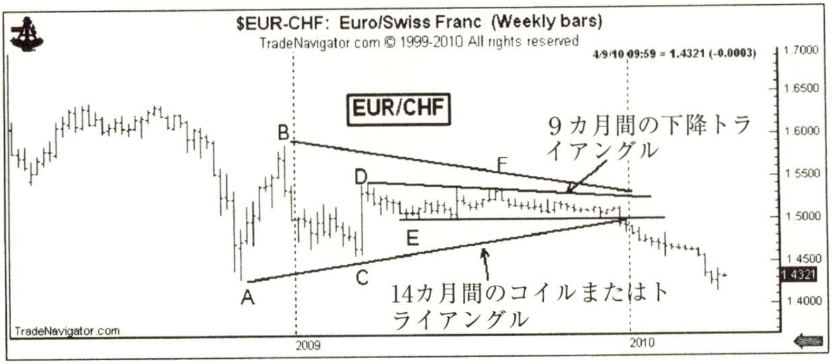

$EUR-CHF: Euro/Swiss Franc (Weekly bars)
TradeNavigator.com © 1999-2010 All rights reserved

EUR/CHF

9カ月間の下降トライアングル

14カ月間のコイルまたはトライアングル

図14.4　ユーロ/スイスフランのブレイクアウトと目標値までの動き（日足）

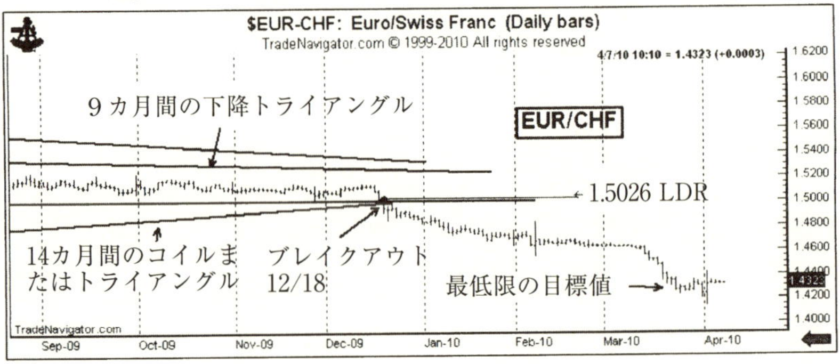

$EUR-CHF: Euro/Swiss Franc (Daily bars)
TradeNavigator.com © 1999-2010 All rights reserved

9カ月間の下降トライアングル

EUR/CHF

← 1.5026 LDR

14カ月間のコイルまたはトライアングル　ブレイクアウト12/18

最低限の目標値　→

での上昇は人を惑わすもので、この下落が実現する前に、ダマシや早すぎるブレイクアウトが何度か起きた。すべてを公開するために言っておくと、私個人は6カ月のウエッジではなく、5週間のチャネルの目標値を用いたせいで、このトレンドでは利食いが早すぎた。

345

第4部　総まとめ

図14.5　ユーロ/ドルでのメジャートレンドと上昇ウエッジ（週足）

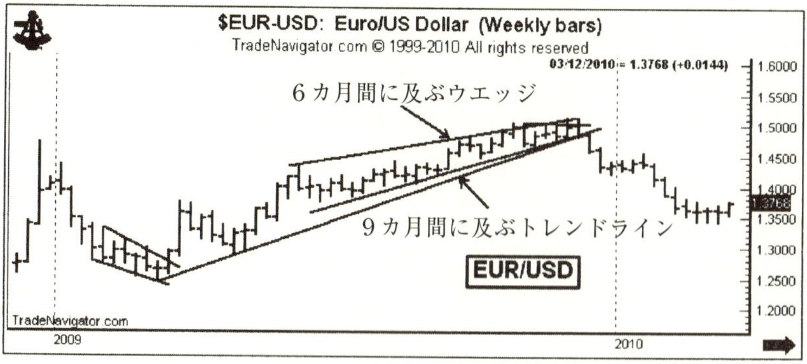

図14.6　ユーロ/ドルでのブレイクアウトと最初の目標値までの動き（日足）

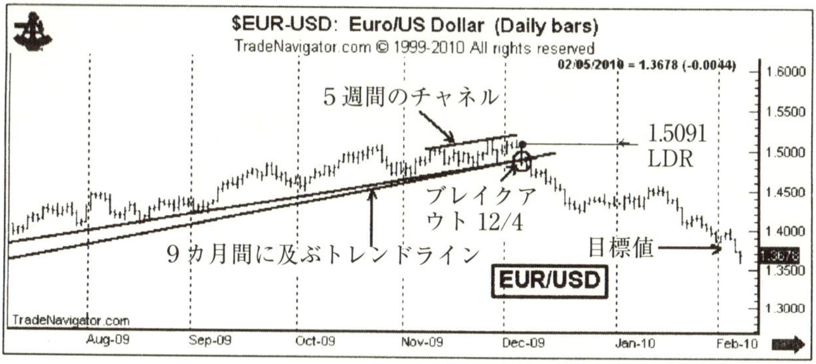

ポンド/ドルの16週間に及ぶホーン

　ポンド/ドルは2008年に長期にわたって下げたあと、珍しい16週間のホーンによるボトムを作り、5月8日にそれを完成させた。**図14.7**の週足チャートを見てもらいたい。

346

第14章　最もきれいな例

図14.7　ポンド/ドルでの16週間のホーン（週足）

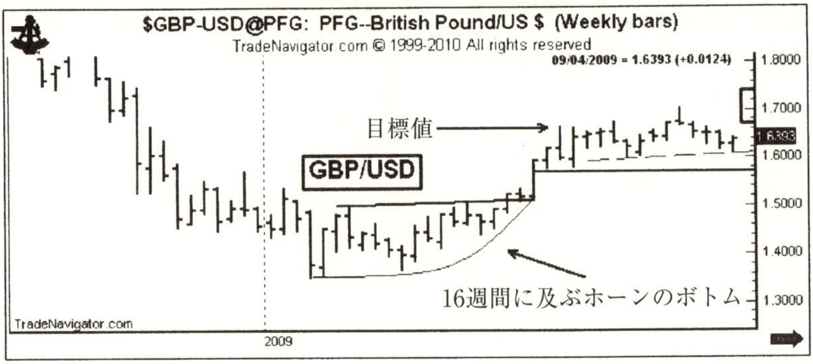

$GBP-USD@PFG: PFG--British Pound/US $ (Weekly bars)
TradeNavigator.com © 1999-2010 All rights reserved
09/04/2009 = 1.6393 (+0.0124)

目標値 →

GBP/USD

16週間に及ぶホーンのボトム

図14.8　ポンド/ドルでのブレイクアウトと目標値までの動き（日足）

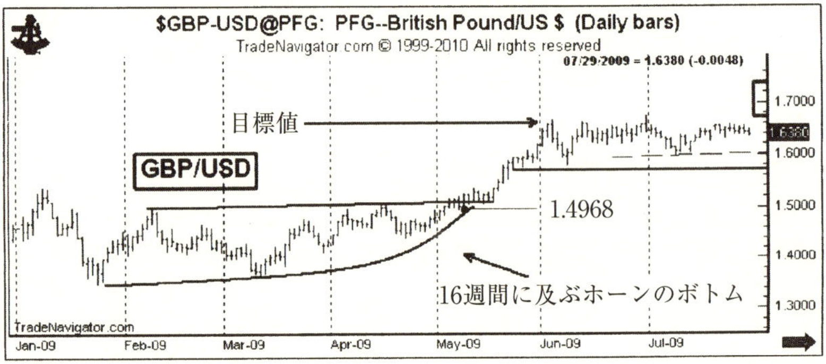

$GBP-USD@PFG: PFG--British Pound/US $ (Daily bars)
TradeNavigator.com © 1999-2010 All rights reserved
07/29/2009 = 1.6380 (-0.0048)

目標値 →

GBP/USD

1.4968

16週間に及ぶホーンのボトム

　日足チャート（**図14.8**）ではブレイクアウト後の数日間、パター
ンのアイスラインよりも上で横ばいした。だが、ラスト・デイ・ルー
ルを試すことなく着実に目標値に向かい、6月3日にその値に達した。

347

第４部　総まとめ

図14.9　ニュージーランドドル/ドルでの逆ヘッド・アンド・ショルダーズと継続パターンのトライアングル（週足）

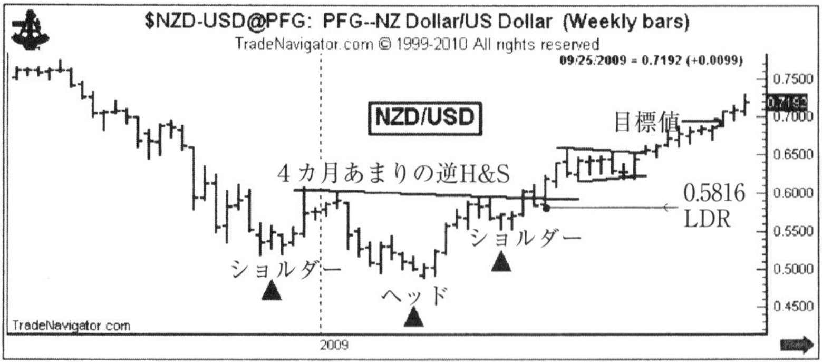

図14.10　ニュージーランドドル/ドルでの逆ヘッド・アンド・ショルダーズのブレイクアウト後に一時的逆行（日足）

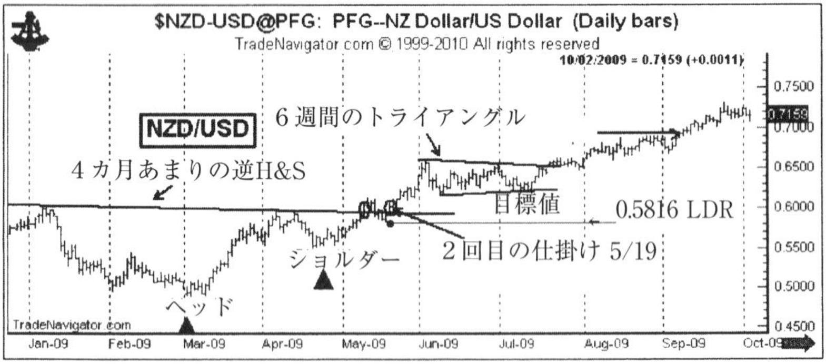

ニュージーランドドル/ドルの４カ月間に及ぶ逆ヘッド・アンド・ショルダーズ

　図14.9で示すように、この通貨ペアは５月19日の上昇によって、週足チャート上で４カ月間に及ぶ逆ヘッド・アンド・ショルダーズを

348

完成させた。左ショルダーと比べると、右ショルダーがかなり短くなっている点に注目してほしい。ショルダーは対称的であることが望ましい。しかし、右ショルダーは一般的に長く延びるよりも短くなったほうがはるかに信頼できる。

日足チャート（**図14.10**）では、５月８日と11日の最初のブレイクアウトに失敗し、再び一時的にネックラインの下まで下げた。しかし、５月19日の終値でブレイクアウトは確認され、９月７日に目標値に達した。

５月後半の最初の上昇後に相場は一服し、６週間に及ぶ継続トライアングルを作った。ここは最初の増し玉をする機会となった。

ドル/カナダドルでの６カ月間に及ぶ上昇トライアングルの失敗

この相場はすでに第４章で取り上げた。**図14.11**でも示したように、この通貨ペアでは４月に週足チャートでの上昇トライアングルが失敗した。

私はこれを失敗のパターンと呼んでいる。直角三角形はもともと水平な境界線をブレイクアウトする傾向があるからだ。**図14.12**で示すように、日足チャートでは４月14日に早すぎる下へのブレイクアウトがあったあと、相場はパターン内に戻った。４月24日に、パターンは２回目のブレイクアウトで最終的に完成した。目標値には５月29日に達した。

S&Pの８カ月間に及ぶ逆ヘッド・アンド・ショルダーズ

私が頑として信じないパターンが必ず毎年、少なくとも１つはある。

349

第4部　総まとめ

図14.11　ドル/カナダドルで下にブレイクアウトした上昇トライアングル（週足）

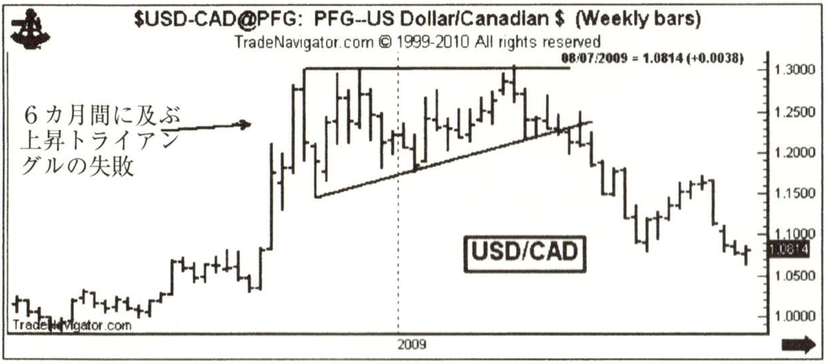

図14.12　ドル/カナダドルで最初のブレイクアウトの失敗後にパターンが再び完成（日足）

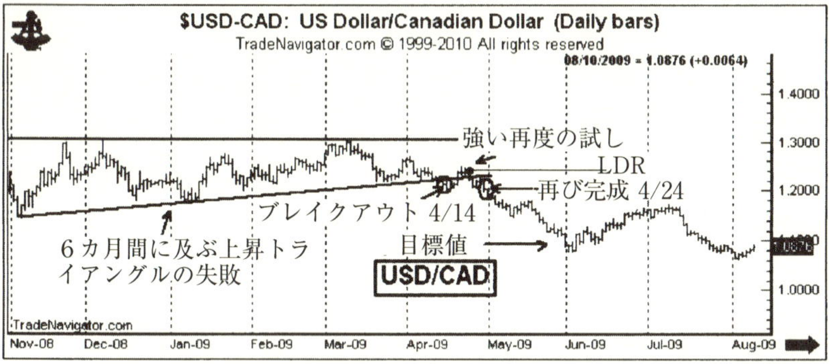

　私はこれらのパターンから生まれるトレンドとは逆方向に賭けようとして、たいてい損をする。2009年と、現在までのところ2010年の場合、それはS&Pだった。リアルタイムでは、**図14.13A**の週足チャートに示されるように、私はミニS&Pの週足チャートで8カ月間に及ぶ逆ヘッド・アンド・ショルダーズを見た。

350

第14章　最もきれいな例

図14.13A　S&Pは逆ヘッド・アンド・ショルダーズ完成後、2008年の大暴落から反転（つなぎ足による週足）

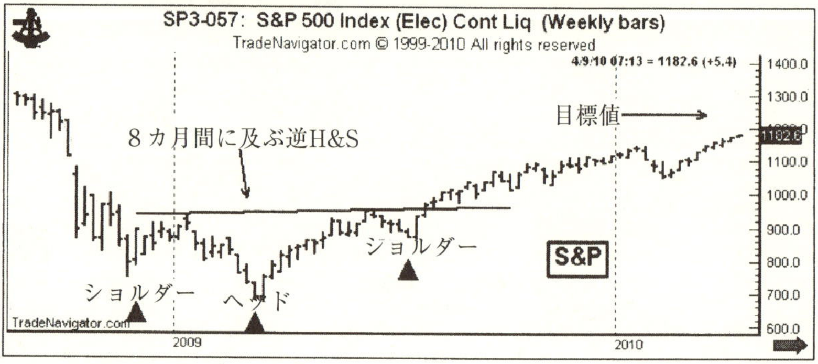

図14.13B　S&Pは逆ヘッド・アンド・ショルダーズからきれいなブレイクアウト（つなぎ足による日足）

　7月23日のブレイクアウトによるラスト・デイ・ルールは、わずかでも試されることはけっしてなかった（**図14.13B**を参照）。このパターンの目標値にはまだ達していない。また、そこまで達するかはだれにも分からない。

351

第4部　総まとめ

図14.14　2007〜2009年の砂糖の強気相場──典型的なチャートパターンの研究（つなぎ足による週足）

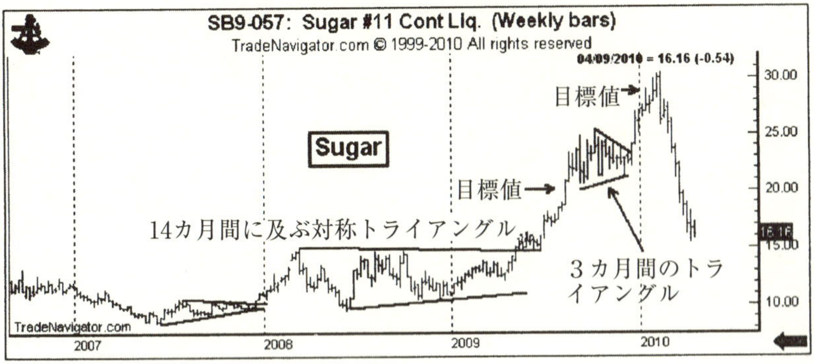

図14.15　継続パターンのウエッジと対称トライアングルで上昇する砂糖の2009年の強い動き（2010年5月限、週足）

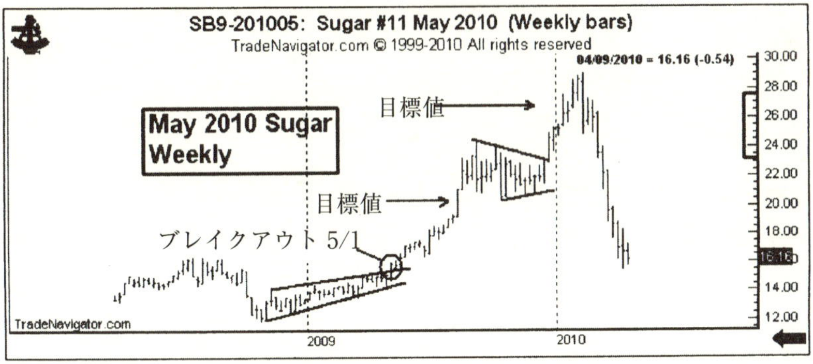

砂糖の14カ月間に及ぶ対称トライアングル

　この相場の明らかなパターンは週足チャート上での14カ月間に及ぶ対称トライアングルで、2009年5月1日に完成した（**図14.14**を参照）。このパターンの目標値には8月6日に達した。このトレンドが続い

ている期間には、何度か増し玉の機会があった（図はなし）。日足チャートでこれに対応するパターンは継続パターンのチャネルまたはウェッジだった。これは**図14.15**の2010年5月限の週足チャートで示している。

週足チャートでも日足チャートでも、はっきりした継続パターンが作られ、2009年12月中旬に完成した。その目標値には早速、1月6日に達した。

金の7カ月間に及ぶ対称トライアングル

金の相場ではほぼ1年を通して、日足チャートで見てパターンが作られ、失敗し、より大きなパターンの一部になるという具合で、パターンの再定義という考えの典型となった。こういうことが2月から9月初めまで続いた。**図14.16**は週足チャートで、この期間の揉み合いを示している。私は第6章の事例研究で、2009年の金の日足チャートで起きた絶え間ない再定義を詳しく見た。

この調整は7カ月間に及ぶ対称トライアングルという形を完成させた。9月2日に、相場は1日で22ドル上昇し、対称トライアングルが完成した（**図14.17**を参照）。7カ月間、高値で買って安値で売って痛い目に遭い続けたあと、1日に22ドル上昇したところで買うのは難しかった。それでも、ブレイクアウトした日の終値で買っても、危険な状況に陥ることはけっしてなかった。

長期にわたる揉み合い中にトレーダーは我慢できなくなり、本物の動きが現れても疑ってかかるのが普通だ。私は長年にわたって、早すぎるブレイクアウトでお金をかすめ取られるという相場に何度も出くわした。そこで、本物のブレイクアウトが起きても、完全に力を入れることはできなかった。

353

第4部　総まとめ

図14.16　金の7カ月間に及ぶ対称トライアングル（つなぎ足による週足）

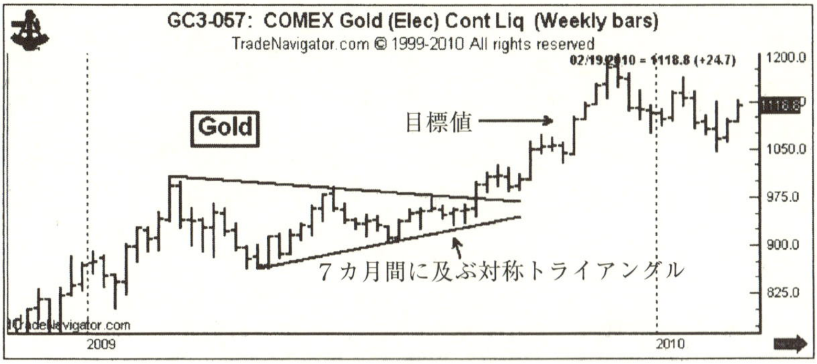

GC3-057: COMEX Gold (Elec) Cont Liq (Weekly bars)
TradeNavigator.com © 1999-2010 All rights reserved

目標値 →

7カ月間に及ぶ対称トライアングル

図14.17　金の対称トライアングルからのブレイクアウト（つなぎ足による日足）

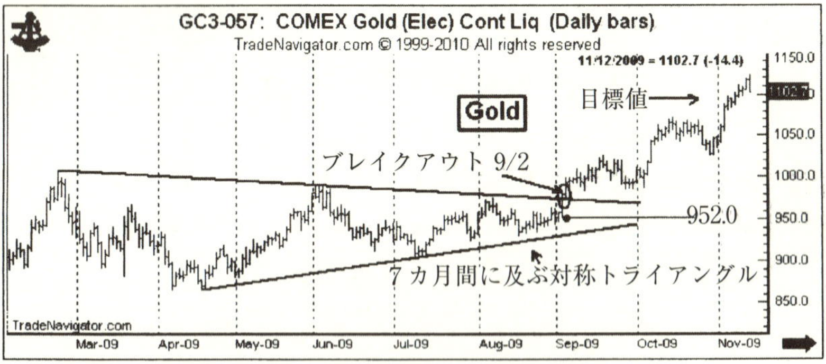

GC3-057: COMEX Gold (Elec) Cont Liq (Daily bars)
TradeNavigator.com © 1999-2010 All rights reserved

目標値 →

ブレイクアウト 9/2

952.0

7カ月間に及ぶ対称トライアングル

相場の目標は人からお金を奪うことだ！

　私よりもはるかに賢く、利益を出していたトレーダーがかつて
言った。資本市場と投機市場の本当の目的は多数から少数へ富を

354

第14章　最もきれいな例

図14.18　銅に見られた多くの継続パターン（つなぎ足による日足）

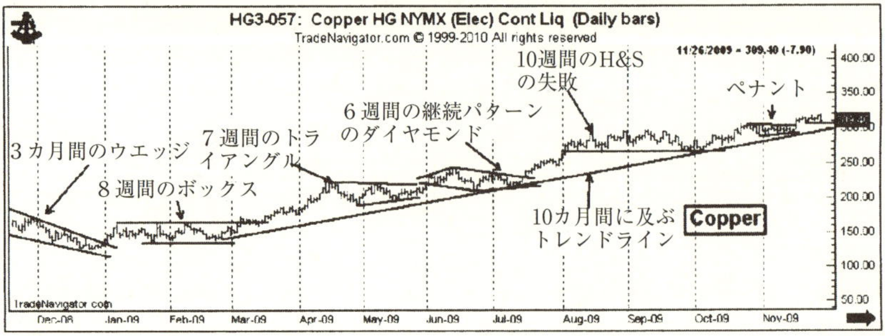

HG3-057: Copper HG NYMX (Elec) Cont Liq (Daily bars)
TradeNavigator.com © 1999-2010 All rights reserved

11:26:2009 - 309.40 (-7.90)

10週間のH&S
の失敗

ペナント

6週間の継続パターン
のダイヤモンド

3カ月間のウエッジ　7週間のトラ
イアングル
8週間のボックス

10カ月間に及ぶ
トレンドライン

Copper

TradeNavigator.com

Dec-08　Jan-09　Feb-09　Mar-09　Apr-09　May-09　Jun-09　Jul-09　Aug-09　Sep-09　Oct-09　Nov-09

400.00
350.00
300.00
250.00
200.00
150.00
100.00
50.00

移すことであり、長期にわたってこの目的を達成できなければ、投機市場は消滅するだろう、と。これが本当なら、この発言が現実に示唆しているのは、私からお金を奪うことが市場の目標だということになる。もちろん、市場は協調して意識的にこういうことを行い始めてはいない。市場は影響力を持った単一の存在ではない。それでも、市場はひとつの有機体のように振る舞って、同様の目的を達成できると私は信じている。

銅での一連の継続パターン

日足チャート上に一連の小さな継続パターンが次々と現れることで、メジャートレンドが作られることがある。図14.18はその素晴らしい例として再び示したものだ。銅の場合、平均で7週間続いた5つのパターンはすべて、10カ月間に及ぶメジャートレンド上にできた。率直に言うと、このチャートに示されているような一続きのパターン

355

第4部　総まとめ

は、振り返ったときには実に簡単に分かるものだと思う。あとになると、こういったトレンドの美しさには感心する。だが、私自身にとって、このトレンドは非常にトレードしづらいものだった。

原油の逆ヘッド・アンド・ショルダーズ

一般に、一番良い週足チャートとは、最初の受け渡し日か納会で期近限月（中心限月とも呼ばれる）の価格をつないだものである。私は両方の週足チャートを監視している。

さらに、私はつなぎ足ではなく、期近に回ってきた限月の新補から納会までの週足チャートも見る。これは時として貴重な情報をもたらすことがある。最後に、特定の期先の週足チャートが最も明快なパターンを示すときもある。2009年の原油がこの場合に当たる。**図14.19**は2009年10月限の週足チャートだ。5月初めの上昇で、23週間に及ぶ逆ヘッド・アンド・ショルダーズが完成した。

図14.20で示した10月限の日足チャートは終値の折れ線チャートだ。多くの場合、終値だけのチャートは日中の無意味な情報を取り除くので、ブレイクアウトのタイミングについて鋭い洞察を得ることができる。この相場は5月6日に逆ヘッド・アンド・ショルダーズが完成すると、1週間横ばいしたあと、目標値までまっすぐに進み、6月10日にその値に達した。思い出そう。終値は1日で最も重要な価格だ。ほかはすべて無意味な情報だ。それでも、私はこうしたノイズに混乱させられることがよくある。

まとめ

年によって、最もきれいな例の候補にふさわしいパターンの数は変化する。例えば、2008年のチャート、特に伝統的な原材料の先物では、

356

第14章　最もきれいな例

図14.19　原油の逆ヘッド・アンド・ショルダーズ(2009年10月限、週足)

CL2-200910: Crude Oil NY (Comb) Oct 2009 (Weekly bars)
TradeNavigator.com © 1999-2010 All rights reserved

09/25/2009 = 71.50 (-0.35)

目標値→

ショルダー　　　　　　ショルダー
　　　　　ヘッド

Oct. Crude Oil
Weekly

TradeNavigator.com
2009

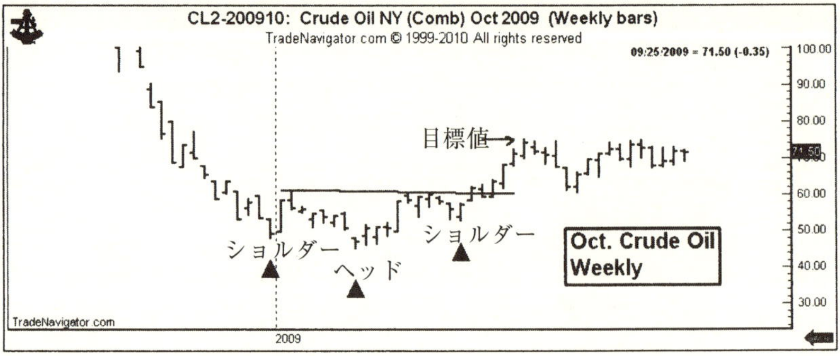

図14.20　終値折れ線チャートで明らかになる逆ヘッド・アンド・ショルダーズ（2009年10月限、週足）

CL2-200910: Crude Oil NY (Comb) Oct 2009 (Daily bars)
TradeNavigator.com © 1999-2010 All rights reserved

06/09/2009 = 72.84 (+1.41)

Oct. Crude Oil

目標値→

ショルダー

ショルダー

ヘッド

TradeNavigator.com
Nov-08　Dec-08　Jan-09　Feb-09　Mar-09　Apr-09　May-09　Jun-09

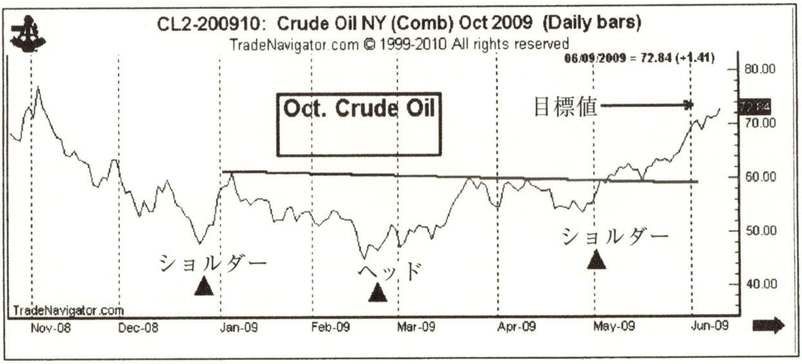

　強いブレイクアウトとトレンドを見せる素晴らしい週足チャートパターンであふれていた。ファクター・トレーディング・プランはこの種の典型的なパターンに頼って、利益を上げている。これらのパターンをある程度とらえないと、私のトレーディングは足踏みしがちだ。
　この本で取り上げた５カ月間には、最もきれいな例に当てはまる

357

第4部　総まとめ

相場は比較的少なかった。実際、12月以降の最もきれいな例に入る
パターンで、示唆された価格目標に達したものはユーロ/ドル、ユー
ロ/スイスフラン、および砂糖の強気相場での最後の上昇だけだった。
私はユーロ/ドルのパターンは十分に利用できなかった。砂糖の場合
はうまくとらえたが、ユーロ/スイスフランのパターンは完全に逃し
てしまった。

　チャートが素晴らしく、チャーチストにとって良い年もある。しか
し、すべてのチャーチストが受け入れなければならない現実がひとつ
ある。チャートの状態が素晴らしかったときは過去にもあったし、将
来もあるだろう。だが、トレーダーが持っている最も重要な資産はト
レーディングのための資産だ。チャートが素晴らしい機会を提供して
くれない時期や、トレーダーが相場のリズムにうまく合わせられない
時期には、資産を守ることが極めて大切だ。

　覚えておこう。チャートがうまく機能していて、トレンドが続いて
いる商品先物市場やFX市場でお金を儲けることは簡単だ。難しいの
は厳しい時期に今までに儲けた利益をいかに守るかということだ。

358

あとがき

　トレーディング日記に定期的に書き込んだ最後は2010年４月20日だった。現在は2010年６月で、本書に内容を付け加える最後の機会だ。私はこの機会を利用して、ファクター・トレーディング・プランを最新のものにしておきたい。

最終的な運用成績

　５月は2010年の私のトレーディングで、ずば抜けて良い月だった。私は４月20日に、5.4％の累積利益で本書を終えた。思い出していただきたいが、本書で取り上げる期間に10〜15％の利益を得ることが私の楽観的な目標だった。

　日記を終えた４月20日から５月31日までに、ファクター・トレーディング・プランは素晴らしいトレードを経験した。2009年12月７日（日記で最初にトレードをした日）から５月末までの６カ月で得た利益は9.6％だ。これはファクターLLCがトレーディングを行ったファンドで得られた実際の利益だ。もちろん、将来どうなるかは、だれにも分からない。具体的に言うと、この５週間の利益はたった２銘柄によって得られた。

株式市場の下落

　図PS.1で示すように、ダウ平均先物６月限は５月４日に小さなヘッド・アンド・ショルダーズ（H&S）を完成させた。私はこの天井の完成で、空売りをした。１万630ドルの目標値にはすぐに達し、そこを大きく超えた。５月13日までの再度の試しによる上昇は上昇ウエ

359

第4部　総まとめ

図PS.1　ミニダウ先物の天井を完成させた小さなヘッド・アンド・ショルダーズ（2010年6月限、日足）

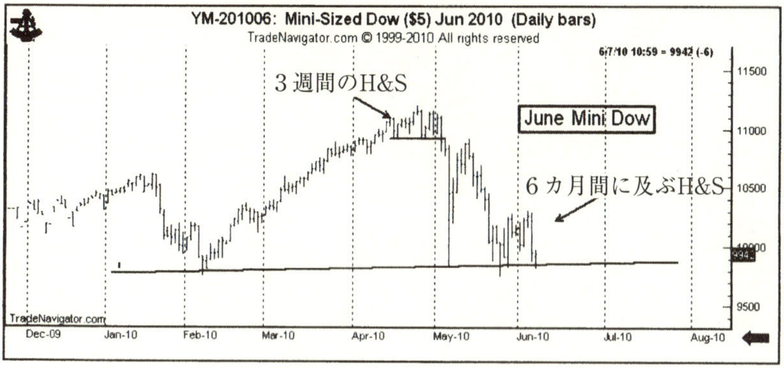

ッジの形を取り、再びダウを空売りする機会となった。

　これを書いている現在、数カ月間に及ぶヘッド・アンド・ショルダーズが大きくのしかかっていて、弱気に支配されているように見える。

解消された豪ドル/カナダドルのレンジ相場

　豪ドル/カナダドルの日足チャートがトライアングルの終点に向かってあまりに先まで進んだときに、私は手ひどい目に遭った。第11章の図11.5と図11.6を見ていただきたい。私は売ったあとに買い、さらに売った。そして、すべてのトレードで損を出してしまった。

　図PS.2では、この通貨ペアのレンジ相場がようやく解消されたことが示されている。5月11日の下落で14週間のボックスと6カ月間に及ぶ下降トライアングルが完成した。このチャートはすでに2010年の最もきれいな例に入る条件を満たしていた。ここでの下への目標値は達成された。

360

あとがき

図PS.2　豪ドル/カナダドルでの売りのメジャーシグナル（日足）

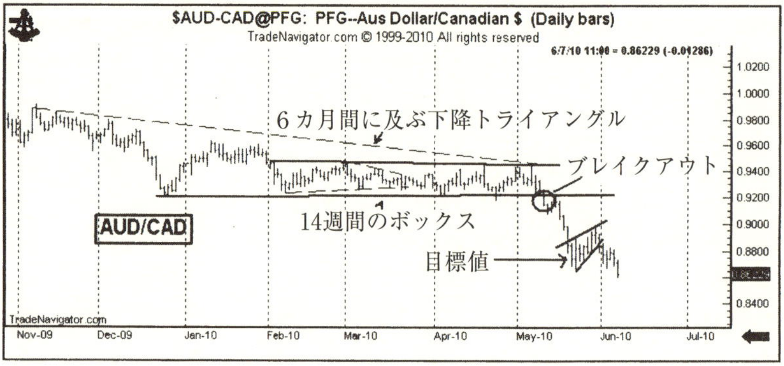

$AUD-CAD@PFG: PFG--Aus Dollar/Canadian $ (Daily bars)
TradeNavigator.com © 1999-2010 All rights reserved
6/7/10 11:00 = 0.86229 (-0.01286)

6カ月間に及ぶ下降トライアングル

ブレイクアウト

AUD/CAD

14週間のボックス

目標値

TradeNavigator.com
Nov-09　Dec-09　Jan-10　Feb-10　Mar-10　Apr-10　May-10　Jun-10　Jul-10

1.0200
1.0000
0.9800
0.9600
0.9400
0.9200
0.9000
0.8800
0.8600
0.8400

ほかのベンチマークと比べた運用成績

　商品トレーダーにとっては厳しい6カ月だった。**表PS.1**は、ファクターLLCが本書の日記に従って実際にトレーディングを行った商品先物・FXのファンドの運用成績を、商品先物とFX業界でよく使われているベンチマークと比較したものだ。ベンチマークはリクソーCTA指数、バークレー・ヘッジのニューエッジCTA指数とS&P500を用いた。リクソーとバークレーは商品先物市場やFX市場の大口資産を運用しているCTA（商品投資顧問業者）をトラックした指数だ。

　ここで比較した運用成績は本書の日記で取り上げた時期以外の、どの期間にも当てはまるわけではない。ファクター・トレーディング・プランはほかのどの期間でも、業界ベンチマークを下回ることもあれば、上回ることもあるだろう。

長期的な運用成績との比較

　トレーダーの人生で5〜6カ月はひとつの小世界にすぎない。率直

361

第4部　総まとめ

表PS.1　ファクター・トレーディング・プラン（実績）と業界のベンチマークとの比較（2009/12～2010/05）

資産	前月（2010年5月）	過去6カ月（2009/12～2010/05）
ファクター・トレーディング・プラン	+7.8%	+6.2%
年間利益率18%のファクターの目標	+1.5%	+9.0%
S&P500	−9.2%	−0.5%
バークレー・ヘッジのニューエッジCTA指数	−1.4%	−1.3%
リクソーCTA短期および長期指数（均等加重）	−0.2%	−2.38%

注＝ファクター・トレーディング・プランの代理人はファクター・クラシック・ファンドですべての手数料を含む
出所＝S&P500の終値、ファクターの内部監査、www.BarclayHedge.com、www.LyxorHedgeIndicies.com

に言って、6カ月や1年は実際にはそれほど重要ではない。本書を終えるに当たって、過去6カ月をトレーダーとしての私のキャリアのなかに置いて、眺めておきたい。

図PS.3は、本書で取り上げた期間に行ったトレーディングの運用成績を、1981年から2010年5月までの私のトレーディングのなかに置いてみたものだ。これはVAMI（月次純パフォーマンス指数）のチャートで、資金の流入や流出による影響を調整して、当初資金1000ドルからの成長を表したものだ。本書で取り上げた期間はチャート上で囲まれている点に注意してほしい。

このチャートでは、私が1981年から2008年まで使っていたレバレッジのおよそ3分の1で現在のトレーディングを行っている、という事実を反映するために仮調整をしている。そのため、1981年から2008年後半までに私の自己勘定口座で実際に出した月次リターンのわずか3分の1の月次利益率を使って、VAMIを計算している。2009年から始まるVAMIは実際の運用成績に基づいていて、現在の低いレバレッジを反映している。

362

あとがき

図PS.3 ファクター・トレーディングLLCの運用成績（1981〜2010/04）

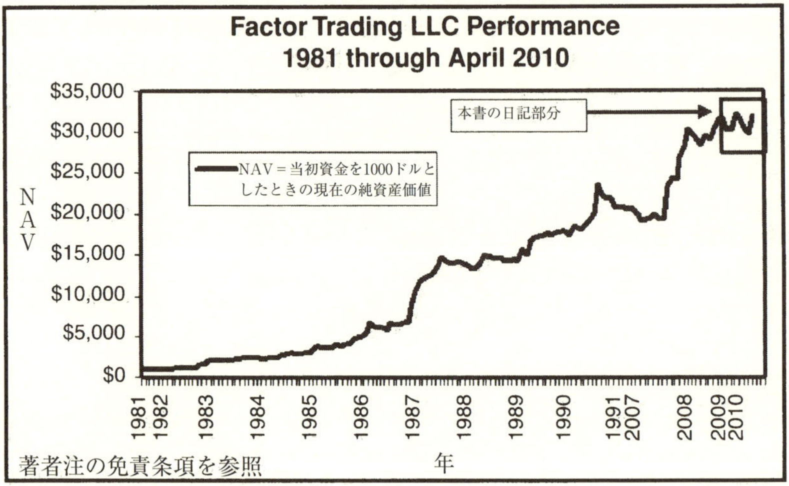

**Factor Trading LLC Performance
1981 through April 2010**

本書の日記部分

NAV＝当初資金を1000ドルとしたときの現在の純資産価値

著者注の免責条項を参照　　　　　　　　年

363

付録A　ファクター・トレーディング・プランのシグナル

　表A.1は2009年12月7日から2010年4月20日までのファクター・トレーディング・プランのシグナルとトレードを含んでいる。4月20日時点で未決済のトレードはその日に時価評価をした。運用成績についての完全な説明は著者注の免責条項を読んでもらいたい。

表A.1についての説明

■シグナルの種類
MjC = メジャーパターンの完成
MjA = メジャーパターンの試し玉のシグナル
MjP = メジャーパターンの増し玉のシグナル
MjCr = メジャーパターンの再度の試し
MnC = マイナーパターンの継続
MnR = マイナーパターンの反転
Instinct = 直感
Misc = その他

■パターンの期間
wk = 週

■日足パターン
Channel = チャネル
H&S top = ヘッド・アンド・ショルダーズ
Pennant = ペナント
Sym tri = 対称トライアングル
H&S = ヘッド・アンド・ショルダーズ
H&S cont = ヘッド・アンド・ショルダーズの継続
Asc tri = 上昇トライアングル
Desc tri = 下降トライアングル
Running wedge = 継続ウェッジ
Rising wedge = 上昇ウェッジ
Broadening top = ブロードニングトップ
Double top = ダブルトップ
Horn = ホーン
Fan principle = ファンライン
Flag = フラッグ

Wedge = ウエッジ
Desc triangle = 下降トライアングル
Rectangle = ボックス
Triangle = トライアングル
H&S fail = ヘッド・アンド・ショルダーズの失敗
Asc triangle failure = 上昇トライアングルの失敗
New lows = 新安値
H&S bottom = 逆ヘッド・アンド・ショルダーズ
Rounding top = ラウンドトップ

■週足パターン
mo = 月
possible 12-mo fulcrum = 12カ月の支点の可能性
cont diamond = 継続ダイヤモンド
rectangle = ボックス
Major down trend = メジャーな下降トレンド
trendline = トレンドライン
failure top = 天井からの反転
wedge = ウエッジ
desc tri = 下降トライアングル
double top = ダブルトップ
same = 同じ
H&S Top = ヘッド・アンド・ショルダーズ
H&S bottom = 逆ヘッド・アンド・ショルダーズ
Retest of major top = メジャートップへの再度の試し
triangle = トライアングル

Mnthly H&S unmet target = 月足でのH&Sで未達成の目標値
fan = ファン
down channel = 下降チャネル
Dbl top = ダブルトップ

■その他
Retest = 再度の試し
BA gap = ブレイクアウエーギャップ
2nd completion = 2回目の完成
Breakaway gap = ブレイクアウエーギャップ
poor fill = 注文の滑り
Hikkake = ヒッカケ
Too tight of an entry stop = 近すぎる仕掛けの逆指値
Hourly chart = 時間足チャート
end around = 行って来い

■手仕舞いルール
target = 目標値
LDR = ラスト・デイ・ルール
Trl stop = トレイリングストップ
Retest fail = 再度の試しによる失敗
Trail stop = トレイリングストップ
Other = その他
Intervening = 調整
Quick profit = 素早い利食い
$ mgmt = 金額によるストップ
LHR = ラスト・アワー・ルール
Rev LDR = 修正後のLDR
Retest failure = 再度の試しによる失敗

365

表A.1 ファクター・クラシックLLC、2009年トレーディング日記 ― 一部手仕舞い分は2010年4月20日現在での評価

*10万ドルの資金ユニット当たりの参考記録
*通貨のトレードは最初に表示した主要通貨1ユニットの金額

日付	銘柄	限月	買・売	仕掛けの値段	張り枚数 *10万ドル当たりの枚数	最初のストップ	10万ドルに対するリスク(%)	目標値	シグナルの種類	パターンの期間	その他	ストップの移動日	手仕舞い日	手仕舞い価格	10万ドル当たりの純損益	1トレード当たりの純ドルバリュー損益	手仕舞いルール
7-Dec	EUR/USD	Spot	S	1.4796	−35000	1.5092	1.1	1.44468 / 1.3972	5-wk	Channel	9-mo channel	12/9 to 15009	12/17	1.4446	$0	$1,215	Target
9-Dec	GBP/USD	Spot	S	1.6228	−65000	1.6376	1.0	1.5668	9-wk	H&S top		12/16	12/16	1.6386	($1,037)	($1,037)	LDR
11-Dec	Sugar	Mar	L	2371	0.5	2298	0.7	3500 MJC	14-wk	Channel	6-wk H&S	12/21 to 12/24	12/22	2528	$874	$1,748	Trl stop
11-Dec	Sugar	Mar	L	2371	0.5	2312	0.7	2736 MJC	14-wk	Channel		12/24 to 12/28	12/28	2736	$2,039	$4,078	Target
14-Dec	Cotton	Mar	L	7522	1.0	7381	0.8	7880 Misc	3-wk	Pennant		12/21 to 12/22	12/22	7421	($515)	($515)	Retest fail
15-Dec	Soybean Oil	Mar	L	4037	0.7	3958	0.7	Open MJC	17-wk	Sym tri	Possible 12-mo fulcrum	12/17 to 7423	12/17	4003	($150)	($214)	Retest fail
16-Dec	AUD/USD	Spot	S	0.8989	−45000	9140	0.7	8486 MjCr	11-wk	H&S	Retest of 11/13 BA gap	12/17 to 9021; 12/24	12/28	0.8872	$517	$517	Trail stop
16-Dec	DAX	Mar	L	5870.5	0.5	5759	0.7	6390 MjC	5-wk	H&S cont	3+-mo cont diamond	12/21 to 8871	1/21	5833	($665)	($1,330)	LDR
17-Dec	GBP/USD	Spot	S	1.6224	−40000	16342	0.5	1.5668 MnR	9-wk	H&S top	2nd completion to split prices	12/29 to 5933	12/30	1.5987	$938		Other

Date	Contract		L/S	Entry	#	Exit	Type	Pattern	Retest	Exit date	Profit/(Loss) per contract	Comments
17-Dec	Soybean Oil	Mar	S	3929	0.7	4080	Misc	H&S top		12/28	($176)	Retest fail
17-Dec	Soybeans	Mar	S	1024	1.0	1071	Misc	5-wk H&S top	12/23 to 3971	12/28	($262)	Retest fail
21-Dec	Mini Nasdaq	Mar	L	1821	0.5	1803	MnC	Asc tri	12/21 to 1041	12/28	($860)	LDR
29-Dec	USD/CAD	Spot	S	1.0378	−40000	1.0446	MnR	9-wk Desc tri		12/30	($308)	LDR
31-Dec	AUD/USD	Spot	S	0.8939	−120000	9012	MjC	11-wk H&S top	Retest	1/4	($1,140)	LDR
4-Jan	Sugar	July	L	2324	1.0	2270	MjC	2-wk Running wedge		1/11	($312)	LDR
4-Jan	Corn	Mar	L	425.2	1.0	415	MnC	10-wk Asc tri	1/8 to 2297	1/4	($560)	Intervening LDR
12-Jan	USD/JPY	Spot	S	91.69	−30000	9243	MnR	5-wk Rising wedge	1/20 to 9207; 2/1 to 9101	2/3	$211	
12-Jan	Mini Nasdaq	Mar	S	1862.25	1.0	1883.8	Misc	2-wk Broadening top		1/13	($566)	Retest fail
13-Jan	T-Bonds	Mar	S	116-19	0.5	118-14 (12/21)	MjC	17-wk Double top	1/14 to 107-07	1/15	($635)	Trail stop
14-Jan	Corn	Mar	S	3802	0.5	3924	MjC	12-wk Sym tri	2/4 to 3702; 2/12 to 3664	2/16	($635)	Trail stop
15-Jan	Wheat	Mar	S	512	0.5	5256	MjC	13-wk H&S top	1/29 to 5052; 2/8 to 4964	2/10	$376	Target
15-Jan	EUR/JPY	Spot	S	130.74	−30000.0	132.41	MjA	3-wk H&S top		1/21	$1,058	LDR

付録A フラクタル・ブレークアウト・プランのタイプ

表 A.1 ファクター・クラシック LLC、2009年トレーディング日記 ― 一部手仕舞いまたは2010年4月20日現在での評価

10万ドルの資金ユニット当たりの参考記録

*通貨のトレードは最初に表示した主要通貨1ユニットの金額

日付	銘柄	限月	買・売	仕掛け価格	10万ドル当たりの枚数 LDR	最初のストップ	10万ドルに対する当初リスク(%)	目標値	シグナルの種類	パターンの期間	週足バー	日足バー	その他	ストップの移動日・日	手仕舞い日	手仕舞い価格	10万ドル当たり純損益	1トレード当たり純損益ドル	
19-Jan	Mini S&Ps	Mar	S	1126.5	1.0	1137	0.7	Open	MJC	13-wk		10-mo trend-line		1/19		1140.5	($710)		Trail stop
19-Jan	Sugar	May	L	2716	0.5	2660	0.4	Open	MjP	2-wk	Pennant				1/21	2763	$343	$686	Quick profit
20-Jan	Mini Gold	Apr	S	1117.1	0.5	1144.4	0.5	1096	Instinct	3-wk	Possible 3-mo top			2/2 to 2763	1/26	1096	$258	$516	Quick profit
20-Jan	Mini Gold	Apr	S	1143	0.5	1133.6	0.3	1079	Instinct	3-wk	Possible 3-mo top				1/28	1079	$619	$1,247	$ mgmt
20-Jan	Mini Gold	Apr	S	1143	0.5	1125.1	0.1	1086	Instinct	3-wk	Possible 3-mo failure			1/28 to 1125.2, 2/1 to 1124.3	2/3	1124.4	($125)	($251)	Quick profit
21-Jan	Mini S&Ps	Mar	S	1125	0.5	1140.25	0.4	MjC	H&S top	13-wk wedge	3-mo failure				2/16	1086	$970	$1,940	Trail stop
21-Jan	Mini S&Ps	Mar	S	1125	0.5	1139.3	0.4	MjC	H&S top	13-wk wedge				2/4 to 1103, 2/12 to 1084		1084.25	$1,014	$2,028	Retest fail
21-Jan	Mini S&Ps	Mar	S	1125	0.5	1140.25	0.4	MjC	H&S top	13-wk wedge				2/5 to 1120.5	3/5	1120.5	$108	$215	Trail stop
21-Jan	GBP/JPY	Spot	S	146.16	–20000	149.11	0.6	MjA	Sym tri	3-wk	H&S top	Possible 4-mo desc tri		2/1 to 1120.5	2/4	147.41	140.12	140.22	$1,324

Date	Symbol		L/S	Entry	Exit	Risk	Signal	Length	Pattern	Notes	Date exit	Price exit	P/L	Comments
26-Jan	EUR/JPY	Spot	S	126.42	128.37	–20000	MjC	43-wk	Rounding top	Same	2/4 to 2/23 126.52, 125.36, 3/3 to 122.67	3/5	122.68	$819	Trail stop
27-Jan	Copper	Mar	S	323.95	335.7	0.3	MjC	3-wk	Horn	10-mo channel	2/4/10 to 2/23	3/5	116.52		Trail stop
					332.1	0.6								$769	
29-Jan	GBP/USD	Spot	S	1.6069	–30000	0.4	MnC	1-wk	Pennant	Possible 9-mo double top	2/4	1.5828	$714	Target
					16180										
					16187										
2-Feb	Soybean Oil	Mar	L	3670	3600	0.5	MjC	43-wk	Sym tri		2/11	311.6	$3,078	Target
					3573	0.3	Instinct rev 5/8 295.05							$499	Retest fail
4-Feb	Mini Gold	Apr	S	1067.4	1111.8	1.0	MnR	9-wk	Desc tri	Poor fill	2/10 to 2/11	1085.2	$597	LDR
					1087.2	0.7	927				1085.1			$445	Retest fail
5-Feb	Gold	Spot	S	1.5661	1.5776	0.4	MjC	39-wk	Double top		2/17	1.5806	$580	Rev. LDR
					1.5806	0.4									
12-Feb	Mini Crude Oil	Apr	S	73.95	75.8	0.5	MjC	52-wk	Fan principle	Same	2/16	76.25	$1,160	
					76.225	0.6									
18-Feb	GBP/USD	Spot	S	1.5583	–40000	0.6	MjC	8-wk	Flag	Hikkake	3/16 to 3/15 15439, 3/15 to 1.5061	3/30	1.5062	$2,074	Retest fail
					1.5688										
					1.5701										
18-Feb	T-Bonds	June	S	115-17	116-10	0.5	MJA	3-wk	Broadening top	Possible 8-mo H&S top 9/09	2/22 to 2/18 116-12	2/23	116-12	$854	Quick profit
					116-19	0.6	113-17							$427	
18-Feb	Mini Gold	Apr	L	1099.7	1094	0.5	MnC	11-wk	Wedge	H&S bottom 9/09	2/19	1124	$396	
					1089.4	0.2	1124 rev							$792	Breakaway gap
18-Feb	Mini Gold	Apr	L	1099.7	1094	0.5	MnC	11-wk	Wedge	H&S bottom 9/09	2/24	1096.2	$63	Breakaway gap
					1089.4	0.2	1223							$126	
18-Feb	10-Yr T-Notes	June	S	116-01	116-14	0.5	Misc	3-wk	H&S top	Too tight of an entry stop	2/23	116-15	$224	LDR
					116-15	0.3	114-24							$448	Other

表A.1 ファクター・クラシックLLC、2009年トレーディング日記 — 一部手仕舞い分は2010年4月20日現在での評価

10万ドルの資金ユニット当たりの参考記録
*通貨のトレードは最初に表示した主要通貨1ユニットの金額

日付	銘柄	限月	買・売	仕掛け価格	10万ドル当たりのルの枚数 LDR	最初のストップ	10万ドルに対するリスク(%)	シグナルの種類	パターンの期間	Desc	その他	手仕舞い日	手仕舞い価格	10万ドル当たり純損益	1トレード当たり純ルー損益
23-Feb	GBP/JPY	Spot	S	139.36	-30000	141.68	0.8	128.1 MjC	22-wk	Desc triangle	Same	2/26 to 3/12	137.62	$565	Target
23-Feb	Sugar	Oct	S	2103	0.5	2155	0.4	1976 MnR	8-wk	Rectangle	Retest of major top	3/2	1976	$706	LHR
23-Feb	Copper	May	S	321.4	0.5	334.35	0.6	280 Misc	3-wk	Channel	Hourly chart 1397.6 to 137.49	2/26	326.8	($680) $1,412	($680) $1,360 LDR
25-Feb	Soybean Oil	May	L	3956	2.0	NA	0.4	4069 MnR	2-wk	Flag	Possible 10-mo top triangle	2/25	3897	($728)	LDR
25-Feb	Mini S&Ps	June	S	1085	1.0	1098.3	0.7	Open MnR	3-wk	H&S top	Retest of major top	2/26	1098.5	($685)	LDR
25-Feb	Mini Dow	Mar	S	10234	1.0	10355	0.6	Open Misc	2-wk	H&S top	Retest of major top channel	3/1	10368	($680)	Target
25-Feb	EUR/GBP	Spot	L	0.8861	35000.0	0.8773	0.4	9062 MjA	17-wk	Channel	Possible H&S bottom 14-mo 5-wk horn	3/1	0.9062	$1,045	Target
26-Feb	Soybean Oil	May	L	3954	1.0	3924	0.3	4069 MnC	2-wk	Flag	Possible 12-month asc	3/10	4069	$680	Intervening
1-Mar	OJ	May	L	14485	1.0	14070	0.6	158 MnC	9-wk	Sym tri	Same 3/8 to 14560; 3/16 to 14475	3/18	14455	($55)	Retest fail

Date	Instrument			Price	Contracts	Price	Price	Desc				Date	Price	P&L	Notes
3-Mar	USD/CAD	Spot	$	1.0352	-50000	1.0444	1.0451	22-wk	Same			3/26	1.0301	$238	Retest fail
3-Mar	USD/CAD	Spot	$	1.0352	-50000	1.0444	1.0451	22-wk	9720 MjA			3/26	1.0301	$238	Retest fail
4-Mar	Soybeans	May	$	938.4	0.5	963	962.4	0.7	899 Misc	3-wk	H&S top	Possible 19-wk triangle	3/10 to 3/22 1.0351; 3/22 to 1.0332; 3/25 to 1.0301	3/8 950.2	($304) Retest fail
12-Mar	USD/CAD Mini	May	$	1.0198	-70000	10322	10326	0.8	9720 MjC	22-wk	Sym tri	20-wk triangle Possible	3/5 to 950.2		($598)
12-Mar	Crude Oil	May	$	81.35	0.5	83475	8295	0.8	7740 MjA	7-wk	Rising wedge	Possible fan	3/22 to 1.0256 3/16 to 8255	3/24 1.0256	($406) Retest fail
19-Mar	AUD/CAD	Spot	$	0.9258	-100000	9381	9326	0.8	Open Instinct	4-wk	Triangle	Possible 3-mo		3/19 0.9327	($688) Trail stop
19-Mar	EUR/USD	Spot	$	1.353	-30000	1.3627	1.3741	0.6	MnC	6-wk	H&S fail	May down channel	3/27 to 1.3436	3/29 1.3474	$158 LDR
22-Mar	Mini Gold	June	$	1096.8	1	1109.6	1111.2	0.5	MnR	6-wk	H&S top	Possible 3+mo H&S fail	3/26	1111.3	($489) Retest fail
24-Mar	T-Bonds	June	$	117-08	0.5	117-22	117-24	0.3	Open MjA	12-wk	Asc tri failure	Possible 12-mo H&S	4/11 to 116-01	4/12 116-02	$589 LDR
24-Mar	GBP/USD	Spot	$	1.4916	-40000	15049	15061	0.3	1.441 MjP	4-wk	Flag	Dbl top		3/30 1.5062	($594)
25-Mar	Wheat	May	$	470.4	0.5	478.2	479	0.3	MnC	New lows	New lows		4/7	4/7 479	($218) Retest fail
25-Mar	Corn	May	$	358.2	1.0	366.4	367	0.3	MnC	New lows	New lows		4/8 to 360.2	4/14 3604	($123) Quick profit
29-Mar	USD/CAD	Spot	$	1.0192	-30000	1.0273	1.0287	0.5	9720 MjCs	22-wk	Sym tri		4/20 Books closed MTM	4/20 0.9984	$615 LDR
31-Mar	AUD/CAD	Spot	$	0.9332	-30000	0.9382	0.9402	0.2	0.8812 MjA	14-wk	Sym tri	Same	4/5 to 9327	4/7 0.9327	$5 LHR

表A.1 ファクター・クラシック LLC, 2009年トレーディング日記 — 一部手仕舞い分は2010年4月20日現在での評価

10万ドルの資金ユニット当たりの参考記録
*通貨のトレードは最初に表示した主要通貨1ユニットの金額

日付	銘柄	限月	買・売	仕掛け価格	最初のストップ	10万ドルに対するリスク(%)	目標値	シグナルの種類	バターンこの期日足バター	その他	ストップの移動日	手仕舞い価格	10万ドル当たり純損益	トレード手仕舞いバリュー	手仕舞い
31-Mar	Soybeans	Nov	S	906.4	930	0.6	872/857	MnR	8-wk	Sym tri	Same	3/31/16 916.4	3/31	916.4	($255)	($510)	Retest failure
1-Apr	Mini Gold	June	L	1126.2	1112.1	0.4	Open M/A	4-wk	Channel	Possible 4-mo 1131.8. 4/12 to 1141.9	4/7 to 4/16	1141.3	$477	$954	LDR
5-Apr	AUD/CAD	Spot	S	0.9238	–100000	0.8	8862	MjC	15-wk	Sym tri	Same	4/7	0.9312	($745)		Retest failure
5-Apr	EUR/GBP	Spot	L	0.8844	25000	0.2	9124	Misc	22-wk	Same	Retest	4/6	0.8812	($131)		LDR
7-Apr	Mini Gold	June	L	1151.1	1	0.7	1230	MjC	17-wk	H&S bottom	Same	4/16	1131.4	($660)		LDR
7-Apr	EUR/JPY	Spot	S	124.61	–20000	0.5	112.27	MjC	43-wk	Rounding top	Secondary completion	4/9 to 4/9	125.41	($182)		LDR
9-Apr	AUD/CAD	Spot	L	0.9361	20000.0	0.3	0.9608	MnR	15-wk	Sym tri	Same	4/11 to 4/12	0.9319	($94)		
15-Apr	Soybeans	Nov	L	953	0.5	0.4	998	MnR	10-wk	Asc tri	Same	4月20日の帳簿の締めで値洗い	963.2	$256	$513	Quick profit

分割手仕舞い戦略

仕掛け月別トレード

	12月	$1,413
	1月	$6,330
	2月	$857
	3月	($2,135)
	4月	$256
合計		$5,386

過去の運用成績は必ずしも将来の結果を示すわけではない。
運用成績に関する完全な説明は、著者注を参照

付録B　チャートの早見表

　以降の表は本書で用いたチャートの早見表になるように、と考えて作ったものだ。この表ではファクター・トレーディング・プランが用いた典型的なチャートの原理、トレーディングシグナル、管理テクニックを一覧表にして、本書のどこに載せてあるかを示している。

　表B.1は本書中のチャートを典型的なパターン別に表にしたものだ。

　表B.2は発生したシグナルの種類と適切なトレード管理の戦略別に、チャートの一覧表を作ったものである。

表B.1　パターン別チャート

本文中の図の番号	銘柄	斜行パターン						水平パターン								その他		
		ウエッジ	対称トライアングル	フラッグ	トレンドライン	チャネル	ダイヤモンド	ヘッド・アンド・ショルダーズ	直角三角形	ダブルトップかボトム	ブロードニングかフィッシュフック	ラウンドトップかボトム	ボックス	ペナント	ホーン	ブルかベアトラップ	2回目の完成	ダマシか早すぎるブレイクアウト
2.2	Swiss Franc	■																
3.2	GBP/USD								■									
3.3	GBP/USD								■									
3.4	Platinum									■								
3.5	Lnd Sugar		■															■
3.6	Sugar		■															
3.7	Cocoa						■											
3.8	DAX							■									■	
3.9	S&Ps							■								■		
3.10	Gold												■					
3.11	EUR/USD				■													
3.12	Gold							■										
3.13	Crude Oil							■										
3.14	Silver												■				■	
3.15	S&Ps							■										
3.16	Rice							■										
3.17	USD/CAD		■														■	
3.18	Soybeans		■													■		
3.19	Sugar									■								
3.20	GBP/USD								■									
3.21	AUD/USD			■						■				■				
3.22	AUD/USD						■										■	
3.23	DJIA							■										
3.24	GBP/USD							■										
3.25	Sugar															週末ルール		
3.26	Sugar															週末ルール		
3.27	Bean Oil															一方的な値動き		
3.28	Gold															一方的な値動き		
3.29	USD/JPY																	
4.1	Copper		■															
4.2	AUD/USD	■																
4.3	Bean Oil	■																
4.4	Bean Oil	■								■								
4.5	Sugar	■																
4.6	USD/CAD									■		■						
4.7	Silver									■					■		■	
4.8	Russell 1000							■										
4.9	KC Wheat							■										
4.10	KC Wheat							■										
4.11	Crude Oil		■															
4.12	DJ Util							■										

374

表B.1　パターン別チャート

本文中の図の番号	銘柄	ウエッジ	対称トライアングル	フラッグ	トレンドライン	チャネル	ダイヤモンド	ヘッド・アンド・ショルダーズ	直角三角形	ダブルトップかボトム	ブロードニングかフィッシュフック	ラウンドトップかボトム	ボックス	ペナント	ホーン	ブルかベアトラップ	2回目の完成	ダマシが早すぎるブレイクアウト
4.13	EUR/USD		■							■								
4.14	EUR/USD									■								
4.15	EUR/USD			■						■								
4.16	GBP/JPY	■							■					■				
4.17	GBP/JPY		■															
4.18	AUD/JPY		■															
4.19	AUD/JPY																	
4.20	GBP/CHF		■							■		■						
4.21	Sugar		■															
4.22	Sugar	■																
4.23	AAPL								■									
4.24	Gold																	
4.25	Gold										■							
4.26	Copper				■	■									■			
4.27	USD/CAD								■									■
4.28	USD/CAD								■									■
4.29	DJTI												■					■
4.30	Brent Sea																	
4.31	S&P 500									■								
5.2	GBP/USD									■						■		
5.3	GBP/USD								■							■		
5.4	GBP/USD		■			■												
5.5	GBP/USD	■					■											
6.1	DJIA								■							■		
6.2	DJIA								■									
6.3	Gold				複数のトレード													
6.4	Gold								■									
6.5	Gold								■									
6.6	Gold								■									
6.7	Gold								■									■
6.8	Gold								■									
6.9	Gold								■									■
6.10	Gold		■						■									
6.11	Gold								■									
6.12	Gold								■									
6.13	Gold									■								
6.14	Gold									■	■							
6.15	Sugar		■															
6.16	Sugar				複数のトレード													
6.17	Sugar																新高値	
6.18	Sugar													■				
6.19	Sugar	■																

表B.1　パターン別チャート

本文中の図の番号	銘柄	斜行パターン ウエッジ	対称トライアングル	フラッグ	トレンドライン	チャネル	ダイヤモンド	水平パターン ヘッド・アンド・ショルダーズ	直角三角形	ダブルトップかボトム	ブロードニングかフィッシュフック	ラウンドトップかボトム	ボックス	ペナント	ホーン	その他 ブルかベアトラップ	2回目の完成	ダマシか早すぎるブレイクアウト
6.20	Sugar	■																
6.21	Sugar	■									■			■				
6.22	Sugar						■											
6.23	Sugar																衝動買い	
6.24	Sugar						■	■										
8.1	EUR/USD				■													
8.2	EUR/USD															■		
8.3	GBP/USD									■								
8.4	GBP/USD																ヒッカケ	
8.5	GBP/USD																ヒッカケ	
8.6	GBP/USD							■				ヒッカケ						
8.7	GBP/USD							■										
8.8	Sugar					■												
8.9	Cotton														■			
8.10	Bean Oil		■															
8.11	Bean Oil							■										
8.12	AUD/USD									■								
8.13	DAX									■								
8.14	Soybeans									■								
8.15	Nasdaq									■								
8.16	CAD/USD									■								
9.1	GBP/USD									■								
9.2	SPX	■				■												
9.3A	T-Bonds					■												
9.3B	T-Bonds	■																
9.3C	T-Bonds	■																
9.4	Gold	■																
9.5	Sugar											■						
9.6	DJIA							■										
9.7	Sugar	■																
9.8	Corn								■									■
9.9	Corn															■		
9.10	USD/JPY																	■
9.11	USD/JPY																	■
9.12	Nasdaq										■							■
9.13	T-Bonds	■								■								
9.14	Corn	■																
9.15	Wheat							■										
9.16	EUR/JPY											■						
9.17	EUR/JPY																	
9.18	S&P 500	■																
9.19	Sugar					■												

表B.1　パターン別チャート

本文中の図の番号	銘柄	斜行パターン						水平パターン								その他		
		ウエッジ	対称トライアングル	フラッグ	トレンドライン	チャネル	ダイヤモンド	ヘッド・アンド・ショルダーズ	直角三角形	ダブルトップかボトム	ブロードニングかフィッシュフック	ラウンドトップかボトム	ボックス	ペナント	ホーン	ブルかベアトラップ	2回目の完成	ダマシか早すぎるブレイクアウト
9.20	Gold							■										
9.21	Gold									■							■	■
9.22	Gold	■															■	■
9.23	Gold							■										
9.24	Gold																■	■
9.25	Gold						■											
9.26	GBP/JPY						■											
9.27	Copper						■								■			
9.28	GBP/USD				■		■										ヒッカケ	
10.2	GBP/USD									■								
10.3	GBP/USD									■							ヒッカケ	
10.4	GBP/USD							■										■
10.5	Crude Oil																ファンライン	
10.6	Crude Oil																	
10.7	Crude Oil						■											
10.8	T-Bonds										■							
10.9	T-Notes							■										
10.10	GBP/JPY							■		■								
10.11A	Sugar												■					
10.11B	Sugar												■					
10.12	Bean Oil							■										
10.13	Bean Oil								■									
10.14A	Bean Oil												■					
10.15	S&P 500							■										
10.16	DJIA																	
10.17	EUR/GBP					■												
10.18	EUR/GBP							■										
11.1	USD/CAD												■					
11.2	USD/CAD								■								■	
11.3	Soybeans							■										
11.4	Crude Oil	■																
11.5	AUD/CAD		■															
11.6	AUD/CAD							■										
11.7	EUR/USD							■										
11.8	EUR/USD							■										
11.9	T-Bonds								■									
11.10	Wheat							■										
11.11	Corn								■									
11.12	Soybeans			■													■	
11.13	Copper						■		■									
11.14	OJ							■										■
12.1	Gold							■										

第4部　総まとめ

表B.1　パターン別チャート

本文中の図の番号	銘柄	斜行パターン						水平パターン								その他		
		ウエッジ	対称トライアングル	フラッグ	トレンドライン	チャネル	ダイヤモンド	ヘッド・アンド・ショルダーズ	直角三角形	ダブルトップかボトム	ブロードニングかフィッシュフック	ラウンドトップかボトム	ボックス	ペナント	ホーン	ブルかベアトラップ	2回目の完成	ダマシか早すぎるブレイクアウト
12.2	Gold						■											
12.3	EUR/GBP						■	■								■		
12.4	EUR/JPY											■					再度の試し	
12.5	EUR/JPY							■										
12.6	Soybeans		■															
12.7	Soybeans							■										
12.8	DJIA								■									
12.9	DJIA							■										
12.10	T-Bonds					■												
12.11	T-Bonds							■										
12.12	T-Bonds							■										
12.13	Sugar												■					
14.1	AUD/USD							■										
14.2	AUD/USD									■								
14.3/4	EUR/CHF	■																
14.5/6	EUR/USD	■		■														
14.7/8	GBP/USD														■			
14.9/10	NZD/USD							■										
14.11/12	USD/CAD									■								■
14.13A/13B	S&P 500							■										
14.14	Sugar							■										
14.15	Sugar		■															
14.16/17	Gold						■											
14.18	Copper				■		■				■		■					
14.19	Crude Oil							■										
14.20	Crude Oil																	
PS.1	Dow Jones																再度の試し	
PS.2	AUD/CAD									■					■			

378

付録B　チャートの早見表

表B.2　シグナルの種類とトレード管理テクニック別のチャート

本文中の図の番号	銘柄	シグナルの種類 メジャーパターン 試し玉	増し玉	継続	マイナーパターン 反転	直感	その他	トレード管理の戦略 ラスト・デイ・ルール	再度の試しで失敗	トレイリングストップのルール	目標値	その他
2.2	Swiss	■									■	
3.2	GBP/USD	■									■	
3.3	GBP/USD	■										
3.4	Platinum	■										
3.5	Lnd Sugar	■						■				
3.6	Sugar	■						■				
3.7	Cocoa	■										
3.8	DAX	■						■				
3.9	S&Ps	■						■				
3.10	Gold	■										
3.11	EUR/USD	■										
3.12	Gold				■			■				
3.13	Crude Oil	■						■				
3.14	Silver				■			■				
3.15	S&Ps	■										■
3.16	Rice	■										
3.17	USD/CAD	■						■				
3.18	Soybeans	■						■				
3.19	Sugar	■										
3.20	GBP/USD	■										
3.21	AUD/USD			■								
3.22	AUD/USD			■								
3.23	DJIA	■								■		
3.24	GBP/USD	■						■				
3.25	Sugar	■										
3.26	Sugar	■										
3.27	Bean Oil					■						
3.28	Gold	■										
3.29	USD/JPY	■						■				
4.1	Copper	■										
4.2	AUD/USD	■		■								
4.3	Bean Oil	■		■	■			■				
4.4	Bean Oil	■						■				
4.5	Sugar	■		■								
4.6	USD/CAD	■						■				
4.7	Silver	■										

第4部　総まとめ

表B.2　シグナルの種類とトレード管理テクニック別のチャート

本文中の図の番号	銘柄	シグナルの種類：メジャーパターン 試し玉	メジャーパターン 増し玉	マイナーパターン 継続	マイナーパターン 反転	直感	その他	トレード管理の戦略：ラスト・デイ・ルール	再度の試しで失敗	トレイリングストップのルール	目標値	その他
4.8	Russell				■			■				
4.9	KC Wheat		■									
4.10	KC Wheat		■									
4.11	Crude Oil			■								
4.12	DJ Util		■									
4.13	EUR/USD		■									
4.14	EUR/USD		■									
4.15	EUR/USD			■	■							
4.16	GBP/JPY			■								
4.17	GBP/JPY		■									
4.18	AUD/JPY		■									
4.19	AUD/JPY		■									
4.20	GBP/CHF			■				■			■	
4.21	Sugar		■									
4.22	Sugar		■									
4.23	AAPL										■	
4.24	Gold	■										
4.25	Gold				■							
4.26	Copper				■							
4.27	USD/CAD		■							■		
4.28	USD/CAD		■								■	
4.29	DJTI										■	
4.30	Brent Sea		■									
4.31	S&P 500	■										
5.2	GBP/USD		■									
5.3	GBP/USD			■								
5.4	GBP/USD				■						■	
5.5	GBP/USD				■							
6.1	DJIA										■	
6.2	DJIA		■								■	
6.3	Gold	■										
6.4	Gold		■									
6.5	Gold									■		
6.6	Gold											
6.7	Gold					■						
6.8	Gold								■			
6.9	Gold											

380

付録B　チャートの早見表

表B.2　シグナルの種類とトレード管理テクニック別のチャート

本文中の図の番号	銘柄	シグナルの種類						トレード管理の戦略				
		メジャーパターン			マイナーパターン			ラスト・デイ・ルール	再度の試しで失敗	トレイリングストップのルール	目標値	その他
		試し玉	増し玉	継続	反転	直感	その他					
6.10	Gold											
6.11	Gold	■										
6.12	Gold				■						■	
6.13	Gold			■	■							
6.14	Gold				■						■	
6.15	Sugar											
6.16	Sugar	複数のトレード										
6.17	Sugar							■				
6.18	Sugar	■									■	
6.19	Sugar										■	
6.20	Sugar										■	
6.21	Sugar	■									■	
6.22	Sugar										■	
6.23	Sugar							■				
6.24	Sugar										■	
8.1	EUR/USD	メジャートレンド										
8.2	EUR/USD											
8.3	GBP/USD			■		■						
8.6	GBP/USD					■					■	
8.7	GBP/USD			■		■						
8.8	Sugar	■				■						
8.9	Cotton							■				
8.10	Bean Oil	■									■	
8.11	Bean Oil					■		■				
8.12	AUD/USD				■				■		■	
8.13	DAX										■	
8.14	Soybeans					■						
8.15	Nasdaq				■						■	
8.16	CAD/USD				■							
9.1	GBP/USD	ダブルトップの例										
9.2	SPX	チャネルの例										
9.3A	T-Bonds	チャネルの例										
9.3B	T-Bonds	H&Sの例										
9.3C	T-Bonds	H&Sの例										
9.4	Gold											
9.5	Sugar	複数年にわたるベースの例										
9.6	DJIA	H&Sの可能性										

表B.2　シグナルの種類とトレード管理テクニック別のチャート

本文中の図の番号	銘柄	試し玉	増し玉	継続	反転	直感	その他	ラスト・デイ・ルール	再度の試しで失敗	トレイリングストップのルール	目標値	その他
		メジャーパターン			マイナーパターン			トレード管理の戦略				
9.7	Sugar	■						■				
9.8	Corn				■							
9.9	Corn											
9.10	USD/JPY	10数年にわたるトライアングル										
9.11	USD/JPY											■
9.12	Nasdaq					■						
9.13	T-Bonds	■										
9.14	Corn									■		
9.15	Wheat	■										
9.16	EUR/JPY	■										
9.17	EUR/JPY	■										
9.18	S&P 500	■										
9.19	Sugar			■								
9.20	Gold					■			■			
9.21	Gold					■			■			
9.22	Gold					■			■			
9.23	Gold					■						
9.24	Gold					■						
9.25	Gold	■										
9.26	GBP/JPY									■		
9.27	Copper								■			
9.28	GBP/USD				■							
10.2	GBP/USD								■			
10.3	GBP/USD								■			
10.4	GBP/USD				■							
10.5	Crude Oil											
10.6	Crude Oil	H&Sの可能性										
10.7	Crude Oil											
10.8	T-Bonds											
10.9	T-Notes								■			
10.10	GBP/JPY	■								■		
10.11A	Sugar					■			■			
10.12	Bean Oil	上昇トライアングル				■						
10.13	Bean Oil								■			
10.14A	Bean Oil				■							
10.14B	Bean Oil				■							
10.15	S&P 500					■						

付録B　チャートの早見表

表B.2　シグナルの種類とトレード管理テクニック別のチャート

本文中の図の番号	銘柄	メジャーパターン 試し玉	増し玉	継続	マイナーパターン 反転	直感	その他	ラスト・デイ・ルール	再度の試しで失敗	トレイリングストップのルール	目標値	その他
10.16	DJIA						■					
10.17	EUR/GBP		■									
10.18	EUR/GBP		■								■	
11.1	USD/CAD	■									■	
11.2	USD/CAD		■								■	
11.3	Soybeans						■					
11.4	Crude Oil						■					
11.5	AUD/CAD	■										
11.6	AUD/CAD		■		■							
11.7	EUR/USD			■						■		
11.8	EUR/USD			■								
11.9	T-Bonds											
11.10	Wheat				■							
11.11	Corn											
11.12	Soybeans											
11.13	Copper	逃したトレード										
11.14	OJ										■	
12.1	Gold											
12.2	Gold		■					■				
12.3	EUR/GBP				■							
12.4	EUR/JPY											
12.5	EUR/JPY							■				■
12.6	Soybeans				■							
12.7	Soybeans											
12.8	DJIA	未確定のシグナル						未確定				
12.9	DJIA	未確定のシグナル						未確定				
12.10	T-Bonds	未確定のシグナル						未確定				
12.11	T-Bonds	未確定のシグナル										
12.12	T-Bonds											
12.13	Sugar							未確定				
14.1	AUD/USD	■									■	
14.2	AUD/USD	■									■	
14.3/4	EUR/CHF	■									■	
14.5/6	EUR/USD	■									■	
14.7/8	GBP/USD	■									■	
14.9/10	NZD/USD	■									■	
14.11/12	USD/CAD	■									■	

383

表B.2　シグナルの種類とトレード管理テクニック別のチャート

| 本文中の図の番号 | 銘柄 | シグナルの種類 | | | | | | トレード管理の戦略 | | | | |
| | | メジャーパターン | | マイナーパターン | | | | | | | | |
		試し玉	増し玉	継続	反転	直感	その他	ラスト・デイ・ルール	再度の試しで失敗	トレイリングストップのルール	目標値	その他
14.13A/13B	S&P 500	■									■	
14.14	Sugar	■									■	
14.15	Sugar	■									■	
14.16/17	Gold	■									■	
14.18	Copper	■		■							■	
14.19	Crude Oil	■									■	
14.20	Crude Oil	■									■	
PS.1	Dow Jones					■					■	
PS.2	AUD/CAD	■									■	

付録C　お勧めの本とホームページ

ロバート・D・エドワーズ、ジョン・マギー、W・H・C・バセッティ著『マーケットのテクニカル百科 入門編・実践編』（パンローリング）（注──著者はこの本の第5版を使用。訳書は第8版）

アレキサンダー・エルダー著『投資苑──心理・戦略・資金管理』（パンローリング）

アリ・キエフ著『トレーダーの心理学──トレーディングコーチが伝授する達人への道』（パンローリング）

ジャック・シュワッガー著『マーケットの魔術師──米トップトレーダーが語る成功の秘訣』

ジャック・シュワッガー著『新マーケットの魔術師──米トップトレーダーたちが語る成功の秘密』（パンローリング）

ジャック・シュワッガー著『マーケットの魔術師【株式編】《増補版》米トップ株式トレーダーが語る儲ける秘訣』（パンローリング）

マイケル・ルイス著『ライアーズ・ポーカー』（パンローリング）

マイケル・ルイス著『世紀の空売り』（文藝春秋）

Barrie, Scott, The Complete Idiot's Guide to Options and Futures, 2nd ed. New York : Alpha Books, Penguin Group (USA), 2006.

Brandt, Peter L. (with Bruce Babcock), Trading Commodity Futures with Classical Chart Patterns. Sacramento, CA : Commodity Traders Consumer Reports, 1990.

Chicago Board of Trade, Commodity Trading Manual. New York : AMA-COM, 1999.

Kiev, Ari, The Mental Strategies of Top Traders : The Psychological Determinants of Trading Success. Hoboken, NJ : John Wiley & Sons,

第４部　総まとめ

2009.

Murphy, John, Technical Analysis of the Financial Markets. New York Institute of Finance, Prentice Hall Direct, 1999.

National Futures Association, Opportunity and Risk, An Educational Guide to Trading Futures, 2006, PDF download at www.nfa.futures.org/NFA-investor-information/publication-library/opportunity-and-risk-entire.pdf.

Schabacker, Richard W., Technical Analysis and Stock Market Profits : The Real Bible of Technical Analysis. Hampshire, UK : Harriman House, 1998.

Teweles, Richard J., and Frank J. Jones, The Futures Game : Who Wins, Who Loses, & Why. New York : McGraw-Hill, 1999.

　情報が豊富で極めて洞察に満ちた以上の本に加えて、インターネットを利用したトレード用プラットフォームや価格のクオート、チャート機能、その他のリサーチを提供するサービスをいくつか推奨しておこう。

FactorTrading.com　これはファクターLLCの公式ホームページだ。このホームページは商品先物市場やFX市場のチャートに現れる典型的なパターンのうち、最も良い例を確認して報告しようとしている。これまでに集めたチャートも、定期的に特集している。

Mercenarytrader.com　この奇抜で素晴らしいホームページはプロのトレーダー向けに、２人の熟練したプロの投機家がペンネームで書いている。マーシナリートレーダーは市場と世界経済について風変わりなマクロ分析を行い、常識の枠を打ち破ってくれる。著者であるトレーダーたちはウォール街の神聖で侵すべからざるものの間違いを

386

たびたび指摘している。利益を出すために極めて重要な点に関する素晴らしい洞察が満載だ。

トレード・ナビゲーター（Tarde Navigator）　コロラド州コロラドスプリングスのジェネシス・ファイナンシャル・テクノロジーズ、(800) 809 - 3282。これくらいの価格で利用できるクオートとチャート用プラットフォームでは一番優れていて、最も使い勝手が良い。実際のトレーディングは選ばれたFCM（先物取次会社）を通して、プラットフォームから執行できる。リアルタイムの顧客サポートはたやすく利用できるうえに、知識が豊富だ。

CRB（コモディティー・リサーチ・ビューロー）　私はCRB社の製品やサービスを使って、トレーダーとして成長した。CRB社は70年以上にわたって、商品先物業界に優れた情報を提供してきた。CRBtrader.com は多くの有益な市場リサーチやクオートやチャート機能を提供している。

Barchart.com　ここはクオートとチャート機能を提供する無料のホームページだ。私がコンピューターを持たずに出張しているときには、ここからチャートを見ることにしている。私は「クラシック・スタイル・チャート」の設定にして、細かく調べようと考えている市場のチャートを、Barchart.com から毎週印刷する。その後、これらのチャートを週末まで手書きで更新していく。

著者注

　本書は教育を目的としたものであり、現在または将来にわたってファクターLLCの製品やサービスの宣伝をまったく意図していない。

　本書で取り上げた期間の月次トラックレコードは複数のレコードを組み合わせたものであり、いかなる特定の口座のトレーディングも表さない。このレコードの組み合わせには次のものが含まれる。

● ファクターLLCが運用する適用免除商品ファンド
● 自己勘定口座での定期的なトレード
● ファクター・トレーディング・プランが指示したルールや指針によるトレーディング・シグナル

　どの特定の口座も、本書第3部で報告したシグナルやトレードを完全には反映していない。そのため、ここで報告した運用成績のデータは仮想的なものと考えるべきだ。しかし、本書第3部の日記部分で報告した運用成績は、ファクターLLCが実際に運用する商品ファンドと密接に関係している。また、過去のパフォーマンスは必ずしも将来の結果を示すわけではない。

　ファクターLLCは1981年10月から1995年4月まで自己勘定口座でトレーディングを行った。1981年10月から1991年3月まで、自己勘定口座は本書で示した現在または以前のトレーディングプログラムに基づいて、ファクターLLCのみによって管理された（**図AN.1**に示したファクターLLCの運用成績の要約を参照）。

　口座にはこの期間中にときどき、ノーショナル・アセットをある程度現金化した。このノーショナル・アセットは運用成績の計算に考慮されている。運用成績のデータはCFTC（商品先物取引委員会）によ

図AN.1 ファクターLLCの運用成績（1981年10月～2008年9月）

実際の運用成績の要約（3倍のレバレッジのプログラム）

月	1981	1982	1983	1984	1985	1986	1987	1988	1989	1990	1991	1992	1993	1994	1995	2007	2008
1月	—	-18.74%	71.18%	-12.62%	3.32%	14.59%	122.98%	-3.41%	8.79%	-1.20%	-11.05%	-2.59%	-1.62%	-1.24%	0.00%	-1.25%	14.05%
2月	—	2.71%	2.43%	-4.77%	74.99%	29.54%	43.48%	-7.22%	-9.91%	-8.20%	-2.23%	0.89%	2.29%	-0.78%	-0.66%	-7.86%	24.59%
3月	—	-7.11%	-7.08%	15.37%	-2.06%	65.64%	32.31%	-5.79%	31.26%	19.03%	-11.22%	-2.66%	0.24%	-0.73%	-11.76%	-5.95%
4月	—	12.27%	-0.49%	0.47%	-14.07%	-20.57%	-3.07%	9.25%	-11.58%	-2.41%	-1.50%	-1.91%	2.91%	1.41%	-9.53%
5月	—	44.08%	6.96%	7.00%	16.17%	3.60%	11.10%	38.89%	-4.67%	-1.58%	0.50%	3.95%	2.70%	3.00%	-5.36%
6月	—	32.65%	-5.88%	19.37%	-18.69%	1.02%	23.90%	2.26%	14.50%	6.44%	-0.93%	-0.46%	-3.14%	7.64%	13.31%
7月	—	-26.33%	16.75%	29.72%	40.30%	11.65%	16.04%	4.84%	1.89%	22.00%	-1.58%	0.51%	-3.59%		-9.48%	-4.61%
8月	—	6.64%	24.08%	10.85%	-8.82%	34.56%	27.59%	1.73%	17.92%	-1.10%	-0.07%	-0.46%	0.80%	-1.30%	14.21%
9月	—	-4.07%	12.33%	-1.34%	-11.87%	16.04%	-12.27%	3.06%	5.64%	22.00%	0.68%	-0.04%	1.00%	12.18%
10月	4.34%	9.09%	-1.06%	-11.54%	9.21%	-3.72%	-12.27%	-7.92%	51.85%	-16.25%	1.41%	4.31%	0.07%	0.53%
11月	21.77%	106.46%	12.37%	6.19%	3.06%	0.14%	5.64%	4.66%	-4.56%	2.27%	-3.19%	0.11%	5.06%
12月	-14.50%	8.90%	-1.73%	6.78%	39.14%	1.65%	-0.45%	2.90%	-8.81%	4.64%	-1.51%	-0.01%	-1.72%		15.37%
年間	8.64%	207.48%	190.20%	75.29%	15.18%	3.20%	4.73%	-1.58%	5.28%	6.86%	-2.44%	-0.14%	-0.89%	1.49%	30.48%	58.84%
最大ドローダウン	-14.50%	-26.33%	-7.54%	-16.79%	-18.69%	-32.26%	-15.02%	-18.16%	-11.58%	-24.06%	-16.73%	-6.98%	-2.07%	-10.93%	-1.39%	-19.71%	-19.47%

過去のパフォーマンスは将来の結果を表さない

って指定された書式とVAMI（月次純パフォーマンス指数）に従って報告されている。ただし、CFTCもNFA（米国先物協会）もこの資料を審査していない。

1991年4月から1995年4月まで、私は自分の自己勘定口座をほかのトレーダーに委任した。しかし、私はこの間にも定期的にトレーディングの決定を行ったので、このトレーディング期間の運用成績もここに含めている。この期間のドローダウンは、ファクターLLCの自己勘定トレーディングの、ドローダウンの大きさと期間を報告した**表9.1**には含まれていない。1995年4月から2006年末まで、私はトレーディングから身を引いていた。この期間に私は政治的・社会的な非営利活動を行っていた。私は2007年1月に再び、本書で示したプログラムを用いて自己勘定口座でトレーディングを始めた。2008年9月には、本書で述べたトレーディングプログラムを実行するのに必要な水準以下まで、自己勘定口座から資金を引き上げた。しかし、2009年には自己勘定口座で非常に限られたトレーディングシグナルしか利用せずに、利益を出した。

1981年から2008年までの自己勘定トレードの運用成績は、現在のファクターLLCの3倍のレバレッジを用いたものである。

■著者紹介
Peter L. Brandt（ピーター・L・ブラント）
30年以上にわたる商品先物およびFX・外国為替の専任プロトレーダー。大口の法人顧客相手のブローカーとして働き、自身の口座でトレーディングを行ってきた。また、商品先物のヘッジファンドの世界では先駆者のひとりでもあった。「ファクター」というニュースレターを発行し、高い評価を受け、ブルース・バブコックとの共著『Trading Commodity Futures with Classical Chart Patterns』を刊行。主に商品先物市場とFX・外国為替市場を中心とした自己勘定資金のトレーディングで、年平均リターン68％という非常に高い数字を残している。

■監修者紹介
長尾慎太郎（ながお・しんたろう）
東京大学工学部原子力工学科卒。日米の銀行、投資顧問会社、ヘッジファンドなどを経て、現在は大手運用会社勤務。訳書に『魔術師リンダ・ラリーの短期売買入門』『タートルズの秘密』『新マーケットの魔術師』『マーケットの魔術師【株式編】』（いずれもパンローリング、共訳）、監修に『バーンスタインのデイトレード入門』『マーケットのテクニカル秘録』『高勝率トレード学のススメ』『フルタイムトレーダー完全マニュアル』『新版　魔術師たちの心理学』『トレーディングエッジ入門』『スイングトレードの法則』『ロジカルトレーダー』『タープ博士のトレード学校　ポジションサイジング入門』『アルゴリズムトレーディング入門』『クオンツトレーディング入門』『イベントトレーディング入門』『スイングトレード大学』『オニールの成長株発掘法【第4版】』『コナーズの短期売買実践』『トレードの教典』『システムトレード　基本と原則』『脳とトレード』『ザFX』など、多数。

■訳者紹介
山口雅裕（やまぐち・まさひろ）
早稲田大学政治経済学部卒業。外資系企業などを経て、現在は翻訳業。訳書に『フィボナッチトレーディング』『規律とトレンドフォロー売買法』『逆張りトレーダー』『システムトレード　基本と原則』（パンローリング）など。

2011年11月2日　初版第1刷発行

ウィザードブックシリーズ ⑱⑦

一芸を極めた裁量トレーダーの売買譜
──日記から読み解く戦略・心理・トレード管理術

著　者	ピーター・L・ブラント
監修者	長尾慎太郎
訳　者	山口雅裕
発行者	後藤康徳
発行所	パンローリング株式会社
	〒160-0023　東京都新宿区西新宿 7-9-18-6F
	TEL 03-5386-7391　FAX 03-5386-7393
	http://www.panrolling.com/
	E-mail　info@panrolling.com
編　集	エフ・ジー・アイ（Factory of Gnomic Three Monkeys Investment）合資会社
装　丁	パンローリング装丁室
組　版	パンローリング制作室
印刷・製本	株式会社シナノ

ISBN978-4-7759-7154-3

落丁・乱丁本はお取り替えします。
また、本書の全部、または一部を複写・複製・転訳載、および磁気・光記録媒体に
入力することなどは、著作権法上の例外を除き禁じられています。

本文　©Masahiro Yamaguchi／図表　© PanRolling　2011 Printed in Japan

トレード業界に旋風を巻き起こしたウィザードブックシリーズ!!

ウィザードブックシリーズ 1
魔術師リンダ・ラリーの短期売買入門
著者：リンダ・ブラッドフォード・ラシュキ

定価 本体 28,000円＋税　ISBN:9784939103032

【米国で短期売買のバイブルと絶賛】
日本初の実践的短期売買書として大きな話題を呼んだプロ必携の書。順バリ（トレンドフォロー）派の多くが悩まされる仕掛け時の「ダマシ」を逆手に取った手法（タートル・スープ戦略）をはじめ、システム化の困難な多くのパターンが、具体的な売買タイミングと併せて詳細に解説されている。

ウィザードブックシリーズ 2
ラリー・ウィリアムズの短期売買法
著者：ラリー・ウィリアムズ

定価 本体 9,800円＋税　ISBN:9784939103063

【トレードの大先達に学ぶ】
短期売買で安定的な収益を維持するために有効な普遍的な基礎が満載された画期的な書。著者のラリー・ウィリアムズは30年を超えるトレード経験を持ち、多くの個人トレーダーを自立へと導いてきたカリスマ。事実、本書に散りばめられたヒントを糧に成長したと語るトレーダーは多い。

ウィザードブックシリーズ 51・52
バーンスタインのデイトレード【入門・実践】
著者：ジェイク・バーンスタイン　定価(各)本体7,800円＋税
ISBN:(各)9784775970126　9784775970133

「デイトレードでの成功に必要な資質が自分に備わっているのか？」「デイトレーダーとして人生を切り開くため、どうすべきか？」──本書はそうした疑問に答えてくれるだろう。

ウィザードブックシリーズ 130
バーンスタインのトレーダー入門
著者：ジェイク・バーンスタイン
定価 本体 5,800円＋税
ISBN:9784775970966

ヘッジファンドマネジャー、プロのトレーダー、マネーマネジャーが公表してほしくなかった秘訣が満載！　30日間で経済的に自立したトレーダーになる！

ウィザードブックシリーズ 53
ターナーの短期売買入門
著者：トニ・ターナー
定価 本体 2,800円＋税
ISBN:9784775970140

「短期売買って何？」という方におススメの入門書。明確なアドバイス、参考になるチャートが満載されており、分かりやすい説明で短期売買の長所と短所がよく理解できる。

ウィザードブックシリーズ 37
ゲイリー・スミスの短期売買入門
著者：ゲイリー・スミス
定価 本体 2,800円＋税
ISBN:9784939103643

20年間、大勝ちできなかった「並以下」の個人トレーダーが15年間、勝ち続ける「100万ドル」トレーダーへと変身した理由とは？　個人トレーダーに知識と勇気をもたらす良書。

マーケットの魔術師シリーズ

ウィザードブックシリーズ 19
マーケットの魔術師
著者：ジャック・D・シュワッガー

定価 本体 2,800 円＋税　ISBN:9784939103407

【いつ読んでも発見がある】
トレーダー・投資家は、そのとき、その成長過程で、さまざまな悩みや問題意識を抱えているもの。本書はその答えの糸口を「常に」提示してくれる「トレーダーのバイブル」だ。「本書を読まずして、投資をすることなかれ」とは世界的トレーダーたちが口をそろえて言う「投資業界の常識」だ！

ウィザードブックシリーズ 13
新マーケットの魔術師
著者：ジャック・D・シュワッガー

定価 本体 2,800 円＋税　ISBN:9784939103346

【世にこれほどすごいヤツらがいるのか!!】
株式、先物、為替、オプション、それぞれの市場で勝ち続けている魔術師たちが、成功の秘訣を語る。またトレード・投資の本質である「心理」をはじめ、勝者の条件について鋭い分析がなされている。関心のあるトレーダー・投資家から読み始めてかまわない。自分のスタイルづくりに役立ててほしい。

ウィザードブックシリーズ 14
マーケットの魔術師 株式編《増補版》
著者：ジャック・D・シュワッガー
定価 本体 2,800 円＋税　ISBN:9784775970232

投資家待望のシリーズ第三弾、フォローアップインタビューを加えて新登場!!　90年代の米株の上げ相場でとてつもないリターンをたたき出した新世代の「魔術師＝ウィザード」たち。彼らは、その後の下落局面でも、その称号にふさわしい成果を残しているのだろうか？

◎アート・コリンズ著 マーケットの魔術師シリーズ

ウィザードブックシリーズ 90
マーケットの魔術師 システムトレーダー編
著者：アート・コリンズ
定価 本体 2,800 円＋税　ISBN:9784775970522

システムトレードで市場に勝っている職人たちが明かす機械的売買のすべて。相場分析から発見した優位性を最大限に発揮するため、どのようなシステムを構築しているのだろうか？14人の傑出したトレーダーたちから、システムトレードに対する正しい姿勢を学ぼう！

ウィザードブックシリーズ 111
マーケットの魔術師 大損失編
著者：アート・コリンズ
定価 本体 2,800 円＋税　ISBN:9784775970775

スーパートレーダーたちはいかにして危機を脱したか？　局地的な損失はトレーダーならだれでも経験する不可避なもの。また人間のすることである以上、ミスはつきものだ。35人のスーパートレーダーたちは、窮地に立ったときどのように取り組み、対処したのだろうか？

Pan Rolling オーディオブックシリーズ

Audio Book

規律とトレーダー

相場心理分析入門

マーク・ダグラス
パンローリング　約440分
DL版 3,000円（税込）
CD版 3,990円（税込）

常識を捨てろ！　手法や戦略よりも規律と心を磨け！　相場の世界での一般常識は百害あって一利なし！　ロングセラー『ゾーン』の著者の名著がついにオーディオ化！！

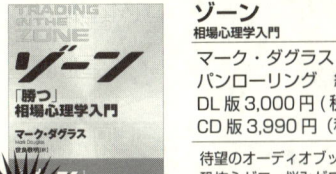

売り上げ1位

ゾーン

相場心理学入門

マーク・ダグラス
パンローリング　約530分
DL版 3,000円（税込）
CD版 3,990円（税込）

待望のオーディオブック新発売！！　恐怖心ゼロ、悩みゼロで、結果は気にせず、淡々と直感的に行動し、反応し、ただその瞬間に「するだけ」の境地、つまり、「ゾーン」に達した者が勝つ投資家になる！

新発売

その他の売れ筋

バビロンの大富豪

「繁栄と富と幸福」はいかにして築かれるのか

ジョージ・S・クレイソン
パンローリング　約400分
DL版 2,200円（税込）
CD版 2,940円（税込）

不滅の名著！　人生の指針と勇気を与えてくれる「黄金の知恵」と感動のストーリー！

売れてます名著！

新マーケットの魔術師

ジャック・D・シュワッガー
パンローリング約1286分
各章 3,400円（税込）

ロングセラー「新マーケットの魔術師」（パンローリング刊）のオーディオブック！！

マーケットの魔術師

米トップトレーダーが語る成功の秘訣

ジャック・D・シュワッガー
パンローリング　約1075分
各章 2,800円（税込）

──米トップトレーダーが語る成功の秘訣──
世界中から絶賛されたあの名著がオーディオブックで登場！

マーケットの魔術師
システムトレーダー編

アート・コリンズ
パンローリング約760分
DL版 5,000円（税込）
CD-R版 6,090円（税込）

市場に勝った男たちが明かすメカニカルトレーディングのすべて

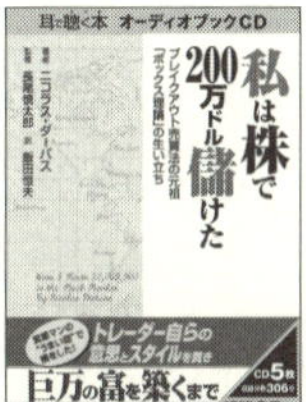

私は株で200万ドル儲けた

ニコラス・ダーバス
パンローリング約306分
DL版 1,200円（税込）
CD-R版 2,415円（税込）

営業マンの「うまい話」で損をしたトレーダーが、自らの意思とスタイルを貫いて巨万の富を築くまで──

孤高の相場師
リバモア流投機術

ジェシー・ローリストン・リバモア
パンローリング　約161分
DL版 1,500円（税込）
CD-R版 2,415円（税込）

アメリカ屈指の投資家ウィリアム・オニールの教本！　稀代の相場師が自ら書き残した投機の聖典がついに明らかに！

マーケットの魔術師〜日出る国の勝者たち〜

Vo.01 〜 Vo.43 続々発売中！！　インタビュアー：清水昭男

Vo.22 今からでも遅くない資産計画：品格ある投資家であるためのライフプラン／岡本和久

Vo.23 ゴキゲンで買い向かう暴落相場：長期投資にある余裕のロジック／澤上篤人

Vo.24 他人任せにしない私の資産形成：FXで開眼したトレーディングの極意／山根亜希子

Vo.25 経済紙を読んでも勝てない相場：継続で勝利するシステム・トレーディング／岩本祐介

Vo.26 生きるテーマと目標達成：昨日より成長した自分を積み重ねる日々／米田隆

Vo.27 オプション取引：その極意と戦略のロジック／増田丞美

Vo.28 ロハスな視点：人生の目標と投資が交差する場所／田中久美子

Vo.29 過渡期相場の企業決算：生き残り銘柄の決算報告書／平林亮子

Vo.30 投資術と相場の潮流：大口資金の潮流カレンダーを押さえる／大岩川源太

Vo.31 意外とすごい サラリーマン投資術／平田啓

Vo.32 テクニカル＋α：相場心理を映すシステムトレードの極意／一角太郎

Vo.33 探引万宣言後の相場展開：国際的な視野で乗り越えろ！／不動修太郎

Vo.34 主要戦略の交差点：トレンドを知り、タイミングを知る！／鈴木隆一

Vo.35 月額5000円から始める短期投資：複利と時間を味方に付けた資産運用術／中野晴啓

Vo.36 ワンランク上のFX：創成期の為替ディーリングと修羅場から体得したもの／三沢誠

Vo.37 相場のカギ2010年：産業構造の変化と相場の頭打ち／青柳孝直

Vo.38 FX取引の魅力：賢い個人投資家と自己責任／林康史

Vo.39 杉田流タートルズ：日本のFXを救え!!!／杉田勝

Vo.40 FXと恋愛普及で投資家を救え!!!／池田ゆい

Vo.41 負けない、楽しい、長く付き合えるFX／西原宏一

Vo.42 FX投資とプロの視点／YEN蔵

Vo.43 相場の虚実と狭窄／矢口新

Chart Gallery 4.0 for Windows

パンローリング相場アプリケーション
チャートギャラリー
Established Methods for Every Speculation

成績検証機能つき

最強の投資環境

●価格（税込）
チャートギャラリー 4.0

エキスパート	**147,000 円**
プロ	**84,000 円**
スタンダード	**29,400 円**

お得なアップグレード版もあります

www.panrolling.com/pansoft/chtgal/

チャートギャラリーの特色

1.豊富な指標と柔軟な設定
指標をいくつでも重ね書き可能

2.十分な過去データ
最長約30年分の日足データを用意

3.日々のデータは無料配信
わずか3分以内で最新データに更新

4.週足、月足、年足を表示
日足に加え長期売買に役立ちます

5.銘柄群
注目銘柄を一覧表にでき、ボタン1つで切り替え

6.安心のサポート体勢
電子メールのご質問に無料でお答え

7.独自システム開発の支援
高速のデータベースを簡単に使えます

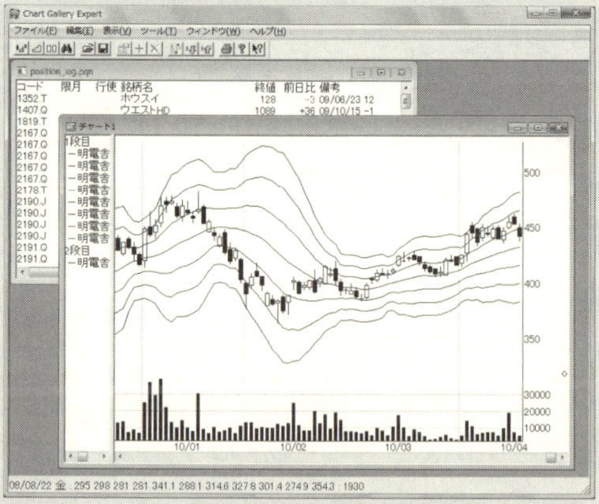

チャートギャラリー　エキスパート・プロの特色

1.検索条件の成績検証機能 [エキスパート]　　**2.強力な銘柄検索 (スクリーニング) 機能**

3.日経225先物、日経225オプション対応　　**4.米国主要株式のデータの提供**

検索条件の成績検証機能 [Expert]

指定した検索条件で売買した場合にどれくらいの利益が上がるか、全銘柄に対して成績を検証します。検索条件をそのまま検証できるので、よい売買法を思い付いたらその場でテスト、機能するものはそのまま毎日検索、というように作業にむだがありません。

表計算ソフトや面倒なプログラミングは不要です。マウスと数字キーだけであなただけの売買システムを作れます。利益額や合計だけでなく、最大引かされ幅や損益曲線なども表示するので、アイデアが長い間安定して使えそうかを見積もれます。

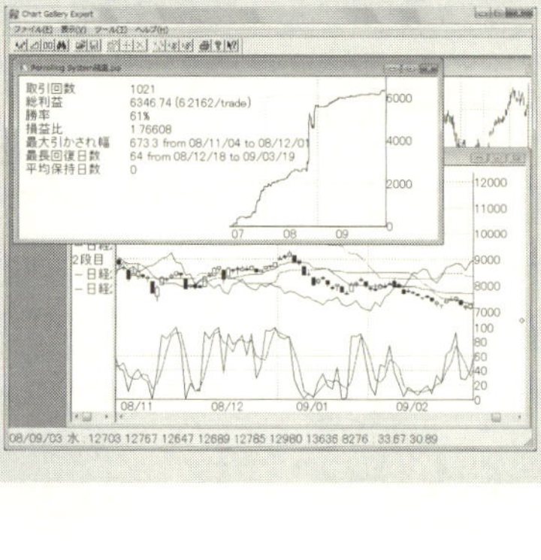

がんばる投資家の強い味方　Traders Shop

http://www.tradersshop.com/

24時間オープンの投資家専門店です。

パンローリングの通信販売サイト「**トレーダーズショップ**」は、個人投資家のためのお役立ちサイト。
書籍やビデオ、道具、セミナーなど、投資に役立つものがなんでも揃うコンビニエンスストアです。

他店では、入手困難な商品が手に入ります!!

- ●投資セミナー
- ●一目均衡表 原書
- ●相場ソフトウェア
  チャートギャラリーなど多数
- ●相場予測レポート
  フォーキャストなど多数
- ●セミナーDVD
- ●オーディオブック

投資・マーケットDVD
ラリー・ウィリアムズの
フォーキャスト
2011 下半期

ラリー・ウィリアムズ
2011年下半期を
ズバリ予想!
www.panrolling.com

ここでしか入手できない　モノがある。

さあ、成功のためにがんばる投資家は
いますぐアクセスしよう！

トレーダーズショップ　無料メールマガジン

●無料メールマガジン登録画面

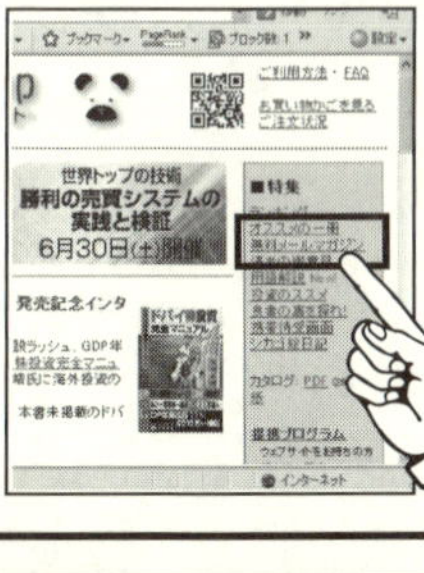

トレーダーズショップをご利用いただいた
皆様に、**お得なプレゼント**、今後の**新刊情報**、著者の方々が書かれた**コラム**、**人気ランキング**、ソフトウェアのバージョンアップ情報、そのほか投資に関するちょっとした情報などを定期的にお届けしています。

まずはこちらの
「無料メールマガジン」
からご登録ください!
または info@tradersshop.com まで。

パンローリング株式会社
お問い合わせは

〒160-0023　東京都新宿区西新宿7-9-18-6F
Tel：03-5386-7391　Fax：03-5386-7393
http://www.panrolling.com/
E-Mail　info@panrolling.com

携帯版